ベルギーの
「移民」社会と文化

— 新たな文化的多層性に向けて —

編著

◇ 岩本和子
◇ 井内千紗

著

◇ 中條健志
◇ ルート・ヴァンバーレン
◇ 見原礼子
◇ 吹田映子
◇ 吉村和明
◇ 正木裕子
◇ 山本浩幸
◇ 高岡優希
◇ 石部尚登

松籟社

目次

【凡例】

1. 固有名詞は日本語で表記し、そのさい原則として、現地語の発音──オランダ語圏についてはオランダ語、フランス語圏についてはフランス語──に基づいた。ただし、著者が必要と判断した場合はこの限りではない。

2. 上述の理由から、同一の概念について複数の日本語表記が存在する用語もある。たとえば第 2 章では、2011 年からの通称であり基本的に本書で採用している「ワロニー＝ブリュッセル連合 Fédération Wallonie-Bruxelles」の代わりに、憲法上の記載である従来の「フランス語共同体 Communauté Française」を使用している。

3. 論の内容に深くかかわる人名・組織名、書名等については、著者の判断により、その原語、生没年、発表年を付記した。

まえがき

　2016年3月22日に起こったブリュッセル空港・地下鉄駅でのテロ事件は、前年のパリでのシャルリ・エブド社襲撃事件や11月の連続テロ事件との関連から、フランスのみならずベルギーでも「移民」の存在とその社会的統合や文化的アイデンティティの問題が重要な課題であることを世界に知らしめ、関心を引くこととなった。もともと言語・文化的多様性を有し、外国人や移民に対しては生地主義に基づく国籍取得の容易さもあって寛容な国であったベルギーだが、近年は他のヨーロッパ諸国においてと同様、EU域外、とりわけ中東や北アフリカ方面からのイスラム系移民への偏見や差別意識が高まっているのは事実である。原因は様々で、またベルギーの移民に限ってもその出身国や社会的地位は時代ごとに変遷してきた。昨今の情勢から、そのような「移民」の現状や背景への興味は非常に高まっている。しかし日本ではこの分野のベルギーに関する本格的な研究はまだ数少ない。しかも「移民」を解決すべき問題とし、そのガバナンスや社会的統合の議論にとどまり、文化・芸術面での具体的な制度や方策、実際に活躍する個々の人々、移民の創造的側面にはまだ目が向けられていないと強く感じている。
　本書は、ベルギーをフィールドとする人文学・社会科学分野を中心とした先端的・学際的な研究成果を発信する、『ベルギーとは何か？──アイデンティティの多層性』『ベルギーを＜視る＞──テクスト─視覚─聴覚』に続く論文集である。「移民」をめぐる文化的諸現象に関して、まず政治・社会的制度面からのアプローチによって背景や現状を確認し、次に諸芸術分野での活動や作品を

通して分析・考察し、彼らの文化的実践がいかに「ベルギー」の文化的多層性やアイデンティティ形成の一端を担っているかを明らかにしていく。

　まず初めに中條論文により、ベルギーの「移民史」を建国（1830年）から現在まで概観しておく。ベルギーでの「移民」の定義、欧州の主要受入れ国との共通性（移民労働者受入れ〜経済危機〜家族呼び寄せ〜社会統合の問題、統合政策）を考察し、規制から定住へと、その時々の社会的文脈の中での社会制度の設計や文化実践の検討の必要性を確認する。巻末に掲載する移民史年表はこの移民通史と合わせて、各論で扱う重要事項をまとめたもので、各論の理解を助け、またそれらの有機的な繋がりを明らかにしてくれるだろう。

　第1部は制度面を扱う。第1章ヴァンバーレン論文では、移民の多様化に対応し、統合から一歩進んだ「市民化」政策の大きな柱となる語学教育、特に北部フラーンデレン地方のオランダ語教育に焦点を当て、現在実施されているプログラムやその対象者について調査・考察する。具体的には、EU域外の国籍を持つ移民対象で受講後の合格証明書が在留資格取得の条件となる「市民化講習」2科目のうちのオランダ語科（もう一つは社会科）に注目し、就学義務対象者（6〜18歳）と成人向け（＝生涯学習）、公的な「統合及び市民化局」と語学教育機関への委託の現状の考察、諸課題（希望者過多、文化的背景の多様性、方言、仕事と講習受講の両立など）を指摘する。

　第2章見原論文では、移民の子供の教育、特に宗教／道徳教育を受ける権利の保障について、フラーンデレン共同体とフランス語共同体での変遷と現状を明らかにする。主に公教育におけるイスラーム教育と、ムスリム移民の背景を持つ人々による私立学校の比較をしつつ、ベルギー社会への「市民化」の一手段としての役割、カリキュラム構成を含めた独自性を指摘する。「中立性」原則の問題（フランスの「ライシテ」とは異なるが、近年変化も見られる）、ヒズメット運動に基づく教育なども扱う。長年の現地調査に基づき最新の状況にも目配りをしたものである。

　第3章井内論文は、芸術文化分野における政策アプローチにおいて、ベルギーでは「文化の多様性」をいかに政策によって保障するか、つまり移民の社会統合で同化主義と多様性尊重をいかに両立させるかの問題を、オランダ語圏と

フランス語圏の各共同体の相違とともに考察する。前者では「間文化性」という新しい政策用語が導入され、移民対象の施策として多様性が肯定されている。トップダウン／ボトムアップ型の2事例を挙げつつ「マイノリティ」表象の問題点も指摘する。後者はフランスの影響もあり社会統合・社会的包摂を基本とした普遍性を尊重し、移民の文化支援は政策的にはないこと、ただし移民コミュニティの芸術文化事業は活発であることを実証する。2言語併用の首都ブリュッセルの文化計画では、両言語の連携、教育機関との連携、文化間の対話が見られることを実証する。

　第2部は諸芸術ジャンルにおける「移民」をめぐる文化実践の研究である。第4章吹田論文は美術（絵画）作品を文学作品とも結んでジャンル横断的に論じるもので、ラールマンスの三連画《移民》(1896)の分析を行う。エークハウトの小説『新カルタゴ』(1888-1893)との影響関係から読み解くことによって、19世紀末のアントウェルペンがヨーロッパから新大陸への「移民」送り出しの港＝出発地点として重要かつ象徴的な場であったこと、そして群集として描かれた「移民」の様相とその意味するものを、彼らに対する芸術家の眼差しのあり方と共に明らかにしていく。社会への静かな抗議というメッセージ、また小説技法における伝統的絵画の影響（ブリューゲルやアンソールなど）や「ベルギー性」も指摘する。

　第5章井内論文は、首都ブリュッセルを含むオランダ語圏フラーンデレンの舞台芸術（コンテンポラリーダンス、演劇）のハイブリッド性を論じる。フラーンデレンを代表するオランダ語系のレパートリー劇場である王立フラーンデレン劇場 (KVS)(1877〜) が現在はオランダ語・フランス語・英語で上演し移民系のアーティストも多く多元化していることに注目し、1990年を転換期としてフラーンデレンアイデンティティだけでなく異文化を新たな表現として取り入れて「フラーンデレン性」の再構築を行っていることを、歴史の再表現をテーマとする作品分析も通して明らかにする。その際、ジャンルやルーツや言語の枠を超え、また社会との関わりや文化間の対話を尊重する傾向に「移民」との関わりも交え、多文化型（差異化）ではなく多文化共存の側面を見ようとする。

第6章岩本論文は、ベルギーで現在活躍する、フランス語で書く移民作家としてトルコ系移民二世のケナン・ゴルグン（1977-）の紹介と作品分析を行う。2002〜2009年の初期作品では「移民出自」をあえて隠していたことの意味、2013年に父の祖国トルコへの「移住」をきっかけに一転して2014年から「移民」や自己のアイデンティティをテーマとする一連の小説・エセー・戯曲（舞台出演や映像演出も）を書き出したことの背景や意味を明らかにする。また転換期以降の作品では現代的な芸術性、メタフィクション的な語り、場所・ジャンルの越境、テクストの多層性といった特徴が次第に顕著で複雑になる傾向を指摘し、ベルギー発「世界文学」への可能性も見出す。

　第7章吉村論文では、ベルギーを代表する映画監督ダルデンヌ兄弟の作品における「移民」のあり方や意味を分析する。初期の『イゴールの約束』から最新作に至るまで「移民」が物語の重要な鍵を握る作品は数多いが、それらに対して「移民映画」や社会的告発という枠づけを拒み、「人間らしく生きる」というテーマを具体的で極端な状況に置いて考える一貫した姿勢を読み取ろうとする。ベルギーの「現実」を、舞台として暗示されるリエージュという土地を名指すことなく描き出す映画言語について、鮮かに論じている。

　第8章正木論文は、声楽家（ソプラノ）として長年ブリュッセルを本拠地として日本とヨーロッパ各地での演奏活動を行い、ブリュッセル王立音楽院講師の経験もある立場から、ベルギーの音楽、特にクラシック音楽分野における異文化すなわち他国の音楽や演奏家に注目する。制度や環境、影響関係、また移民への音楽教育などに関して、最新の現地事情や人的ネットワークを生かしたインタビューを紹介する。その上で、言語・文化の壁を超えて、ベルギーは音楽領域でも他国籍者を積極的に受け入れ多様性を尊重すること、移民の活躍により音楽が革新・活性化され続けていることを論じる。

　さらにベルギーの社会・文化事象を多角的にとらえるために、コラムとして3名に執筆していただいた。在ブリュッセルのライターである山本氏による移民地区・難民キャンプ散策記録はブリュッセルの「今」を浮き彫りにする。シャンソンを使ったフランス語教育の実践者である高岡氏は、シャンソン歌手サルヴァトール・アダモについて、シチリア島からの移民炭鉱労働者の息子とい

う出自や2018年のベルギー国籍取得の意味を問い、最近の作品《移民》の歌詞分析を行う。サッカーにも詳しい社会言語学者石部氏は、サッカーのナショナルチームにおける「第3のベルギー人」としての移民出自の選手たちが、言語対立を超えた多様性と団結力の強化で能力を発揮できる環境作りを通して勝利に貢献していることを論じる。

　地図資料として、ベルギーの都市と言語、ブリュッセル首都地域の19自治体の位置関係をまとめたものを巻頭に掲載する。また、山本氏による移民地区散策記録では、関連する諸施設の場所が示された地図を収めている。

　以上のように本書では「移民」文化がベルギーの文化的多様性や芸術活動の活性化に深く係っていることを明らかにし、より多層的で動的な、新たなベルギーの文化的アイデンティティを呈示したい。それが現在のヨーロッパや世界での「移民」のあり方や意味、文化的多様性や共存について考える新たな視点も与えてくれるはずである。

　実は上記の文章を、現在（2021年1月）世界を覆うコロナ禍状況に陥る前の1年少し前に用意していた。人々が物理的に移動し行き交うことがあたりまえの、そしてベルギーがその激しい動きの一つの結束点ないし中継点として、「境界を超える」（それは「移民」たちの国境・国籍や民族・宗教・文化的越境だけでなく、ベルギー内での言語・文化的越境であったり、個々人のアイデンティティのゆらぎ、芸術文化活動のジャンル超えであったりもする）象徴的な場であるという前提を、疑いもしなかった時期のことである。「越境」を困難な問題ではなく、新たな生き方や創造性への導きとしてポジティヴに捉えようとしたのである。今、その姿勢をストレートに呈示していいのかという疑問がふと湧いてくる。

　移動の制限、ステイ・ホームの指示、会話の制限、マスク推奨……物理的な接触や交流は明らかに停滞しむしろ忌避される状況となった。しかし一方で私たちはオンラインで遠くの人々と互いの姿を見ながら直接会話するという経験を日々している。目の前の画面のヴァーチャルな像と同じ時間を共有し、隣の部屋の人とは会うこともないのに、日本とベルギー、あるいはさらに東京や京

都など複数の場所の人々とも「いま」「ここ」で一緒にいるという不思議さ。私自身が複数の機器上で同時間に複数の場所に現れていることも可能だ。同時に存在するこのような「場所の多層性」、この瞬時の「移動」には、新しい意味での多様性、共存、アイデンティティの多層性といったものを考えさせられる。ある人に、直接会ったのか、画面上でしか話したことはないのか、すでに分からなくなってきている。つまり現実かヴァーチャルか、世界はその境界さえ曖昧にしつつあるのではないだろうか。

　ある意味ではこれほど世界がつながっている時代はこれまでなかったかもしれない。本書でのベルギーの「移民」をめぐる様々な考察が、これからの新たな「移動」や「共存」の意味を探っていく手がかりの一つになることも願っている。

　「ベルギー学」研究論集第3弾の編集は井内と岩本とで担当させていただいたが、論考執筆者の方々、また研究会や諸活動で協力や助言をしてくださった多くの方々のお世話になっている。松籟社の木村浩之氏には、いつもながら的確な助言や細かいチェックなどで、遅々として進まないこちらの作業に長期間お付き合いいただき、出版の実現に至らせてくださった。まずは、心から感謝を申し上げておきたい。

編者　岩本和子

地図1　ベルギー全体地図

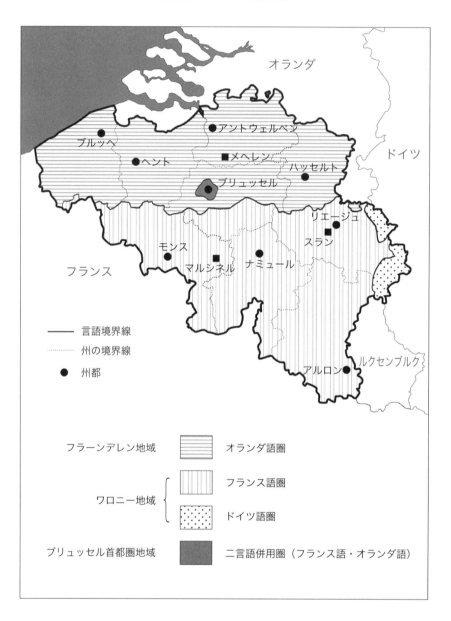

オランダ

ドイツ

● ブルッヘ

● アントウェルペン

● ヘント

■ メヘレン

● ハッセルト

ブリュッセル

リエージュ ●

フランス

● モンス

■ マルシネル

スラン ■

● ナミュール

アルロン ●

ルクセンブルク

―――　言語境界線

‥‥‥‥　州の境界線

●　　州都

フラーンデレン地域　　　　　　　オランダ語圏

ワロニー地域 {　　　　　　　　　　フランス語圏

　　　　　　　　　　　　　　　　　ドイツ語圏

ブリュッセル首都圏地域　　　　　二言語併用圏（フランス語・オランダ語）

地図2　ブリュッセル首都圏地域の19自治体

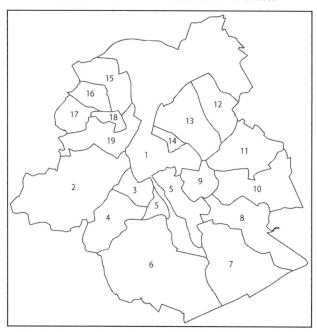

	フランス語	オランダ語
1	ブリュッセル	
2	アンデルレクト	アンデルレヒト
3	サン-ジル	シント-ヒルス
4	フォレ	フォルスト
5	イクセル	エルセーヌ
6	ウックル	ユッケル
7	ワーテルマール-ボワフォール	ワーテルマール-ボスフォールデ
8	オーデルゲム	アウデルヘム
9	エッテルベーク	
10	ウォルウェ-サン-ピエール	シント-ピーテルス-ウォルウェ
11	ウォルウェ-サン-ランベール	シント-ランブレヒツ-ウォルウェ
12	エヴェレ	
13	スカールベーク	スハールベーク
14	サン-ジョッス-テン-ノード	シント-ヨースト-テン-ノーデ
15	ジェット	イェッテ
16	ガンソラン	ハンスホーレン
17	ベルケム-サン-タガット	シント-アハタ-ベルヘム
18	クーケルベール	クーケルベルフ
19	モランベーク-サン-ジャン	シント-ヤンス-モーレンベーク

ベルギーの「移民」社会と文化

──新たな文化的多層性に向けて──

序　章

ベルギー移民史
——建国から現代まで——

中條　健志

1　ベルギーと移民

　本章の目的は、ベルギーが移民受け入れ国家として形成されていくプロセス
を概観することである。ヨーロッパの移民国家としてしばしば例に挙げられる
のは、イギリス、オランダ、ドイツ、フランスなどであるが、ベルギーが言及
されることは少ない。しかし、ベルギーにおける移民の歴史を概観すると、他
の主要な移民受け入れ国とほとんど変わらない道のりをみることができる。す
なわち、産業化によって移民労働者の需要が高まり、やがて移民の出身国はヨ
ーロッパの外にも拡大するが、1970年代前半の経済危機により、当初は期待
された労働力であった移民の存在はホスト社会にとって解決しなければならな
い問題となる。そして、移民の定住が進むにつれ、彼らだけでなく、その第二
世代以降の人びとの社会統合が議論されるようになっていく。

　移民の歴史を論じる前提として、まず「移民」とは何か、について触れてお
きたい。統計にあらわれる移民（immigré）とは、外国で生まれ、ベルギー国内
に居住する者を指す。すなわち、出生地が国外であるかどうかが指標である。
結果として、移民には外国籍をもつ者と、ベルギー国籍をもつ者（帰化者）の
二種類が存在する。

　一方で、外国籍をもつ者は外国人（étranger）とも呼ばれる。すなわち、外国
人とは出生地がどこであるかを問わず、ベルギー国内に居住し、ベルギー国籍

をもたない者を指す。ただし、外国籍とベルギー国籍をもつ者（二重国籍者）は、統計上は外国人ではなくベルギー人とみなされる。ちなみに、ベルギーの国籍法は、親の国籍を継承する血統主義ではなく、原則として出生地主義にもとづいている。

　しかし、こうした定義を前提としながらも、移民を論じる際には、さらにどういった人びとが移民とみなされているかについても考える必要がある。例えば、「移民系」や「移民に出自をもつ」といった表現は、上の定義における移民ではなく、多くの場合、移民の子ども世代を語る際に想定されるような、親や祖先が移民である人びとを意味する。したがって、本章における移民とは、その語義に留まらず、「移民」とみなされた人びとを含むより幅広い存在を指す。

2　移民受け入れの歴史

2.1　19世紀

　イギリスからはじまった産業革命は、建国されたばかりのベルギーにも伝播した。その大きな理由は、ワロニー地方が鉄鉱石や石炭といった資源に恵まれていたからである。このことは、農村部から都市部への労働者の移動を促し、19世紀には多くのフラーンデレン人たちが、ワロニー地方に炭鉱労働者として移住した。そして、国外からはオランダ人の使用人や雑役人、ドイツ人の炭鉱・製鉄労働者が入国した。また、こうした未熟練労働者だけでなく、イギリスやドイツのビジネスマンや銀行家、卸売業者、ウクライナやベラルーシ、ポーランドのユダヤ人商人、イタリアやフランスのホテル業者などもベルギーに移住した。

　1830年の建国当初、ベルギーへの入国にパスポートや入国査証は不要で、外国人は、短期間の滞在経験があれば居住資格（最大30か月の兵役義務を伴う）を得ることができた。当時「ベルギー人」と「外国人」とのあいだに明確な区別は無かったのである（STENGERS 2004: 312）。

　しかし、国家としての形が確立していくにつれ、両者の境界の曖昧さは、社会を規制するための障害となっていく。そして、1880年代を通じてベルギー人と外国人の制度的な区別は明確なものになっていく。やがて、ベルギーに移

住する外国人たちは、住居がなく無職である場合、国外退去の対象となった。

19世紀は労働者だけでなく、亡命者も多数入国した。彼らは普仏戦争（1870-71年）やパリ・コミューン（1871年）、帝政ロシアにおける反ユダヤ主義から逃れた人びとであった。移住先のパリを追放されたカール・マルクスや、クーデターで国を追われたヴィクトル・ユゴーもそこに含まれていた。

別の側面も指摘しておこう。建国以来、ベルギーは移民送出国でもあった。そこには二つのカテゴリーがあり、一方はフランス北部の炭鉱地帯に移住したベルギー人、もう一方は、アントウェルペン港から北米大陸に移住したヨーロッパ人である。前者はフラーンデレン人、後者は中央・東ヨーロッパの人びとが主で、いずれも著しい貧困状態を逃れるためであった（FEYS 2018: 126-128）。

2.2　20世紀初頭〜戦間期

1914年に第一次世界大戦が勃発し、ベルギーはドイツ軍の侵攻を受ける。そのために、人口の5分の1にあたる約150万人のベルギー人が国外に亡命する。彼らの主な行先はオランダで、100万人以上の人びとが移住した。その他の亡命先はイギリスとフランスである。そして、終戦とともに彼らの多くが帰国する。

終戦後、国内における経済活動が安定すると、ベルギーを離れる移民は減少する。ベルギーがヨーロッパの主要な移民受入国の一つとなるのはこの時期からである。とりわけ炭鉱業の分野における労働力不足を背景に、民間企業が国外に労働者を求める。対象となったのは、近隣のフランスだけでなく、イタリアやチェコ、ハンガリー、ポーランド、こんにちの旧ユーゴ諸国であった。そして、1920年から1930年までのあいだに約17万人の労働者が入国する。

そうした移民たちの中には、特殊技能をもった職人たちもいた。例えば、帽子や革鞄を作るポーランドのユダヤ人、本国で有資格労働者として建設業に従事していたイタリア人たちである。

しかし、1929年に起こった大恐慌の影響がベルギーにも及ぶと、移民たちはベルギー人の職を奪う存在とみなされるようになる。その結果、政府によ

って外国人労働者を制限する措置が講じられる。例えば、1930年12月15日のアレテ（政令）により、外国人労働者は、司法省の許可が無ければ労働許可証を取得できなくなる。1933年には入国査証の取得と労働許可証の提示が義務付けられ、失業手当はベルギー国籍保持者にのみ支給されることになる。以降、移民政策は労働市場を規制するものとなり、それまでの民間企業に代わって、外国人労働力のリクルート業務が国家の管理の下におかれる（STENGERS 2004: 343）。

　戦間期は政変やファシズム、反ユダヤ主義を背景に、イタリアやポーランド、ソ連、ドイツから多くの亡命者がベルギーに移住した。第二次世界大戦がはじまると、1940年5月10日にベルギーはドイツ軍に占領され、約200万人のベルギー人がイギリスやフランスに避難する。この間、ベルギーから強制収容所に送られたユダヤ人はおよそ2万5千人にのぼった。

2.3　第二次世界大戦後〜1950年代

　大戦後、ベルギーでは労働力が著しく不足し、国内の石炭産出量は戦前の半分程度となっていたため、様ざまな産業においてエネルギー不足がおこり、戦後の復興を妨げていた。1945年2月12日、当時の首相アヒレ・ファン・アッケル（Achille Van Acker）はこうした状況への対策を「石炭の闘い」と述べ、労働条件や環境の改善を試みる。

　最初にその対象となったのはドイツ人捕虜で、1945年12月の時点で約4万6千人が炭鉱労働に従事していた。このことは、ベルギー人労働者からの反発を招いたが、政府は人材不足を補うことを優先し、彼らの雇用を続けた。しかし、1947年5月からドイツ人捕虜の解放がはじまると、石炭産業は再び労働力不足に陥る。さらに、労働環境や条件が不十分であったことから、ベルギー人労働者の定着も進まなかった。

　そこで、政府は国家間協定をもとに外国人労働者を積極的に雇用する政策を打ち出す。東西冷戦の影響で、戦前のような東欧諸国からのリクルートが困難だったため、政治的に不安定で、不況に喘いでいたイタリアが最初の協定締結国となる。1946年6月に結ばれた二国間協定は、35歳以下の労働者を1年間受

け入れるもので、彼らには住居と食事が提供され、ベルギー人労働者と同水準の賃金、家族手当の支給が保証された。当初、この協定は5万人の労働者の受け入れを想定していたが、予想を大幅に上回り、1948年までに約7万5千人が入国する。

しかし、イタリア人労働者の受け入れは必ずしも人道的なものではなかった。まず、労働者の選定にあたっては、両政府による政治的、思想的な経歴の精査がおこなわれ、彼らを移送する列車には警察や憲兵が同乗していた。また、ベルギー国内においても、一部の労働者がかつてドイツ軍によって作られた捕虜収容所に住まわされるなど、住環境も不十分であった。

さらに、炭鉱の設備は戦前からほとんど更新されておらず、労働環境も劣悪であったため、事故が多発した。1956年8月8日に発生し、死者262名を出したエノー州のマルシネル鉱山での火災事故では、136名のイタリア人労働者が犠牲となり、イタリア政府は移民の送り出しを一時的に中断する。

このように、イタリア人労働者たちは労働の現場で多くの困難に直面していたが、同時に、家族を伴って移住していた彼らの子どもたちもまた、教育の現場で困難を抱えることになる。とりわけ問題となったのは、彼らの言語習得である。教育は社会統合のための手段だが、多くのベルギー人の子どもたちにとってのキャリア形成の場である学校で、移民の子どもたちはしばしば言葉の壁を前に未就学や落第を経験した（MARTINIELLO, REA 2012: 40）。戦間期から明らかになりつつあった移民の子どもたちの社会統合という問題は、この後さらに重要なものとなる。

2.4　国家間協定の拡大（1960年代）

イタリアからの移民受け入れが中断された後、政府は他の国々との受入協定締結に着手し、1970年代前半までの経済成長期（1945-1975年）を通じて、スペイン（1956年）、ギリシャ（1957年）、モロッコ（1964年）、トルコ（1964年）、チュニジア（1969年）、アルジェリア（1970年）、ユーゴスラビア（1970年）と、ヨーロッパ内外から労働者を呼び寄せるようになる。国ごとに若干の違いはあったものの、これらの協定は社会保障や家族呼び寄せの権利を規定していた。

1960年代になると、経済成長が著しくなったことから労働力不足が一層深刻となり、移民労働者たちは石炭産業だけでなく、金属業や化学工業、建設業、輸送業にも従事するようになる。1961年から1967年にかけて、約13万件の労働許可証が移民たちに交付された。しかし、行政側の受け入れ体制の整備が労働力の需要の高まりに追い付かなかったため、その対策として、移民を労働者として受け入れるのではなく、まずビザの不要な旅行者として入国させ、彼らが職を見つけた後に滞在許可証を交付する措置がとられた。

　そして、移民の出身国と彼らが従事する産業セクターの多様化によって、彼らの居住地域は、それ以前のように地方の炭鉱周辺地域に留まらず、都市にも集中するようになる。ブリュッセルやアントウェルペン、ヘントといった都市部の比較的家賃の安い地域、すなわち駅周辺やスラム化した場所に、イタリア人、ギリシャ人、スペイン人の集住地区がつくられる。モロッコ人は主にブリュッセルやアントウェルペン、メヘレン、トルコ人はブリュッセルやアントウェルペン、ヘントの他に、リンブルフ州の炭鉱街に居住した。

　1960年代当時、移民たちは労働力不足を補うだけでなく、人口バランスを回復させる存在とも見なされていた。当時のベルギーでは、戦争とその後の社会的混乱を背景に若年人口が少なく、とりわけワロニー地方において高齢化が著しかったためである。結果として、他のヨーロッパの移民受入国とは異なり、ベルギーでは移民の家族呼び寄せが奨励された。この時期の移民受け入れは、国内の経済成長と労働力人口の拡大を支えるものとして展開されたのである。そして、政策的な家族呼び寄せの奨励にとりわけ応えたのは、トルコとモロッコからの移民たちであった。いずれの国も、深刻な失業問題の解消と外貨獲得を目的に、自国の労働者をその家族と共に積極的に送り出していたからである。

　1965年には、配偶者や未成年の子どもと入国する移民にたいし、同伴者の旅費の半額を補助する措置もとられる。また、同年に刊行された移民労働者の家族向けに書かれたリーフレット『ベルギーで暮らし、働く』(Vivre et travailler en Belgique) では、家族手当や社会保障システムに加えて、ベルギーにおける信仰の自由が解説されていた (MARTINIELLO, REA 2012: 16)。

しかし、1960年代後半から景気は後退し、とりわけ石炭産業の大幅な縮小により失業者が急増したため、政府は移民の受け入れを見直すようになる。1967年以降、労働許可証の交付は滞在許可証をあらかじめ取得している移民に限定された。さらに、1969年3月には失業中の移民を出身国に帰国させる措置が検討される。結果的に、この措置は移民や労働組合からの大きな反発を受け、撤回されるにいたる。だが、それまでは受け入れることを前提としていた移民政策が、1960年代後半からはより制限的なものに変わっていくことで、移民たちが労働力の調整弁であることが次第に明らかとなる（BENSAÏD 2013: 111）。

　1967年、折しも欧州共同体が成立し、外国人労働者のステータスが共同体の外と内で区別されることとなり、移民たちはベルギー人と同等に処遇されるヨーロッパの移民か、そうではない移民という二つのカテゴリーに分けられる。これらのことにより、特定の地域に出自をもつ移民たちが、それまで以上に周縁的な存在と見なされるようになる。実際に、オランダやフランスを中心として、移動の自由が保障された欧州域内からの労働者の入国がこの時期から増加する。

　イタリア、トルコ、モロッコからの移民受け入れの背景はすでに述べたとおりだが、それ以外の地域についても触れておきたい。

　スペインからの移民たちの中には、独裁体制にあったフランコ政権（1936-1975年）を逃れた者も多かった。彼らはベルギーにおいてしばしば政治グループを構成し、反ファシズム運動を展開する。ギリシャからの移民は、第二次大戦後の内戦（1946-1949年）や軍事政権（1967-1974年）下の貧困と治安の不安定化を背景としている。1957年に締結された二国間協定では、彼らが従事できるのは単純労働のみとされていた。ポルトガルからの移民も、サラザール政権（1933-1974年）下の混乱を背景とし、1961年に933人だったポルトガル人移民は、1970年には7,177人を数えた。

　したがって、移民受入協定を通じて入国した彼らではあったが、そこには政治的理由から移住を決意した者も少なからずいたといえる。

2.5　石油危機前後（1970年代）

　石油危機（1973年）による景気の悪化は、移民政策をより制限的なものにした。移民が労働力不足を解消し、国の経済成長に貢献しているとみなされているあいだは、彼らにたいして否定的な眼差しが向けられることは少ない。しかし、エネルギー革命にともなう産業構造の変化や機械化、合理化によって雇用が不安定になり失業者が増えると、そうした状況は一変し、ベルギー人と移民との関係もまた不安定なものとなる。

　1974年8月1日法は、移民労働者の新規入国を制限するだけでなく、彼らを受け入れた雇用者への罰則も規定している。この法律により、移民労働者を多く抱えていた鉱業や金属業、繊維業、ガラス工業、化学工業、建設業といった産業セクターは大きな打撃を受ける。一方で、移民労働者のコミュニティや労働組合の働きかけにより、約9千人の非合法滞在者が正規化された。このことは、移民労働者や彼らを支える組織や世論が国内で一定の影響力をもつに至ったことを示している（MAUZÉ, VERTONGEN 2017: 32-36）。

　しかし、移民の受け入れを制限するこうした流れは、必ずしも政府が予想していた展開にはならず、家族呼び寄せによる移住者をさらに増加させた。正規の資格をもってベルギーに滞在する外国人には、出身国から家族を呼び寄せる権利があったからである。そのことにより、ブリュッセルやアントウェルペンを中心とした都市部の一部地区では、平均年齢が低下し、出生率が増加した。

　当初、移民たちは一時的な滞在者とみなされており、また彼ら自身も自らの状況を一時的なものと考え、いずれは出身国に戻ることを想定していた。しかし、石油危機後に労働市場が著しく悪化し、移民労働者の雇用はかつてないほど不安定になる。ベルギーの失業率は、1974年には2.8%だったものがその後4.7%（1975年）、6.2%（1976年）、7.1%（1977年）、8.5%（1980年）と上昇を続けた（MARTINIELLO, REA 2012: 24）。

　そして、出身国の経済的、政治的状況が良好でなかったことや、長期的な滞在でベルギー社会に定着した移民たちにとって、帰国は必ずしも現実的なものではなくなる。その一方で、一時的な存在とみなされていた彼らにたいする排他的、差別的な眼差しが、かつてないほど向けられるようになる。

2.6　移民の社会問題化（1980年代）

　1980年代を通じ、ベルギーでは産業構造の変化にともない、ブルーカラー労働者のポスト削減が加速する。その影響をもっとも受けたのが移民たちである。彼らの受け入れを制限する傾向はさらに強まり、1980年には「入国・滞在・定住・送還法」とよばれる1980年12月15日法が連邦議会で採択される。その後も修正を重ね、こんにちもなお運用されているこの法律により、新規移民の入国制限に留まらず、正規の滞在者の定住や彼らの国外退去も厳格にコントロールされることとなる。

　これと並行して、政治的な議論の場においても移民の存在が「問題」とみなされ、論争を呼ぶようになる。失業率が10％を超えた1981年には、人種差別やゼノフォビアにもとづく行為を罰する1981年8月18日法（反レイシズム法）が制定された。その背景には、移民にたいする人びとの排他的な傾向が、国内でより拡大していたことがある。また、1984年6月28日法で規定されたアレテ（政令）により、外国人人口の増加が予想されるコミューンでは、新たな外国人の定住を一定期間にわたり禁止できるようになる。都市部への外国人人口の集中を避けることをねらったこの措置は、ブリュッセルやリエージュの一部のコミューンで実施された。さらに、移民の帰国を促進する政策（1985年8月1日法）も実施され、主要な社会問題のひとつとして「移民問題」が俎上に載せられるようになる。

　1980年代は、すでに長きにわたる移民受け入れの歴史をもっていたベルギーが、彼らの社会参加、すなわち統合政策を制度化しはじめた時期でもある。1981年に反レイシズム法が施行されたのはすでに述べたが、そのことからもわかるように、移民たちはあらゆる党派にとっての政治キャンペーンの材料となり、彼らはしばしば雇用問題のスケープゴートにされていた。

　先述の1984年6月28日法は、移民の社会統合を規定したはじめての法律である。そこでは、国籍取得に関する出生地主義の導入と、帰化手続きの簡略化が定められた。一方で、帰化申請の際には「統合の意志」を表明しなければならなくなる。また、手続きのなかで申請者自身の滞在期間や、服装や食事の仕方といった文化的な事柄に関する質問への回答が義務付けられた。この法改正

によりベルギー国籍取得者は急増し、1984年まで1万人以下だった帰化件数は、翌年には6万件を超える。

1980年代後半からは、極右政党の台頭や移民排斥の動きが高まる一方で、それにたいするカウンター行動も各地で展開される。1989年には王立移民政策委員会（CRPI: Commissariat royal à la politique des immigrés）が創設され、「移民問題」はもはや受け入れではなく、移民や移民に出自をもつ人びとの社会統合のあり方をめぐって展開されるようになる。

2.7　移民とサン＝パピエ（1990年代〜現在）

1990年代に入ると、特定の地域の再開発や、その地域に住む子どもたちの就学支援を行う教育優先地域（ZEP: Zone d'éducation prioritaire）の指定、また外国に出自をもつ若者の就業支援といったアファーマティブ・アクション（積極的是正措置）が実施される。また、1993年2月15日法によってCRPIが機会均等・反レイシズムセンター（Centre pour l'égalité des chances et la lutte contre le racisme）に再編される。この組織名自体が、ベルギーの移民たちが抱えていた問題を端的にあらわしているといえよう。

移民受け入れの転換期となった1980年代以降から現在にいたるまで、彼らの入国は一定のペースで増加を続けている。2010年には140,375人の移民が入国し、第二次大戦後や経済成長期の数字を上回った。2014年に入国した128,465人の外国籍をもつ移民たちの内訳は、EU域内出身者が64％、アフリカ大陸出身者が13％、西アジア出身者が8％、東アジア出身者が4％であった。欧州出身の移民のうち、最も多かったのがルーマニア（移民全体の12％）で、フランス（11％）、オランダ（8％）、ポーランド（6％）、イタリア（5％）、スペイン（5％）、ブルガリア（4％）がそれに続いた。EU域内で常に最大だったフランスは、この年はじめて2位となる。また、アフリカ大陸出身者のおよそ半分は北アフリカからの移民で、その70％がモロッコ出身であった。西アジア出身者の主な出身国はアフガニスタン、インド、シリアである。また、東アジア出身者の大半は中国人であった（La migration en chiffres et en droits 2016: 5）。

すなわち、ベルギーの移民の大半はそれ以前と変わらずEU域内出身者で、

彼らは外国人人口全体の3分の2を占めている。一方で、それ以外の人びと、すなわち彼らよりも越境がより制限された人びとは、就労だけでなく、家族呼び寄せや庇護申請、留学を理由にベルギーに入国している。2015年、260,829件の短期あるいは長期滞在のビザが申請され、そのうちの85%が受理された。それらの多くは家族呼び寄せ（45%）、留学（29%）、就業（13%）を目的としていた（La migration en chiffres et en droits 2016: 6）。

1990年代以降のあらたな展開として、非合法な形で就労する移民労働者の問題を指摘することができる。彼らは、機械化、効率化の度合いや生産性は低いものの、常に労働力不足の状態にある産業セクター、すなわち農業、建設業、外食業、また使用人の職にインフォーマルな形で従事し、経済活動を支えている。彼らサン＝パピエ（sans-papiers）、すなわち正規の滞在資格をもたずにベルギーに定住する人びとは、多くの場合庇護申請が却下されたり、非合法的に、あるいは旅行ビザを使って入国するなどして移住した者である。正確な数字を把握することは難しいが、2009年の時点でおよそ10万人のサン＝パピエがいるといわれている（FAUX 2009: 143）。

2000年1月、サン＝パピエの増加を懸念した政府が、一定の条件を満たしたサン＝パピエを正規化する措置を講じると、3万7173件の合法化の申請が出され、その約半数が正規化された。正規の滞在資格を得た彼らの多くは、コンゴ民主共和国（15%）、モロッコ（14%）、パキスタン（7%）出身者であった。しかし、政府が提示した条件がクリアでなく、申請を却下された人びとによる異議申し立てが当事者や市民団体によって展開されたため、サン＝パピエの正規化要求はさらに高まることとなる。一方で、政府は法律や正規化条件の改正を繰り返しながら対応を続けているが、それは情勢に左右された応急処置的なものに留まっている。例えば、2009年には約4万5千人のサン＝パピエが正規化されたが、法改正がおこなわれた2015年は、1,396人がその対象になったに過ぎない（La migration en chiffres et en droits 2016: 10）。

3　まとめ

2019年のベルギーの総人口（1143万1406人）に占める外国人の割合は12%

である。近隣諸国と比較するとドイツが同じく12%、フランスが7.4%、オランダが5%である。入国した移民は14万1951人を数えた。1995年が7万1563人、2005年が13万2810人であり、その数は増加傾向にある。国内に居住する外国人を国籍別にみると、139万1425人のうち、上位からフランス（16万7508人：全体の12%）、オランダ（15万7474人：11.3%）、イタリア（15万5866人：11.2%）である。その後にルーマニア（6.9%）、モロッコ（5.7%）、ポーランド（5.1%）、スペイン（4.7%）、ポルトガル（3.4%）、ドイツ（2.8%）、ブルガリア（2.7%）が続く（La migration en chiffres et en droits 2019: 3-4）。

　本章でみてきたように、ベルギーは隣国のフランス同様、その歴史は移民受け入れの歴史でもあったといえる。なかでも特徴的な点は、国家間協定によって移民労働者が積極的に受け入れられたこと、そして、家族呼び寄せが奨励されたことである。すなわち、少なくとも特定の時期においては、移民たちは労働力や人口不足を補い、国の経済活動を支える存在として歓迎されていた。しかし、景気の停滞によって彼らは規制の対象となるが、その時点で移民たちの多くは世代を重ねて定住しており、ベルギー社会の主要な構成員となっていた。

　このことは、「移民」が常に社会問題として議論を呼び続けていることの要因となっている。とりわけ、移民の社会統合が「問題」となるとき、そこで想定されているのは移民にルーツをもつ人びとである。彼らの大半はベルギー国籍をもっているが、「完全な」ベルギー人とはみなされず、ベルギー社会に統合していない者として否定的な眼差しが向けられる。

　しかしながら、建国以降の歴史そのものが移民受け入れの歴史とさえいえるベルギーにおいて、あらゆる社会・文化的事象を「移民」を介さずに論じることは極めて難しい。そこでは、受入国と出身国とのあいだの文化的あるいは宗教的差異を強調するような二項対立に陥ることなく、その時どきの社会的文脈のなかで、社会制度がどのように設計され、文化実践がおこなわれてきたのかを丹念に検討する必要があるだろう。

【参考文献】

中條健志「第9章：移民政策」『現代ベルギー政治：連邦化後の20年』津田由美子・松尾秀哉・正躰朝香・日野愛郎編著、京都、ミネルヴァ書房、2018年、175-194頁。

BEELAERT, Bram (éds), *Red Star Line Antwerp 1873-1934: 1872-1935*, Leuven、Davidsfonds, 2013.

BENSAÏD, Nawal, La politique migratoire belge et ses conséquences sur les couples transnationaux : un regard des acteurs sociaux bruxellois, *Migrations Société*, n.150, CIEMI, Paris, 2013.

COENEN, Marie-Thérèse et LEWIN, Rosine (coord), *La Belgique et ses immgrés*, Bruxelles, Coll. Politique et Histoire, De Boeck Université, 1997.

FAUX, Jean-Marie, Les sans-papiers en Belgique. État de la question. *Pensée plurielle*, n.21, De Boeck supérieur, Louvain-la-Neuve, 2009.

FEYS, Torsten, Immibel : l'immigration en Belgique au XIXᵉ siècle, *Revue d'histoire du XIXᵉ siècle*, n.57, Paris, 2018.

KHADER, Bichara, MARTINIELLO, Marco, REA, Andrea et TIMMERMAN, Christiane (éds), *Penser l'immigration et l'intégration autrement, Une initiative belge inter-universitaire*, Bruxelles, Bruylant, 2006.

MARTENS, Albert, *Les immigrés, Flux et reflux d'une main-d'oeuvre d'appoint*, Louvain, P.U.L. et Éditions Vie Ouvrière, 1976.

MARTINIELLO, Marco, *Leadership et pouvoir dans les communautés d'origine immigrée*, Paris, CIEMI—L'Harmattan, 1992.

MARTINIELLO, Marco, REA, Andrea et DASSETTO, Felice (éds), *Immigration et intégration en Belgique francophone, État des savoirs*, Louvain-la-Neuve, Academia Bruylant, 2007.

MARTINIELLO, Marco, REA, Andrea, TIMMERMAN, Christiane, WETS, Johan (éds), *Nouvelles migrations et nouveaux migrants en Belgique*, Gand, Academia Press, 2010.

MARTINIELLO, Marco, REA, Andrea, *Une brève histoire de l'immigration en Belgique*, Bruxelles, Fédération Wallonie-Bruxelles, 2012.

MAUZÉ, Gregory, VERTONGEN, Youri Lou, 1974. Migrants et syndicats se mobilisent en Belgique, *Plein Droit*, n.115, GISTI, Paris, 2017.

MORELLI, Anne (éd.), *Histoire des Étrangers et de l'immigration en Belgique de la préhistoire à nos jours*, Mons, Couleur Livres, 1992.

REA, Andrea, *Jeunes immigrés dans la cité, Citoyenneté locale et politique publique*, Bruxelles, Éditions Labor, 2001.

STENGERS, Jean, *Les mouvements migratoires en Belgique aux XIXe et XXe siècles*, Lyon,

Persée, 2004.

L'immigration en Belgique. Effectifs, mouvements et marché du travail. Rapport 2006, Bruxelles, Direction générale Emploi et marché du travail, 2006.

La migration en chiffres et en droits 2016 : Population et mouvements, Bruxelles, Myria, 2019.

The organisation of Asylum and Migration Policies in Belgium, European Migration Network, Bruxelles, European Migration Network, 2009.

Zoom sur les communes - Éditions 2016: Molenbeek-Saint-Jean, Bruxelles, Institut Bruxellois de Statistique et d'Analyse, 2016.

第 1 部

移民のための社会制度および政策

第 1 章

「市民化」を促す語学教育

ルート・ヴァンバーレン

はじめに

　改正出入国管理法によって2019年の春に在留資格「特定技能」が新設され、日本の移民政策は大きく動くはずである。全国レベルや地方レベルに関わらず、行政にとって受け入れ態勢や就職先確保のほかに懸念となる課題の1つは日本語教育であろう。その観点から、すでに1世紀前後の移民受け入れの歴史を持つベルギーが、どのような目標を持っていかにして語学教育を行っているかを本章で紹介する。21世紀の今、移民がベルギー社会に統合されるために語学教育が不可欠だとされるが、その背景にある移民の歴史とその多様化についてまず概観する。次にベルギー北部のフラーンデレン地域において実施されている統合および市民化政策を説明する。最後にオランダ語教育に焦点を当て2019年現在実施されているプログラムや対象者について記述する。対象者は主に就学義務年齢層（6歳〜18歳未満）および成人（18歳以上）の2グループに分けられるうえ、プログラムは在留資格申請や保持のために義務付けられている公式なものとボランティアによるより非公式なものに大きく分類できる。学習者が利用できるツールをまとめながら各種のプログラムを紹介し、その内容に触れることにする。

1　ベルギーへの移民史の概観

1.1　移民の時期と出身国

　ベルギーへの移民史は序章で概観されているが、ここでも手短に述べておく。建国から約90年後に始まる商工業の発展を主な理由として、ベルギーは人手不足を補うために移民を受け入れるようになった。海外からの移民史は大きく3期に分かれる（Schoonvaere 2014）。第1期は1920年代である。主に鉱業や鉄鋼業が人材不足に直面していたために、イタリアや東ヨーロッパ（ポーランドなど）からの移民が移住してきた。第2期となる第2次世界大戦終了後の1950年代から1960年代の経済成長期にかけては、さらにスペインやトルコ、モロッコからの移民が入国し重工業や建設業での労働力となった。第3期は1990年代後半からの時期をさす。当初、移民のほかに、世界情勢の影響を受けてまずはEU加盟認可により東ヨーロッパ各国から、そして2000年代から世界各国（例：アフガニスタンやシリア、イラク、ソマリアなど）から難民が多く逃れてきた。出身国がかなり限定されていた第1期および第2期と比較して、第3期の移民によってベルギー滞在の外国人の出身国や文化的・宗教的背景が多様化したといえる。

　2016年1月現在、移民を出身国順に並べると、モロッコが最も多く、その次が隣国のフランスとオランダ、そしてさらにイタリア、トルコと元植民地のコンゴ民主共和国が挙げられ、第1期および第2期に主だった国々、要するに緊密な関係を持つ諸国の出身者が多いとわかる（Lafleur他 2018: 34）。難民認定された人々の国籍は上記の6か国と完全に異なり、2014年から2016年の間、シリア・エリトリア・ソマリア・イラク・アフガニスタン・イランが挙げられる。フラーンデレン地域では2017年に全人口652万人のうち、55万人（8.4%）の（ベルギー以外の国籍を持つ）外国人が在住し、それは2007年（外国人：33万人、全人口612万人）と比較して10年の間で3%の増加である。2017年の数字に移住後ベルギー国籍を取得した外国出身の人を含めると、その割合が20.5%に上り、アントウェルペンのような大都会などでは割合が50%にまで上る（Vlaamse Overheid 2018）。人数の増加や国籍および各移民の背景の多様化に伴いベルギー、とりわけフラーンデレン地域の社会的習慣に順応できるよ

うに、政府は統合を手助けするプログラムを用意し、時代の流れとともに参加が必須となった。

1.2 「統合」と「市民化」、フラーンデレン地域の場合

　移民や難民の定義や、ベルギー政府が彼らの在留を認める判断基準について論じることは本章の範囲を超えるが、本項では移民・難民がベルギー社会に統合され社会のフルメンバーとして参加できるために、フラーンデレン地域において、政府によって取られている統合および市民化の政策を概観する。また、本章は移民と難民との違いを論じることを目的としないため、以降、移民・難民を便宜上包括的に扱い、「移民」と呼ぶこととする。

　移民の第3期に入るまではベルギーは移民を統合させるために、彼らに過大な要求をせず、義務付けられた講習なども実施してこなかった。しかし、2000年代から移民背景の多様化および人数増加に伴って、国内で移民をめぐる対立が増え、社会に統合する必要性やそのための政策の不足が表面化した。2003年にフラーンデレン共同体政府がはじめて統合および市民化に関する法令を発布し（Stockman 他 2015）、いくつかの改正を経て、2019年1月18日の法令が現時点で最新のものである（Kruispuntbank Wetgeving 2019）。ここでまず、「統合」と「市民化」の定義[1]を試み、内容を紹介する。

　「統合する」とは、移民が社会の構成員として参加および貢献できるように、個人、グループ、コミュニティ、行政機関などがそれぞれの手法で関与し、移民が明示された権利と義務を認めたり従ったりするように、上記の全関与者が建設的な方法で取り組む、動的かつインタラクティブなプロセスを意味する。法的、社会経済的、そして社会文化的レベルでの分かり合いや譲り合いをベースに、移民と現地人が互いを尊重しながら協力し、個々人やコミュニティが分

---

1) 本章では「統合」および「市民化」の定義に関しては2013年6月7日に発布されたフラーンデレン地域における統合および市民化法令の第1章第2条の8および13を参照している（Vlaamse Codex 2017）。

散した状態から、誰もが参加や貢献できる団結した状態の社会を作り出すことを、統合した社会の構築と定義できる。

　一方、日本語としてまだ定着度が低い用語である「市民化」は、個々の移民が新しい社会に統合されていく過程のなかで、専門分野、教育分野、および社会的分野の欠くべからざる人材として活躍し、いわば彼ら移民が市民になるプロセスである。そのプロセスを支援するためにベルギーの行政機関では、以下に説明する「市民化講習」を提供している。

　換言すれば、統合は移民も現地人も互いの文化的・宗教的・経済的・習慣的差異を認め合い、共存や団結を目指すプロセスである。市民化はそこから一歩進んで、その社会の一員として移民の能力を十分に生かし、その社会のために貢献すること、それは移民の立場からすれば、自分の力を生かす場をその社会に見出すことである。統合の1要因である共存や完全な団結が多くの場合理想であり、移民からより多くの努力が求められるのが現状である。そのなかで、「市民化」とは外国人が移住先の社会に統合された構成員になるまでの必要不可欠な過程をさす。市民化過程を促進するために文化・言語・習慣などを紹介する講習が共同体政府によって提供されており、同様の政策はオランダやドイツ、カナダなどでも行われている。

　フラーンデレン地域では2019年現在、「統合および市民化」のために2015年にフラーンデレン共同体政府機関の1つとして設立された「統合および市民化局」[2] (Agentschap Integratie en Inburgering 2016) が無償で「市民化進路」[3] を提供し[4]、各移民[5]と「契約書」を交わすことになっている。契約者が社会科と

---

2) 統合および市民化局 (Agentschap Integratie en Inburgering) を「統合局」と和訳することもある (中條 2018: 183)。しかし、「統合」および「市民化」の定義から明確であるように異なる概念を指すため本章では「統合および市民化局」とする。また、文化庁の国語課がオランダで行われる "inburgeringsexamen"（英語 civic integration exam）を「市民統合試験」と訳す（文化庁 2019:84）ように inburgering を「統合」のみで表すことは不十分だといえる。
3) 市民化進路を Inburgeringstraject の訳とする。

オランダ語という2つの科目からなる「市民化講習」を受講する間、当局がキャリア・パス支援を提供し、さらに市民化アドバイザーが受講者を個人ベースで就職や子供の学校とのやり取りなどの面で支援する。成人年齢（18歳以上）の移民の場合、「統合および市民化局」が管轄機関であるが、未成年者は就学義務対象者であるため「市民化講習」が学校教育の一環で実施されている。移民の数が多いヘント市およびアントウェルペン市は市民化講習に関して独自の機関を持ち、それぞれIn-GentおよびAtlas Antwerpenが「統合および市民化局」と同じ役割を果たしている。

　従来、フラーンデレンでは市民化講習の参加のみが義務付けられていたが、2016年2月29日以降、各科目を合格しなければ市民化講習合格証明書が発行されず（Agentschap Integratie en Inburgering 2018）、在留資格申請や保持ができなくなっている（Agentschap Integratie en Inburgering 2017）。市民化講習合格証明書の利点は在留資格関連のものだけではなく、就職活動や公営住宅申請にも役に立ち、さらにCEFR[6]のB1レベルまでの語学講習が無料となる（Agentschap Integratie en Inburgering 2019）。

　「市民化講習」の対象となるのは主としてEU加盟国以外の国籍を持つ移民である。本章の執筆時点では、EU離脱が実現すれば、イギリス、正式にはグレートブリテン及び北アイルランド連合王国、の住民がフラーンデレン地域に移住する場合、「市民化講習」の対象となるため、講習対象一時除外の法令が準備されている（De Standaard 2019b）。

4）しかし、2019年9月30日のフラーンデレン地方政府に関する連立合意書では今後、各参加者が360ユーロを自己負担しなければならないという記述がある。内訳は参加料180ユーロ、オランダ語科目最終試験受験料90ユーロ、社会科最終試験受験料90ユーロとなる（De Standaard 2019a）。

5）市民化進路が義務付けられている者やその過程については（Vlaamse Overheid 2019a）を参照されたい。

6）CEFRはCommon European Framework of References for Languages: Learning, Teaching, Assessmentの略で、「外国語の学習、教授、評価のためのヨーロッパ共通参照枠」を意味し、語学力を6段階で示す枠組みである。

市民化講習科目の1つである社会科は2部構成となっている。第1部はいわゆる社会科そのもので60時間の講習であり、「統合および市民化局」が授業を開講する。講習は可能な限り受講者の母語か使い慣れている接触言語で行われ、15の言語が用意されている。英語やフランス語、スペイン語のほかにアラビア語やペルシア語、ロシア語、ポーランド語などが挙げられるが、そのほかにベルギーでそれほど話者の多くないタイ語やヒンディー語などでの受講も可能である。使用言語を問わず、ベルギーの歴史や地理、政治制度、社会保障制度、移民社会の現状などが教えられている。しかし、受講者のニーズに合わせて、仕事探し、子供の教育、公共交通の利用方法など様々なテーマが取り上げられ、受動的な参加より、受講者同士がプロジェクトワークで調べたり共有し合ったりする実践的な講習内容になっている。社会科の第2部は「個人的目標計画」で、受講者各自が持つ目標（就職や高等教育進学など）にたどり着くための個別行動計画の作成および実施である。講習の出席および積極的な参加、そして「個人的目標計画」の（一部の）実現が合格条件となっている。不合格の場合、再受講が必須である。

　市民化講習のもう1つの科目であるオランダ語科目は、社会科と異なり、「統合および市民化局」が授業を開講するのではなく、対象者との面談とプレースメントテストのうえ、適切な機関が紹介される。2003年から2015年の間、オランダ語圏各州（5つ）およびブリュッセル、アントウェルペン、ヘントの3つの都市に「オランダ語の家」[7]が設立され、移民向けのオランダ語教育のとりまとめ調整業務の役割を担ったが、2015年以降「オランダ語の家」は「統合および市民化局」に吸収され、当局が下記に挙げる4つの語学教育機関へ学習者を案内するようになった。ただし、前述の通りヘント市ではIn-Gentが、そしてアントウェルペン市ではAtlas Antwerpenがその役割を担っている。現在、ブリュッセル市にのみ「オランダ語の家」が存続し、オランダ語講習受講免除テストの実施のほか、レベルに合った語学機関への案内をしている（2.2.1.1を参

7）「オランダ語の家」をHuis van het Nederlandsの訳とする。

照）。

　オランダ語科目は対象者が就学義務年齢以下であるか否かによって執行機関が異なる。就学義務対象者（18歳以下）は一般の学校に随時、必要に応じて設置される非オランダ語母語話者新規移民向け教育（以降OKAN[8]、詳細は2.1を参照）に参加し、成人対象者（18歳以上）は移住前の経験や語学教育の背景に応じた異なるレベルの成人教育機関に参加できる（詳細は2.2を参照）。成人対象者向けレベルの選択肢は基礎教育センター（以降CBE）[9]、成人教育（生涯学習）センター（以降CVO）[10]、大学レベル語学センター（以降UTC）[11]の3つのうち1つである。オランダ語教育の受講期間も対象者の移住前の経験や語学教育の背景によって異なってくる。前者のCBEおよびCVOは受講者に合わせたスピードで行われる少人数教育であるのに対し、後者のUTCは教育スピードが速いため、受講者は内容の一部を自習せざるを得ない。

　受講する機関は各移民の経験や教育レベルによって異なるものの、語学講習の合格条件として、CEFRのA2レベル（基礎段階の言語使用者：身近な領域（例えば、個人や家族の情報、買い物、近所、仕事）に関する、よく使われる表現が理解できて、簡単な言葉を使って説明できる）（古島他 2004: 25を参照）が求められ、不合格の場合、社会科と同様再受講が必須である。

2　オランダ語教育

　ここまで、ベルギーへの移民史と、統合および市民化、そしてそれに伴う講

---

8) 非オランダ語母語話者新規移民向け教育をOnthaalonderwijs voor anderstalige nieuwkomers（通称OKAN）の訳とする。

9) 基礎教育センター（Centrum voor Basiseducatie、CBE）はアルファベットでの読み書きが苦手なうえ、一般的な学習も苦手な人向けの生涯学習機関である。

10) 成人教育（生涯学習）センター（Centrum voor Volwassenenonderwijs、CVO）は学習障害がなく、オランダ語学習経験の有無に応じて受講レベルが選択可能な生涯学習機関である。

11) 大学レベル語学センター（Universitair Talencentrum、UTC）は西ヨーロッパの言語を学習した経験のある高校卒業者で高等教育への進学を目指す者が対象である。

習について紹介してきた。第2節では、統合および市民化政策の大きな柱となっているオランダ語教育の取り組みを詳細に記述する。受講が義務付けられている公式なプログラムとはいえ、上記のOKANやCBE、CVO、UTCなど種類がいくつも存在する。その中からまずOKAN、「オランダ語の家」、CBEとVokansの4つを取り上げ、それぞれの違いを論じたうえ、義務ではないが、さらなる市民化や統合の手助けとなるインフォーマルなプログラムを紹介し、最後に学習者が利用できるツールに触れる。

2.1　就学義務対象者向けオランダ語教育

　ベルギーでは、移住して1年未満の就学義務対象者（6歳～18歳未満）がオランダ語を取得できるように非オランダ語母語話者新規移民向け教育OKANというプログラムが設置されており（Vlaamse Overheid 2019b）、社会科を含む市民化講習の役割を担っている。日本と同様6年制である初等教育と、日本の中学校3年と高等学校3年が一貫校となる中等教育（中高一貫教育）では多少制度が異なる。小学校レベルOKANの期間は1～2年であり、フランデレン地域のすべての小学校が必要に応じてOKANを実施する義務がある。各小学校は、移民の子供を一般の教室内で指導するか、移民のみの教室を設けるか決定権を有し、人数に合わせて共同体政府より予算が下りる。中高一貫校レベルOKANの期間は1年のみであり、社会科とオランダ語以外の科目を取り扱わない一般の学級から独立した仕組みとなっている。OKAN教室を実施している学校は限られており、2019年4月20日現在計92校であった（Vlaamse Overheid 2019c）。これらの92校において実施されているコース内容を筆者が確認したところ、高等教育への進学が多い一般中等教育（日本の普通科）は35%と少なく、ほとんどが技術中等教育（73%）（日本の商業科）や職業中等教育（84%）（日本の工業科）である[12]。

---

12) 92教育機関中、一般中等教育、技術中等教育、職業中等教育のうち1つ以上提供する機関が77%に上る。

1～2年のOKAN受講期間は十分ではないとは言え、学校生活の中で一般の学生との交流などを通してオランダ語と接触することがあり、ある程度のオランダ語力が身につくと期待できる。移住した年齢が若く、OKANへの参加が小学校低学年であれば、中等教育に上がるまでに十分にオランダ語がマスターでき、高等教育への進学を目指す学校に進むことができるだろう。しかし、OKANへの参加が中等教育からの場合、オランダ語に触れる時期が短くなり、十分にマスターするのがより困難で、その後の進学にも影響を与えることが懸念される。実際、中等教育の時期にOKANに参加する移民の多くが語学力の壁にぶつかり「自然と」実地訓練がより多い職業中等教育や技術中等教育に進むこととなる。その中でも就職につながりやすい介護や基礎機械学（職業中等教育）および社会・技術科学や商業・マネージメント（技術中等教育）が中等教育レベルでの人気の進路選択となっており、卒業後の大学進学は、無理とはいわないが、かなり困難なのが実情である。具体的に2015年度OKAN受講終了後の進路選択を見ると、146人（16％）が一般中等教育、そして445人（49％）が職業中等教育、302人（33％）が技術中等教育に進んだ（Agentschap voor Onderwijsdiensten 2017: 31を参照）。OKAN受講後、全員がOKANを実施している学校に残り、進学するわけではないが、OKAN実施機関の数からしても、普通科が35％にとどまっていることを考慮すれば、一般中等教育への参加が妨げられている可能性がある。結果的に、将来選択できる職業が中等教育の時点で限定されてしまうのが現実であり、OKANが社会統合や市民化を通して、移民が十分に社会参加できるようになることを目標としていることに鑑みれば、高等教育への進学が重要な検討課題であると考える。

　教育の質を保持するため、フラーンデレン共同体政府の教育省が各学校全体について作成している、オンライン閲覧可能な40ページ程度の評価書のうち、1割（4ページ）以上がOKANの評価に関するものである（例：アントウェルペン州北部に位置するトゥルンハウト市のシント・エリーザベト中等看護学校（Vlaams Ministerie van Onderwijs en Vorming Onderwijsinspectie 2018））。評価書には、4技能（読む・聞く・話す・書く）が詳細に設定されているOKAN到達目標（Vlaamse Overheid 2019d）が達成されているか否か、もしくはそれに伴う

改善すべき点が掲載されている。

　さらに、OKANの実施機関数のほかに、就学義務年齢対象者向けオランダ語教育は様々な課題に直面していると報告されている（Van Avermaet 他 2017）。そこでは、学年度初めだけではなく移民が随時受講を開始できること、特に中等教育では一般の学生との交流が不足していること、OKAN受講後一般教育に入るために「体験授業」への参加があるものの1回限りで期間が短すぎること、受講者の上達度を評価するツールが不足していることなどが挙げられている。当報告書では、これらの問題点の解決に至るには予算増加が第1歩であると指摘されている。

2.2　成人向けオランダ語教育

　成人向けオランダ語教育は生涯学習に位置づけられる。生涯学習の中にも、様々なものがあるが（詳細についてはVanbaelen他（2014）を参照されたい）、ここで挙げるのは（制度化された）公式プログラムおよび（制度化されていない）よりインフォーマルな非公式プログラムの2つとする。前者（2.2.1）の1部のみが「市民化講習」を行う権限を持っており、参加が必須であるが、後者（2.2.2）は実施する側も受講する側もボランティアである。

2.2.1　公式プログラム

　オランダ語講習を受講する義務のある移民は「統合および市民化局」との面談とプレースメントテストに基づき、レベル別に適切な公式教育機関を紹介される。当局の管轄はフラーンデレン地域だが、ブリュッセル市、アントウェルペン市およびヘント市では活動内容は類似しているものの、地域の管轄外でそれぞれ独自の機関を設置している。本節では3つの都市の中で、特色を持つ活動をしているブリュッセルのプログラム［ブリュッセル市に拠点を持つが、対象は当自治体を中心とするブリュッセル首都圏地域］（2.2.1.1）のみ取り上げる。そして、公式プログラムとして基礎教育センター CBEの1つであるOSBOWの実態を紹介する（2.2.1.2）。さらに、公式プログラムでありながら「市民化講習」を行う権限を持たないVokans（2.2.1.3）を取り上げたうえ、公式プログラムの

課題（2.2.1.4）をまとめる。

2.2.1.1　ブリュッセルの実態

前述の通り元々8箇所あった「オランダ語の家」は、現在ブリュッセルでのみ活動を続けている（Huis van het Nederlands Brussel 2018a）。当機関は「統合および市民化局」と同様、語学教育を行うのではなく、適切な機関を紹介する役割を担っている。その一環としてリスニング・リーディングの合格者のみがスピーキング・ライティングを受験できる2段階構成の語学講習免除テストを実施している。そのため、「オランダ語の家」は「公式語学教育プログラム」そのものではないが、そのようなプログラムとの重要な連絡係の役割を担っている。しかし、「オランダ語の家」の特色は、移民にだけ焦点を当てない点にある。それは、2020年1月1日からの義務化が2019年4月2日に決定されたものの、いまだにブリュッセル在住の移民には「市民化講習」が必須ではなく任意だからだといえる[13]（BRUZZ 2019a）。フランス語とオランダ語の両言語が使用されるブリュッセルだからこそ、「オランダ語の家」は移民に限らず「オランダ語ができない住民」に情報を提供し、オランダ語習得を促している。その結果、2017年にブリュッセルの労働力人口の48人に1人に相当する18,308人が「オランダ語の家」を利用し、そのうち4割近くがベルギー国籍[14]であった。残りの6割がベルギー以外の国籍であり、任意でオランダ語教育について情報を求めている（Huis van het Nederlands Brussel 2018a）。フランデレン地域が管轄である「統合および市民化局」と違って、移民のみが「オランダ語の家」の活動対象ではないことがホームページ内検索から十分に窺える。唯一「移民」とつながるコンテンツは「統合および市民化局」へのリンクおよび語学講習免除テストに関する説明の2点にとどまる（Huis van het Nederlands Brussel 2019a）。

13）ブリュッセルの場合、市民化講習が必須となる2020年1月1日時点から、受講言語（オランダ語かフランス語）が自由に選択できる（BRUZZ, 2019b）。
14）ベルギー国籍を取得した移民もこの数字に含まれていると思われるが、参照した資料には詳細がなかった。

語学教育そのものを行わないとはいえ、「オランダ語の家」は学習者・講習担当者・企業の支援を重視している。教材作成、「ながらオランダ語おしゃべりの会」(演劇・料理教室・読書・映画鑑賞・菜園づくりなどをしながらオランダ語を練習する取り組み)、教員向けワークショップやオランダ語非母語話者を雇う企業への助言を盛んに行っている。

2.2.1.2　基礎教育センターの1例：OSBOWの実態

　基礎教育センター (CBE) の対象はブリュッセルの「オランダ語の家」と同様、移民に限定されていない。むしろ、主対象は就学経験が少なく読み書き計算ができても文章の内容を十分に理解できない機能的非識字者である。開講科目は数学、PC・スマホの活用、社会 (選挙の仕組みや運転免許証取得など)、そして語学 (オランダ語、英語、フランス語) の4つに分類できる。語学科目のうち、オランダ語を母語とする機能的非識字者用の読み書き教室のほかに、母国であまり教育を受けられなかった移民やアルファベットの言語になじみのない移民を対象とした「市民化講習」の一環としてのオランダ語教室が設置されている。フラーンデレン地域に13センターがあり、合わせて60弱の分校で授業が行われている。2017年度の利用者数は44,000人弱で、そのうち3割がベルギー出身、残りの7割が合計186国籍からなる参加者で、そのうち、4割弱が多い順にモロッコ・アフガニスタン・シリア・イラク・ソマリア・トルコからの移民であり (Netwerk Basiseducatie 2019)、1.1節で挙げた難民出身国の順番とほぼ一致している。

　学習障害や家庭の事情など要因は様々だが、CBEに参加する者は義務教育の時に就学経験が乏しいことにより、職に就きにくく、貧困に陥るリスクが高いグループでもある。ましてや、偏見の壁にぶつかる移民にとってCEFRのA2レベルの語学力に到達しても就職することが困難なのが実情である。単なる市民化講習に合格するための語学教育のみではなく、貧困や無職状況を防ぐため、CBEに参加するモチベーションの維持や継続して勉強する意欲を支援する仕組みが重要であり、下記に紹介するセンターの理念がそれを示唆している。

筆者は2015年8月に西フランデレン州で活動しているCBEの1つである Open School Brugge-Oostende-Westhoek（以降OSBOW）（Vanbaelen & Harrison 2016）でインタビューを行い、移民向けオランダ語教育の実態を調査した。OSBOWが教育アプローチとして大事にしているポイントは、10人以下の少人数教育および対象者に合わせて480時間[15]をかけて到達目標であるCEFRのA2レベルを目指すゆっくりしたペースである。さらに、授業は多くの場合、勉強のやり方を身につけることから始まる点が挙げられる。授業は文法的な基礎から移民が日常生活に直面する場面（例：病院、市役所等）を中心とした語彙や表現に焦点を当て、法令で定められているCEFRのA2レベルへの到達を目指す。

　しかし、OSBOWのオランダ語教育の目標は認定書の取得にとどまらない。上記の貧困や無職状況のリスクを懸念してOSBOWは語学教育と同時に就職に必要とされるスキルの育成と、参加者の自信を取り戻させることによって就職可能な人材の育成を最終目標としている。従って、市民化講習合格証明書を手にすることがオランダ語科目を受講する移民のモチベーションの1つではあるが、OSBOWに参加し語学力を身につけることによって自らの力で人生の可能性を広げること、要するに就職への近道や子供の学業をサポートすることなどが動機づけとなっている。OSBOWのオランダ語教育への満足度は高く、脱落率が低く、修了する受講者数は85％前後である。また、参加者の多くは勉強する喜び、およびクラスメートとの出会いによって社会とのつながりの大切さを実感し、OSBOW内の他の科目を受講したり、ほかの機関で継続した教育の場を求めたりする。

　語学教育の継続性を求める移民が非公式プログラムに進む場合がある（2.2.2を参照）。しかし、就職活動中の移民が更なる語学力が必要だと公共職業安定所に判断される場合もある。また、雇用後、事業主が現場で語学研修の必要

15）CBEではCEFRのA2レベルの普通学習時間が480時間であるのに対して、CVOの場合、最短160時間、最長360時間とかなり短くなっている。（Vlaams Ondersteuningscentrum voor het Volwassenenonderwijs 2019を参照）

性を感じる場合もある。以下に記述するNPO教育・職場訓練支援協会（以降Vokans）[16]はこのような包括的なアプローチを図るプログラムを提供する。

2.2.1.3　Vokans

　フラーンデレン全地域で56区局あるVokansはOSBOWと同様、移民のみを対象としているわけではない。対象者は大まかに事業主・従業員・就職希望者の3グループで、焦点は支援を必要とする就職弱者であり、その多くはCBE受講後公共職業安定所の推奨を受けた非オランダ語話者である。OSBOWが日常生活に役立つオランダ語習得をメインに力を入れているとすれば、Vokansはより実践的なオランダ語習得と同時に就職現場での経験を重視する。就職面接の練習から、一定の職種に必要とされるスキルと（方言を含む）関連語彙・表現の習得を目指す職業訓練兼語学研修、さらにはインターンシップや実際の就職のあっせんまで行っている。そして、就職後、事業主の支援も行う。職業訓練兼語学研修は主に高度な技術を要しない家政婦（掃除係）、ホテルスタッフ（ベッドメイキングや厨房係）、郵便配達、守衛という職種に限定される。それは人材が不足しがちな職種に力を入れるように政府から指示があるためである。

　Vokansのフラーンデレン全地域での参加者数は未発表だが、OSBOWと同時期に調査（Vanbaelen & Harrison 2016）を行ったVokansの西フラーンデレン州オーステンデ市区局長によると、西フラーンデレン州では年間800人程度が参加し、そのうち150人が3、4か月に亘る長期支援を受けている。職業訓練兼語学研修のアプローチがほぼマンツーマンで、非常に大きな労働力を要するため、参加可能な人数が限られている。しかし、個々人に応じた支援が高く評価され、満足度が10点満点のスケールで8^+にまで上ると調査結果は示している。

2.2.1.4　公式プログラムの課題

　まずOSBOWとVokansの調査から浮かび上がった課題をまとめる。

16）NPO教育・職場訓練支援協会をVormings- en Opleidingskansen、略してVokansの訳とする（Vormings- en Opleidingskansen 2019）。

OSBOWが直面している課題

・多くの科目にウェイティングリストがある。予算上教室を増やすことが不可能なうえ、質の高い教育を保つために少人数教育が不可欠のため、定員数を増やせないので簡単に解決できない課題となっている。

・参加者の多くが移民であるOSBOWは出身地の文化的背景によってアプローチを柔軟に変えなければならない。例として、文化によっては女性のみの外出や異性との自由交流が難しいことや未就学児の託児所の必要性などが挙げられる。しかし、機能的非識字の女性に教育を与えることによって世代から世代へ続く貧困の悪循環をとめることができるため、OSBOWはこの課題に積極的に取り組み、女性のみ参加可能なオランダ語教室の開講を実施することがある。

・上記のようなニーズに合わせたプログラム実施は教員の柔軟性を必要とし、更なる課題となっている。

Vokansが直面している課題

・知名度が低いため、対象者が充分にプロジェクトの存在を知らない。

・企業が就職弱者をなかなか受け入れない。

・就学義務対象者向けオランダ語教育OKANでも挙げたように移民の十分な社会参加の重要性を考慮すると、可能な限り多くの職業へのアクセスが必要である。しかし、Vokansが提供できる職業訓練兼語学研修の種類は非常に限定されており、高いレベルのスキルの獲得が難しく、就職ができても高収入が望めないのが現実である。

OSBOWとVokansの共通課題

・社会科が受講者の慣れている言語で行われているのに対して、オランダ語科目の指導言語は標準オランダ語である。しかし、フラーンデレン地域では標準語と異なる発音や語彙、慣用句などを含む方言が頻繁に使われ、受講者にとって社会参加の妨げとなっている。Vokansは各職業に特有な使用頻度が高い方言語彙をある程度指導し、OSBOWもその必要性を感じている。それはコミュニケーションが困難となるからだけではなく、就職先での指示が方言使用のせ

いできちんと伝わらなければ、安全が保障されなくなると懸念しているからである。受講者にとっても、折角習ったオランダ語が必ずしも使用されない現実と直面しながら学習を継続するモチベーションを維持しなければならないという課題がある。

2.2.2　成人向け非公式プログラム

　ここで取り上げるプログラムは市民化講習と直接関係ないものである。しかし、OSBOWの参加者がクラスメートを通して社会とのつながりを感じると同様に、以下で紹介する非公式プログラムは、出席が必須の社会科や合格が最終目的である語学講習と異なり、「オランダ語の家」が実施している「ながらオランダ語おしゃべりの会」のように、語学力向上の効果があると同時にほかの市民と出会いながら社会に溶け込むチャンスを与える。これは市民になるプロセスに重要な取り組みであるうえ、自らの意思で移民との接触を望む現地人が参加しているので、統合の面から考慮しても有効性の高い交流であろう。

2.2.2.1　バディ制度

　バディ（Buddy）は仲間・相棒・友達など、いろいろな意味を持つ英単語である。この語を冠したバディ制度は、現地人と移民がペアを組み、月1回〜数回程度一緒に何らかのアクティビティを行う取り組みである。制度の目的はインフォーマルな出会いを通して移民が語学力を向上させ、現地の文化や習慣と触れ合いながら慣れることである。一方現地人にとっては、参加することによって異文化を理解し、場合によっては移民に対して持っていた偏見を見直す機会となる。本制度は自治体単位で行われる場合や難民受け入れセンターの呼びかけで実施される場合など、主催者が様々である。ここでは2つの事例を紹介する。

　オランダとの国境沿いに位置するアーレンドンク町は人口が13,000人程度の小さな自治体で、町にある難民受け入れセンターが、2019年3月現在、主にアフガニスタンやイラク、シリアなどから難民認定申請中の320人を受け入れている。国籍の異なるセンター内の住民同士や町住民とのトラブルをメディア

が報じることもある。統合や市民化は互いの文化や習慣を知り理解することから始まるという考えから、センターは2018年3月から未成年者用、2019年3月から成年者用バディ制度を開始した（Federaal Agentschap voor de Opvang van Asielzoekers 2019）。類似した興味などを考慮した上でマッチングされたペアは月1回程度、日常生活に近い楽しいアクティビティ（おしゃべり、博物館に行くこと、一緒に食事したり音楽を聴いたりすることなど）を行うこととなっている。現地人がバディになる条件はオランダ語を問題なく使え、かつ異文化の背景を持つ人を尊敬できる成人である。バディ養成プログラムを受講した後も、センターの専属担当者が各バディを支援し続ける。難民受け入れセンターのバディ制度期間には期限がない。

　ブリュッセルより20キロほど北に位置するメヘレン市（人口86,000人程度）は移民の第2期より多くの移民を受け入れてきたものの、経済が悪化した1990年代に失業者が増え、移民と現地人との衝突があり、治安が悪化した。2000年代以降メヘレン市は様々な政策を講じてきたが、その1つに2012年から導入されたバディ制度（NHK News Web 2018）がある。難民受け入れセンターと、取り組みのアプローチと内容（使用言語がオランダ語、アクティビティは街を案内したり、互いの国の料理を作り合ったりすること）が類似するが、ペアに限らず移民に家族や子供がいれば一緒に出かけることもあり、6か月間のみの制度である。しかし、狙いはバディと移民が制度期間終了後でも交流を続けることにある。

2.2.2.2 「サッカーママ」

　2.2.1.4でも挙げたように、移民女性が文化や宗教の習慣により一人で出かけることや異性と会うことが制限されることがあり、孤立してしまうリスクがある。また、孤立しなくても、習得したオランダ語を十分に練習するチャンスがない人もいる。

　ブリュッセルの北に隣接するヴィルボールド市（人口38,000人程度）にヴィルボールド・シティー（Vilvoorde City）というサッカークラブがある。350人の子供会員は多国籍である。その中には十分にオランダ語をマスターできてい

ない子供もいるが、それでも母親より習熟度の高い場合がほとんどである。そこでサッカークラブが語学教育と演劇を結ぶNPO Fast Forwardと協力し、サッカー練習にくる子供に付き添う母親にオランダ語を練習する場を提供している。2017年10月から半年間、2セッション×10セットが実施された。第1セッションは第2セッションで扱うテーマ（赤十字の活動や子供の人権、就職活動の進め方など）について準備するもので、第2セッションは（女性）ゲストスピーカーの話を聞いたうえで議論するものであった。モチベーション維持が重視され、そのために開催場所は参加者になじみのある場所が提供され、軽食が用意された。語学力向上そのものではなく、参加者自身の意見を取り入れながら選ばれた話題を通して議論しながらオランダ語に触れあうことがプロジェクトの目標とされた（Schoenaerts他 2018）。

　バディ制度やサッカーママのようなプロジェクトには到達目標をクリアするプレッシャーがなく、ストレスのない形で移民と現地人との交流が進み、統合と市民化への重要な役割を果たしているといえる。

2.3　語学学習ツール

　学習者が教室に通わなくても、自主的にオランダ語を練習できるツールは数多く存在するが、ここではそのうちいくつかを紹介する。

　「オランダ語の家」は誰でもダウンロードできる職業関連辞書［接客（スーパー、レストラン、受け付け、公共交通機関運転手）、掃除、介護、看護、守衛業務］（Huis van het Nederlands Brussel 2019b）を用意している。オランダ語に仏・英語の対訳をつけたものもあれば、オランダ語のみで絵や写真を通して視覚的に物事の意味を明確にするものもある。ブリュッセル市の周辺部にあるオランダ語圏の19自治体をオランダ語促進の面で支援するNPO De Randも同様にピクトグラム辞書（De Rand 2019）を発行しているが、テーマは職業にではなく日常生活に焦点を当てている（買い物、病院、役所、仕事、学校、行楽）。

　「オランダ語の家」は辞書のほかに受付・自動車学校教員・介護の3職種用のオランダ語表現を練習できるオンラインプログラムを作成している（Huis van het Nederlands Brussel 2018b）。日常生活に特化したビデオや音声にも力を入れ

ている（Huis van het Nederlands Brussel 2019c）。ほかの機関も4技能を練習できるサイト（KU Leuven 2019）や時事をわかりやすい書き言葉にまとめた出版物を紹介するサイト（Wablieft 2019）などを作成し、語学学習教材は豊富に存在する。

3　市民化講習に関する考察

　移民が移住先の文化や習慣、言語を理解できれば、社会参加がより容易になり、移民と現地人の共存と統合過程がより円滑になるとの考えから、フラーンデレンでは市民化講習の受講が必須となったが、果たして十分な成果は得られているのであろうか。

　語学の面では従来CEFRのA1レベルが市民化の必須条件であったのに対し、2014年9月1日（Stockman他 2015）よりA2レベルが必須条件となった。就職率と語学力との関連を調査した研究によれば、受講時に無職だった移民がA1レベル習得後、就職できる可能性が3割だったのに対し、A2レベル習得後、その割合が43％に上昇したことが判明した。しかし、すでに就職している移民の場合、語学力の高さが必ずしも就労につながるわけではない結果も判明し、市民化講習の受講義務が就労の妨げとなってはならないと指摘されている（De Cuyper & Vandermeerschen 2017: 33-36）。このことから、仕事と講習受講の両立を可能とする夜間教育の充実が課題であることが示唆される。実際、2013年に行われた調査（De Cuyper他 2013）の結果、特にCBEの場合、夜間教育が不足していることが判明した。

　さらに、就職に至るには語学教育・職業訓練予備教育・職業訓練という3段階のプロセスがある。しかしDe Cuyper & Vandermeerschen（2017）の研究は、移民が労働市場の状況を把握できるよう、語学力や職業訓練経験に関係なく早い段階からインターンシップなどを通して移民に職業経験をさせることが重要であると示唆している。ただし、OKANやVokansでの指摘と同様、多くの移民が低収入の仕事にしか就かず、9割以上がフラーンデレン地域住民の収入中央値より低い収入しか得られていないとも指摘している。

　語学力だけが市民化・統合に成功するための要因ではない。語学教育と就職

支援、そのなかでも職業研修と個人向け就職サポートのコンビネーションが最も効率が良いとされ、その効果を示す研究（Vandermeerschen 他 2018）がある。その点から、Vokans が提供するようなマンツーマン支援が効果的であるが、Vokans 参加人数の低さが語るように、移民の8％程度のみがこのようなコンビネーション型支援を受けている。

　また市民化講習の社会科が、社会を理解するきっかけとなっていることは確かであるが、担当教員と移民のみで実施されていることから学習できる内容には一定の限度がある。バディ制度を積極的に取り入れることで社会学習とオランダ語の練習が同時にできるうえ、実践的に日常的な社会状況を経験でき、より効果的であると筆者は考える。

4　まとめ

　本章では、まずベルギーへの移民の歴史を3期に分けて概観した。第1期および第2期では国籍が限られていたのに対して、第3期から国籍が多様化してきた。移民の背景の多様化が重大な要因の1つとなり、統合および市民化政策の必要性が浮かび上がってきた。その対応として、フラーンデレン地域では社会科およびオランダ語学習からなる市民化講習の受講が必須となった。オランダ語学習の様々な機関の活動および課題について述べ、最後に市民化講習の課題について考察した。本章は移民して間もない人への政策に焦点を当ててきたが、親の世代で移民して現在2世・3世である移民背景を持つ住民の統合や市民化が、本章で述べた政策とどのように関連しているかが、今後の重要な研究課題である。また、ブリュッセルにおいて移民のオランダ語力が上がりつつある現状とその原因を追跡する必要がある（De Standaard 2019c）。さらに、語学教育を提供する機関のほとんどが移民のみを対象としているわけではない事実から、今後現地人と移民との交流を推進するプログラムの有効性を分析する必要がある。

　本章が、新たな局面を迎えている日本の移民政策に対して、何らかのヒントになれば幸いである。

＊本章の基となる研究は科研費20K00695の助成を受けたものです。

参考文献

Agentschap Integratie en Inburgering（2016）"Jaarverslag 2015",（https://www.integratie-inburgering.be/sites/default/files/atoms/files/AgII_jaarverslag2015.pdf）（2018年12月14日最終確認）.

Agentschap Integratie en Inburgering（2017）"Behoud verblijf wordt afhankelijk van integratie-inspanningen",（http://www.agii.be/nieuws/behoud-verblijf-wordt-afhankelijk-van-integratie-inspanningen）（2019年3月7日最終確認）.

Agentschap Integratie en Inburgering（2018）"Jaarverslag 2017",（https://integratie-inburgering.be/sites/default/files/atoms/files/20180525_Jaarverslag_AgII_2017.pdf）（2019年3月7日最終確認）.

Agentschap Integratie en Inburgering（2019）"Attesten in het kader van Inburgering",（https://www.integratie-inburgering.be/attesten-inburgering）（2019年3月15日最終確認）.

Agentschap voor Onderwijsdiensten（2017）"Rapport Onthaalonderwijs 2014-2015 en 2015-2016",（http://www.agodi.be/sites/default/files/atoms/files/-Rapport_AGODI_OnthaalonderwijsOKAN_2014-2016.pdf）（2019年3月17日最終確認）.

BRUZZ（2019a）"Verplichte inburgering stap dichterbij",（https://www.bruzz.be/politiek/verplichte-inburgering-stap-dichterbij-2019-04-03）（2019年4月12日最終確認）.

BRUZZ（2019b）"Meer inschrijvingen voor Franstalige inburgeringstrajecten",（https://www.bruzz.be/samenleving/meer-inschrijvingen-voor-franstalige-inburgeringstrajecten-2019-01-17）（2019年5月13日最終確認）.

文化庁（2019）『「平成30年度日本語教育総合調査」～日本語の能力評価の仕組みについて～報告書』（http://www.bunka.go.jp/tokei_hakusho_shuppan/tokeichosa/nihongokyoiku_sogo/pdf/r1393077_01.pdf）（2019年4月25日最終確認）.

中條健志（2018）「第9章：移民政策」津田他（編）『現代ベルギー政治』ミネルヴァ書房、pp.175-194.

De Cuyper P., González-Garibay M. & Jacobs L.（2013）*Het NT2-aanbod in Vlaanderen: passend voor inburgeraars?*, Steunpunt Inburgering en Integratie ISBN 9789082094329（https://core.ac.uk/download/pdf/34594621.pdf）（2019年5月3日最終確認）.

De Cuyper P. & Vandermeerschen H.（2017）*Helpt Bijkomende Taalopleiding Inburgeraars op de Arbeidsmarkt? Het rendement van opeenvolgende NT2-opleidingen voor inburgeraars in kaart gebracht*, Steunpunt Inburgering en Integratie ISBN 9789055506033,（https://www.uantwerpen.be/images/uantwerpen/container29971/files/

Helpt%20taalopleiding%20-%2022%20dec%202016%20-%20finaal.pdf）（2019年5月3日最終確認）.

De Rand（2019）"Taalpromotie",（https://www.derand.be/nl/taalpromotie/pictogrammenboekjes）（2019年5月3日最終確認）.

De Standaard（2019a）"Dit staat in het regeerakkoord"（https://www.standaard.be/cnt/dmf20190930_04636588）（2019年10月1日最終確認）.

De Standaard（2019b）"Moeten Britten straks een inburgeringscursus volgen?",（http://www.standaard.be/cnt/dmf20190313_04251653）（2019年3月14日最終確認）.

De Standaard（2019c）"De（missing）link tussen migratie en meertaligheid",（http://www.standaard.be/cnt/dmf20190514_04400384）（2019年5月15日最終確認）.

Federaal Agentschap voor de Opvang van Asielzoekers（2019）"We zoeken buddy's!",（https://www.fedasil.be/nl/nieuws/we-zoeken-buddys?fbclid=IwAR2pXkCmK5dzjmVRd r7fj1c4n84RUfo8cpueK3jX_PjTCXS8HG3g9RqQQSc）（2019年4月27日最終確認）.

古島茂、大橋理枝（訳・編）（2004）『外国語教育〈2〉外国語の学習、教授、評価のためのヨーロッパ共通参照枠』朝日出版社.

Huis van het Nederlands Brussel（2018a）"Jaarverslag 2017",（https://huisnederlandsbrussel2017.be/）（2019年4月27日最終確認）.

Huis van het Nederlands Brussel（2018b）"Online Nederlands voor je job",（https://nlatcity.brussels/?redirect=0）（2019年5月3日最終確認）.

Huis van het Nederlands Brussel（2019a）（https://www.huisnederlandsbrussel.be/）（2019年4月27日最終確認）.

Huis van het Nederlands Brussel（2019b）"Publicaties",（https://www.huisnederlandsbrussel.be/publicaties）（2019年3月17日最終確認）.

Huis van het Nederlands Brussel（2019c）"Zap met je klas",（http://zapmetjeklas.be/）（2019年5月3日最終確認）.

Kruispuntbank Wetgeving（2019）"Decreet tot wijziging van diverse bepalingen van het decreet van 7 juni 2013 betreffende het Vlaamse integratie- en inburgeringsbeleid",（http://www.ejustice.just.fgov.be/cgi/article_body.pl?language=nl&caller=summary&pub_date=19-02-11&numac=2019040165）（2019年3月7日最終確認）.

KU Leuven（2019）"Nedbox: Oefen je Nederlands Online",（https://www.nedbox.be/）（2019年5月3日最終確認）.

Lafleur J-M., Marfouk A., & Fadil N.（2018）*Migratie in België in 21 vragen en antwoorden,*（https://orbi.uliege.be/bitstream/2268/225608/1/Boek_21vragen.pdf）（2019年3月7日最終確認）.

Netwerk Basiseducatie（2019）"Maakt u van geletterdheidsbeleid een prioriteit?",（https://issuu.com/basiseducatie/docs/cbe_memorandum2019_210x148__def_）（2019年3月17

日最終確認).

NHK News Web (2018)『ベルギー最悪の街！』(https://www3.nhk.or.jp/news/web_ tokushu/2018_0516.html) (2018年7月8日最終確認).

Schoenaerts P., vzw Fast Forward en het Agentschap Integratie en Inburgering (2018) *Scoren met Taal: Oefenkansen Nederlands in de Sportclub*, vzw Fast Forward.

Schoonvaere, Q. (2014) *Belgie-Marokko: 50 jaar migratie. Demografische studie over de populatie van Marokkaanse herkomst in Belgie*, Myria Federaal Migratiecentrum & Université catholique de Louvain (https://www.myria.be/files/Belgie-Marokko-50-jaar. pdf) (2019年2月14日最終確認).

Stockman W., Kurvers J., Vanderheyden H. & Van Hoeteghem L. (2015) "Leeswijzer ALFA NT2: Inburgering in Nederland en Vlaanderen: Wettelijk kader", Nederlandse Taalunie (http://taalunieversum.org/inhoud/leeswijzer-alfa-nt2/wettelijk-kader) (2019 年 3 月 6 日 最終確認).

Van Avermaet P., Derluyn I., De Maeyer S., Vandommele G. & Van Gorp K. (2017) *Cartografie en analyse van het onthaalonderwijs voor anderstalige nieuwkomers en OKAN-leerlingen: Samenvatting*, (https://data-onderwijs.vlaanderen.be/ onderwijsonderzoek/?nr=192) (2019年3月17日最終確認).

Vanbaelen R., & Harrison J. (2016)「ベルギーにおける生涯学習の実態、貧困層のための言語教育を中心に」日白修好150周年記念シンポジウム、口頭発表.

Vanbaelen R., Harrison J. & van Dongen G. (2014) "Lifelong Learning in a Fourth World Setting", International Professional Communication Conference (IEEE-ProComm), ISBN 978-1-4799-3749-3 DOI 10.1109/IPCC.2014.7020347, pp1-9.

Vandermeerschen H., Groenez S., De Blander R. & De Cuyper P. (2018) "The labour market integration of people of foreign origin in Flanders (Belgium) : in search of effective interventions", Presented at the IMISCOE, Barcelona (口頭発表).

Vlaams Ministerie van Onderwijs en Vorming Onderwijsinspectie (2018) *Verslag over de doorlichting van Hoger Instituut voor Verpleegkunde Sint-Elisabeth te Turnhout*, (https:// data-onderwijs.vlaanderen.be/onderwijsaanbod/adres.aspx?sn=31468) (2019年3月17日 最終確認).

Vlaams Ondersteuningscentrum voor het Volwassenenonderwijs (2019) "Wederzijdse doorstroom tussen CBE en CVO", (https://www.vocvo.be/content/doorstroom-cbe-cvo) (2019年3月17日最終確認).

Vlaamse Codex (2017) "Decreet betreffende het Vlaamse integratie- en inburgeringsbeleid", (https://codex.vlaanderen.be/PrintDocument.ashx?id=1023121&geannoteerd=true #H1061524) (2019年3月7日最終確認).

Vlaamse Overheid (2018) *Lokale Inburgerings- en Integratiemonitor 2018 - Vlaams*

Gewest en Brussels Hoofdstedelijk gewest,（http://integratiebeleid.vlaanderen.be/lokale-inburgerings-en-integratiemonitor-2018-vlaams-gewest-en-brussels-hoofdstedelijk-gewest）（2019年3月6日最終確認）.

Vlaamse Overheid（2019a）"Begeleiding van inburgeraars (het Inburgeringstraject)",（https://www.vlaanderen.be/begeleiding-van-inburgeraars-het-inburgeringstraject）（2019年3月7日最終確認）.

Vlaamse Overheid（2019b）"Onthaalonderwijs voor anderstalige kinderen",（https://www.vlaanderen.be/onderwijs-en-vorming/ondersteuning/onderwijs-voor-leerlingen-met-specifieke-noden/onthaalonderwijs-voor-anderstalige-kinderen-okan）（2019年3月17日最終確認）.

Vlaamse Overheid（2019c）"Vestigingsplaatsen gewoon secundair onderwijs met studierichting onthaaljaar anderstalige nieuwkomer",（https://data-onderwijs.vlaanderen.be/onderwijsaanbod/lijst.aspx?hs=311&studie=1081）（2019年4月20日最終確認）.

Vlaamse Overheid（2019d）"Ontwikkelingsdoelen 'Nederlands voor nieuwkomers' in de onthaalklas voor anderstalige nieuwkomers van het secundair onderwijs",（http://data-onderwijs.vlaanderen.be/documenten/bestand.ashx?id=9353）（2019年3月17日最終確認）.

Vormings- en Opleidingskansen（2019）（https://vokans.be/）（2019年4月27日最終確認）.

Wablieft（2019）（http://www.wablieft.be/）（2019年5月3日最終確認）.

第 **2** 章

市民としてのムスリムの子ども
──宗教的・道徳的教育の場の確保と近年の動向──

見原　礼子

はじめに

　本章では、フラーンデレン共同体とフランス語共同体において、移民の子ど
もの教育権のうち、とりわけ自らの信仰に沿った宗教教育や信仰にもとづく道
徳教育を受ける権利がどのように保障されてきたのかを明らかにすることを目
的とする。親や保護者の信念にもとづく子どもの宗教的・道徳的教育の確保の
自由は、国連の社会権規約（A規約）第13条3やその他の国際約束に規定され
ているように、基本的な教育権の一つとしてみなされている。この教育権は、
国籍や宗教的背景の違いによって限定されるものではなく、すべての人に対し
て開かれているべき権利として提起されている。現代のベルギー社会の文脈で
このことを想起するとき、歴史上、宗教的には「他者」であったにもかかわら
ず、この半世紀の間で急激に増加したイスラーム教徒（ムスリム）のための宗
教的・道徳的教育がどのように確保されてきたのかを確認する作業は意味のあ
るものであるといえよう。

　以下では、主に公立学校におけるイスラーム教育の実施とムスリム移民の背
景を持つ人びとが中心となって設立・運営してきた私立学校という2つの側面
から、ムスリムにとっての宗教的・道徳的教育の場が公教育という枠組みの中
でいかに開かれてきたのかを両共同体の比較を適宜交えながら論じていく。ム
スリム移民の背景をもつ人びとが、自ら主体となった宗教的・道徳的教育の場

を確保することで、子どもたちをベルギー社会の市民としてどのように育てようとしてきたのか、その一端を描いていきたい。

1 ベルギーの公教育制度の概要と宗教の位置

　連邦制を採るベルギーにおいては、学校教育分野は共同体の管轄とされているが、公教育制度それ自体は連邦化の前に構築されたものが基盤となっているため、共同体間である程度共通している部分も多い。そのため、移民の子どもをいかにして学校教育という空間に包摂するのかという政策課題に対しては、公教育制度の根幹にかかわるものなのか否かによって、共同体がある程度同じ道を歩むのか、あるいは別の道を歩むのかが変わってくることになる。公教育制度の根幹にかかわる最たる例として、宗教の取り扱いが挙げられる。ベルギー国民国家の成立過程において、公教育制度の確立とそこでの宗教の扱いにかかわる合意は、最も重要なものの一つとして記憶されているためである。

　そこで本節ではまず、ベルギーの公教育制度の確立期において宗教がどのように取り扱われることになったのかを確認し、次いで私立学校と公立学校の宗教教育の実施にかかわる具体的な法的枠組みと構造について、いくつかの最新のデータを交えつつ論述する。

1.1　学校闘争

　現在のベルギーの公教育制度を理解するうえで、19世紀後半と第二次世界大戦後、二度にわたって展開された「学校闘争（Guerre scolaire/Schoolstrijd）」に触れないわけにはいかない。二度の学校闘争を通じて政治的に争われたのは、公的な学校教育制度を構築するにあたり、カトリック勢力が保持してきたカトリック系の学校と、自由主義勢力が推し進める世俗的な公立学校の間の関係や区分をどのように設けるのかという問いをめぐってであった。

　独立後、初等教育に関する初の法律は、カトリック勢力と自由主義勢力の協働関係のもと、1842年に制定された。同法においては、すべての自治体に最低1校の公立初等学校の設置が義務づけられていたものの、すでに存在していたカトリック系の学校での代替措置を認めていた。また、公立学校において、

学校に通う生徒の過半数を占める信仰の宗教教育の実施も求めていたが、圧倒的多数の国民がカトリック教徒であったため、すべての学校にカトリック教育が導入されることとなった（金井 2004: 152）。

1879年〜1884年にかけて争われた「第一次学校闘争」の発端は、当時政権を握っていた自由主義勢力側が策定した初等教育法において、公立学校の中立化の遵守を求める内容が盛り込まれたことであった。具体的には、1842年の代替措置の停止や公立学校内でのカトリック教育に替わる非宗派的道徳教育の導入方針などが該当する（Evans 1999: 139）。これに対してカトリック側は強く反発し、世俗的な学校への通学をボイコットするなどして世論を巻き込みつつ対抗した。1884年の選挙でカトリック側が勝利すると、今度はカトリック系学校に対する財政支援の保障やすべての学校に対する宗教教育実施の義務化などを盛り込んだ改定教育法が策定された（Wynants & Paret 1998: 28）。

「第一次学校闘争」の結末は、カトリック系の私立学校と非宗教系の公立学

【図1-1】初等学校における学校種別の就学者数の推移

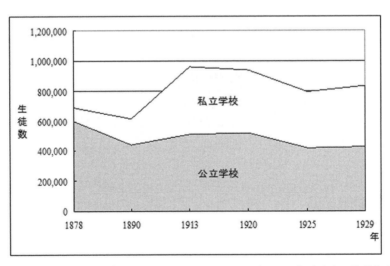

出典）Verhaegen（1906: 132）及び Claeys-Van Haegendoren（1971: 27）をもとに筆者作成。

校の2種類の運営主体による学校の存続を認めるものであったが、統一的な公教育制度としては確立されなかった。1914年の初等教育義務化により、就学者数は大幅に増加していくが（Grootaers 1998: 85-107）、カトリック系の私立学校と非宗教系の公立学校は、それぞれが独立して発展を遂げていくこととなった。

　第二次世界大戦後、公立と私立の間に残された制度的不統一によって、新たな政治闘争が巻き起こることとなる。社会主義勢力と自由主義勢力がカトリック勢力に対して挑んだ「第二次学校闘争」は、1950年から8年間にわたって展開された。最終的に三者の間で策定されたのが、現代ベルギーにおける公教育制度の根幹とも言える「学校憲章（Pacte scolaire/Schoolpact）」である。学校憲章は、当時の学校形態がおおむね反映された内容であり、教育の民主的拡大や課題といった一般的な内容から、学校設置や宗教教育の選択の自由にかかわる内容まで、7節32項目から構成されている（Meynaud, et al. 1965: 170-176）。このうち、以下では本章の内容に特に関連する①学校の設置、②公立学校における宗教教育の実施の2点について確認していきたい。

1.2　学校の法的枠組み

　まずは私立学校の法的枠組みについて検討する。学校憲章の成立時に合意がなされた内容は、端的にいえば、私立学校の不動産に対する助成は行われないものの、教職員の給与、物品・機器、生徒1人当たりに対する補助金などについては公立と同額が与えられるというものであった（Houben et Ingham 1962: 133-149）。このことは、保護者にとっては、家庭の社会経済的状況の違いによらず、学校選択の自由が保障されることを意味する。

　学校憲章成立以来、私立の大半はカトリック系であり、この傾向は今でも変わらないが、宗教系では、数校のユダヤ教系の学校の運営が続けられてきたほか、後述するイスラーム学校も、この私立の枠組みの中で設立・運営されている。加えて、近年では非宗教系の学校も設立・運営されている。フランス語共同体のFELSIやフラーンデレン共同体のVOOPやFOPEMといった代表・調整機関（Organe de représentation et de coordination/onderwijskoepels）（［表1-1］参照）

【表1-1】ベルギーにおける学校網の概要

学校網／組織	公立 Enseignement officiel Officieel onderwijs		私立学校 Enseignement libre Vrij onderwijs	
	共同体立学校	州・コミューン立学校	非宗教系	宗教系
代表・調整機関	[F] WBE [V] GO!	[F] CECP（初等教育） CPEONS（中等・高等教育） [V] POV（州立） OVSG vzw（コミューン立）	[F] FELSI [V] FOPEM Federatie Steinerscholen VOOP	[F] SeGEC（カトリック） ECIB（イスラーム） [V] Katholiek Onderwijs Vlaanderen（カトリック） IPCO（プロテスタント）
学校組織者の母体	[F] 教育大臣 [V] 公法上の組織	地方自治体 （州・市町）	非営利法人	カトリック司教区 修道会 非営利法人

出典）フランス語共同体及びフラーンデレン共同体の公式ウェブサイトを参照の上、筆者作成。
フランス語共同体 （1）http://enseignement.be/index.php?page=25568&navi=2667
（2）http://www.enseignement.be/index.php?page=26680&navi=3342
フラーンデレン共同体 https://onderwijs.vlaanderen.be/nl/officieel-en-vrij-onderwijs-onderwijsnetten-en-koepels#officieel-vrij（2019年5月16日最終確認）
なお、[F] はフランス語共同体、[V] はフラーンデレン共同体を指す。
【組織の正式名称】
＜フランス語共同体＞
WBE: ワロニー＝ブリュッセル教育（Wallonie-Bruxelles Enseignement）
CECP: 州・コミューン立教育評議会（Conseil de l'Enseignement des Communes et Provinces）
CPEONS: 助成対象中立的公立教育常設委員会（Conseil des Pouvoirs organisateurs de l'Enseignement Officiel Neutre Subventionné）
FELSI: 独立助成対象私立学校連盟（Fédération des Établissements Libres Subventionnés Indépendants）
SeGEC: カトリック教育事務局（Secrétariat Général de l'Enseignement Catholique）
ECIB: ベルギー・イスラーム宗派教育（Enseignement confessionnel Islamique de Belgique）
＜フラーンデレン共同体＞
GO!: フラーンデレン共同体教育（Onderwijs van de Vlaamse Gemeenschap）
OVSG vzw: フラーンデレン共同体コミューン立教育事務局（Onderwijskoepel van Steden en Gemeenten vzw）
POV: フラーンデレン州立教育（Provinciaal Onderwijs Vlaanderen）
FOPEM: 自立多元的解放のための教育方法採用連合（Federatie van Onafhankelijke Pluralistische Emancipatorische Methodescholen）
Federatie Steinerscholen: シュタイナー学校連合
VOOP: フラーンデレン教育協議会（Vlaams Onderwijs Overleg Platform）
Katholiek Onderwijs Vlaanderen: フラーンデレン・カトリック教育
IPCO: プロテスタント教育組織評議会（Raad van Inrichtende Machten van het Protestants-Christelijk Onderwijs）

には、フレネ教育やモンテッソーリ教育など、特定の教育哲学にもとづく学校が属している。また、フラーンデレン共同体においては、シュタイナー教育を実践する学校は独立した代表組織を有している。カトリック系以外の私立学校は多くの場合、非営利法人として運営されている。

　私立に対して、公立の場合、共同体自らが運営する学校と、州およびコミューン[1]によって組織運営されるものと、大きく2種類がある。共同体自らが運営する学校は日本の公教育制度の「国立」学校に、州およびコミューン立の学校は日本の公教育制度の「公立」学校に相当する。

　表1-1のとおり、各々の学校網には、教育組織運営の代表・調整機関が置かれている。代表・調整機関は、政府との窓口になるほか、教育組織のカリキュラム策定や学校運営の支援などを行う。代表・調整機関のもとで、各学校組織者（pouvoirs organisateurs/ schoolbesturen）は複数もしくは1校の学校を運営する。

　最新の公式データから、各学校網の初等学校の数を共同体別に示したのが表1-2である。フラーンデレン共同体の場合、全体に占める私立の割合は約60%である一方、フランス語共同体の場合、全体に占める私立の割合は約40%と両共同体の間での差はある程度みられる。中等学校段階になると、私立の割合は両共同体でさらに高くなり、フランス語共同体で約59%、フラーンデレン共同体にいたっては約7割が私立学校である（Fédération Wallonie-Bruxelles 2017, Vlaamse overheid 2019）。私立学校に通う生徒の割合は、ヨーロッパ諸国の中でも最も高いことが国際比較調査から明らかにされている（OECD 2012: 78）。

1.3　公立学校における宗教教育

　学校憲章におけるもう一つの重要な項目は、義務教育段階にあたる初等・中等段階の全ての学校に「公認宗教」の宗教教育またはモラル教育の実施を義務

1）フラーンデレン地域とワロニー地域はそれぞれ5州によって構成されている。各州は複数の行政区を擁しており、さらに最小の行政単位である基礎自治体（コミューン）によって構成されている。2019年時点のコミューン数はフラーンデレン地域で300、ワロニー地域で262である（Service Public Fédéral Belge 2019）。

【表1-2】共同体別の初等学校数

	公立		私立	合計
	共同体立	州・市町立		
フランス語共同体	199	1,048 （うち州立17）	884 （うち非宗教系41）	2,131
フラーンデレン共同体	436	571 （うち州立6）	1,622	2,629

出典）フランス語共同体及びフラーンデレン共同体の公式ウェブサイトから最新版のデータを参照の上、筆者作成。フランス語共同体は2016/2017年度、フラーンデレン共同体は2018/2019年度のデータである。フランス語共同体のデータは特別支援教育実施校と普通教育実施校をそれぞれわけてデータ化しているため、表中の学校数には特別支援学校数も含まれている。また、幼稚園付属初等学校もしくは単独で運営される幼稚園の数も含まれている。なお、フラーンデレン共同体のデータには、宗教系／非宗教系の学校数が示されていないため、フランス語共同体のみ記載している。
【フランス語共同体】
http://www.etnic.be/actualites/statistiques/?no_cache=1
（2019年5月18日最終確認）
【フラーンデレン共同体】
https://onderwijs.vlaanderen.be/nl/nl/onderwijsstatistieken/statistisch-jaarboek/statistisch-jaarboek-van-het-vlaams-onderwijs-2018-2019-beperkt
（2019年5月18日最終確認）

づけ、公立学校については週2回の実施がこれらの教育に充てられることとされた点である[2]。公認宗教とは、端的にいえば、19世紀後半に政教分離政策の一環として制定された「信仰活動の物質的・財政的側面にかかわる法 (Loi sur le temporal des cultes/Wet op het tijdelijke der eerediensten)」（以下「1870年法」と表記）において認定された宗教である（見原 2009: 99-100）。同法には、政教分離の対象であったカトリックは当然ながら、カトリックと同等・平等の措置が設けられるとされていたプロテスタント、ユダヤ教、イギリス国教会が含まれ

2）だが、次節で後述するように、フランス語共同体では2015年に学校憲章にかかる法律が改正され、宗教教育の実施は週2時間の実施から週1時間に変更されている。

ていた。学校憲章の策定時には、これらの公認宗教のうち、イギリス国教会を除く3つの宗教が対象となった[3]。これに対してモラル教育とは、特定の宗教的基盤をもたない非宗派モラル教育のことを指す。後述するように、1974年にはイスラームが、また正教会も1985年に同法に加えられたことで「公認」がなされたと解釈されている[4]。

　保護者は毎年、新年度に科目選択を行い、通学する学校に提出する。履修者人数の多少によらず、たとえ受講者が1名であったとしても、各学校は必ず履修を希望する宗教教育を開講する義務を有している。宗教教育の部屋は別々に用意されており、各公認宗教の代表組織が養成・任命した教員が授業を行う。教育カリキュラムの策定や教育監査官の任命なども各公認宗教の代表組織の管轄である。

　表1-3は、両共同体の公立（共同体立及び州・市町立）の初等学校における宗教教育の選択者の割合を示したものである。いずれの共同体の公立初等学校においても、カトリック教育を選択する生徒の割合が最も多く、次いで非宗派モラル、イスラームと続いている。なお、ここで示しているのは公立学校のみであるが、私立学校における選択者の割合を加えると、カトリック教育を選択する生徒の割合は増加する。次節では、公立学校におけるイスラーム教育の実施について、より詳細に検討を加える。

2　ムスリム移民が主体となった教育の展開

　イスラームを信仰する移民の子どもにとって、宗教教育を受ける最も身近な場所は家庭や近隣のモスクである。ただし、保護者が子どもに対して信仰にか

---

3) イギリス国教会については、対象となる生徒が少なかったため、プロテスタント教育の対象に含みこまれた。ただし、表1-3で示したように、現在では、フランデレン共同体においてイギリス国教会の信徒向け宗教教育も公的枠組みの中で実施されている。

4) 仏教の「公認」手続きも2006年以降進められており、正式な承認は間近とみられている（Laporte 2018）。

［表1-3］公立初等学校における宗教教育の選択者の割合

	カトリック	非宗派モラル	イスラーム	プロテスタント	正教会	ユダヤ教	イギリス国教会	その他
フランス語共同体	37.5%	32.2%	20.4%	2.2%	1.1%	0.1%	N/A	6.5%
フラーンデレン共同体	42.7%	32.3%	21.4%	2.0%	0.6%	0.03%	0.02%	0.8%

出典）フラーンデレン共同体公式ウェブサイト（https://onderwijs.vlaanderen.be/nl/nl/onderwijsstatistieken/statistisch-jaarboek/statistisch-jaarboek-van-het-vlaams-onderwijs-2018-2019-beperkt）及びフランス語共同体については Sägesser et al.（2017: 62）から最新版のデータを参照の上、筆者作成。フラーンデレン共同体は2017/2018年度、フランス語共同体は2016/2017年度のデータである。これらのデータに特別支援教育の生徒は含まれていない。
「その他」は、フランス語共同体の場合、「哲学・市民性教育」（2.1において説明）を選択した者。フラーンデレン共同体の場合、「免除」の特別措置を受けた者。

かわる教育を与える方法や重点の置き方は各家庭によって様々であり、単純化してとらえるべきではない（cf. Scourfield 2013）。したがって、公教育制度の中でのイスラーム教育の実施あるいはイスラーム的規範の扱いに対する期待や要求についても、ムスリムコミュニティの中で多様な考え方があるということは前提として理解しておくべきであろう。

　公教育制度における移民の宗教的・道徳的教育に関する議論においては、このことを踏まえておく必要がある。しかしながら、同時に、公教育制度へのイスラーム教育やイスラーム学校などの参画は、多くのムスリム家庭にとっても、またベルギー社会にとっても、大きなインパクトを持ち続けてきたことも事実である。本節ではまず、ベルギーの公教育制度にいち早く導入された公立学校でのイスラーム教育の実施と対話の場をめぐる議論を追い、次いで、ムスリムが主体となった学校設立運動と学校運営について概説する。

2.1　公立学校内でのイスラーム教育

　公立学校においてイスラーム教育が導入されたのは1975年のことである。前年1974年に1870年法の改定によりイスラームが「公認」されたことによって、それは実現した。イスラームの「公認」それ自体、西欧諸国でも初の出来

事であったとされる（Renaerts & Manço 2000: 86）。ただし、イスラームの「公認」やそれに続くイスラーム教育の導入当初はまだ、ベルギー社会の構成員としてのムスリム移民の子ども教育というよりはむしろ、労働者の子どもが母国へ帰国するまで文化的・宗教的アイデンティティを失わないようにするための教育として位置づけられていた。だが、次第にその教育の意味づけは変化していくことになる。

　イスラーム教育が導入された2年後の1977/1978年時点では初等・中等段階合わせてもベルギー全土で140名であったイスラーム教育受講者数は（Panafit 1999: 133）、年々増加し続け、2000年代前半には初等段階のみでもベルギー全土で3万3千人以上に達した（見原 2009: 115）。この数は公立初等学校全体の4.8%を占める（同上）。前節1.3において確認したように、2010年代後半には、その割合はさらに高くなり、フランス語・フラーンデレン両共同体において20%以上に上っている。現在のベルギー公教育制度において、イスラーム教育は3番目に大きな規模を占めるようになっているのである。

　都市部においては、公立学校におけるイスラーム教育選択・履修者の割合はさらに高くなる。例えばブリュッセル市内のフランス語共同体管轄の公立学校の場合、2016/2017年度にイスラーム教育を選択・履修した生徒の全体に占める割合は50.2%と、統計開始以降初めて過半数を超えた（Sägesser et al. 2017: 62）。この割合が前年比1.8%の伸びを示していることも特筆すべきだろう。コミューン別では、モランベーク（Molenbeek）が72.5%と最も高く、クーケルベール（Koekelberg）71.7%、スカールベーク（Schaerbeek）66.2%と続く（同上: 63）。ブリュッセル以外の他都市においても、前年2015/2016年度のリエージュでは37.6%、シャルルロワでも33.4%と、軒並み3割を超える状況となっている（Sägesser et al. 2016: 70）。

　ベルギーにおけるイスラームの代表組織は、ベルギームスリム評議会（Exécutif des Musulmans de Belgique/Executief van de Moslims van België: EMB）と呼ばれる。ブリュッセル市内のEMB本部のオフィス内に共同体別に設けられている教育部局が、各々の共同体内の公立学校において実施されるイスラーム教育の質保証を担っている。

【図2-1】公立学校におけるイスラーム教育の授業風景

ビスミッラーを唱える意味と場面を考える授業
黒板には「私はビスミッラーを唱える」とある

教室内に掲げられたカアヴァ宮殿の写真

撮影）筆者（2005 年 10 月 26 日）

　図2-1は、ブリュッセル市内のフランス語共同体管轄の公立学校におけるイ
スラーム教育の授業風景である。ビスミッラー[5]を唱える意味を考える場面に

典型的に示されているように、この教育は信仰的な要素を持った、つまり基本的にはムスリムによるムスリムのための教育としてカリキュラム構成がなされている。他にも、クルアーン（コーラン）の朗読や教理といった内容などが含まれる。この点は当然ながら、他の宗教教育についても同様である。

　だが、この科目が扱うのは宗教にかかわる知識だけではない。道徳教育も、それぞれの宗教思想を源泉として扱われることになる。イスラーム教育のカリキュラムにおいては、クルアーンを引用しながらの道徳教育が展開される（EMB 2010a）。さらに、中等教育段階になると、ヨーロッパにおけるムスリム移民史、多文化社会における多様な文化的・宗教的背景をもつ人びととの共生の課題や市民性の教育なども、イスラーム教育の枠組みで扱われている（EMB 2010b）

　このように、イスラーム教育のカリキュラムは、信徒に向けられた教育であると同時に、ベルギー社会の一市民として生きるための教育としても構成されている。イスラームを出発点としてベルギーの市民としての参画を目指していくこのカリキュラム構成にこそ、家庭やモスクではなく、公教育の枠内で実施されるイスラーム教育の独自性が見いだせるといえるだろう。

　しかしながら、道徳や市民性にかかわる教育を個別の宗教教育の枠組みで実施することの是非については、2000年代以降、とりわけフランス語共同体において論争が巻き起こってきた。大きな転換点を迎えたのは2015年のことである。フランス語共同体の学校憲章にかかる法律が改定され、週2時間の実施が義務づけられていた宗教教育のうち、1時間がすべての子どもを対象とした統一的な「哲学・市民性教育（l'éducation à la philosophie et à la citoyenneté: EPC）」へと振り向けられることになったのである。また、残りの宗教教育の1時間においても、既存の宗教・非宗派モラル教育の履修を希望しない場合は、

5）「アッラーの御名によって」（正式には「慈愛あまねく慈悲深きアッラーの御名によって」）という句のことを指す。宗教行事のみならず、食事や式辞などの生活行為の冒頭にもビスミッラーを唱えることが多い（小杉 2002: 759）。

EPCを希望し受講できることになった（見原 2017a）。社会の変容や世俗化が著しく進む中で、市民性や道徳の源泉をどこに求めるのかをめぐって、フランス語共同体では引き続き模索が続いている。

　もう一つ検討しておくべき事項として、公立学校における「中立性（neutralité/neutraliteit）」原則をめぐる課題が挙げられる。この原則は憲法24条において次のように規定されている。

> 「中立性とは、とりわけ親及び生徒の哲学的、イデオロギー的、あるいは宗教的見解の尊重を意味する。」

ここで重要なのが、どのようにして尊重するのか、という問いである。ヨーロッパの中で最も激しいスカーフ論争を巻き起こし、最終的に2004年の「宗教シンボル禁止法」のもと、ムスリム女生徒の公立学校内でのスカーフ着用を禁じた隣国フランスにおいては、この法律をもたらしたライシテ（非宗教性）の理念こそが、「国家の中立性」のもとで宗教的多元性を包摂し、個々人の宗教的見解を尊重するものとみなされた（伊達 2018: 17-18）。ライシテを出発点とした宗教的多様性への対応は、フランスに特有のものである。公立学校において宗教教育の実施というかたちで宗教的多元性を包摂してきたベルギーにおける中立性は、フランスのライシテとは大きく異なるものであるはずである。だが、フランスにおける論争は常にベルギーでも参照され、比較され、ベルギーがどうあるべきかについての議論がそれぞれの共同体で重ねられてきた。

　近年の動向としては、両共同体において、公立学校内における「宗教シンボル」の禁止措置が取られる傾向にあり、それにともなってムスリム女生徒や女性教員のスカーフ着用を禁じる学校が増えている。以前は「宗教シンボル」に関してフランス語共同体ほど激しい論争が巻き起こってこなかったフラーンデレン共同体においても、様相が変わりつつある。2013年には、フラーンデレン共同体の共同体立学校を管轄する共同体立学校教育委員会が通達を出し、フラーンデレン共同体立の全初等・中等学校の生徒と教職員に対して「宗教シンボル」の着用が禁じられるにいたった[6]。この禁止措置によってイスラーム教

育を担当するムスリム女性教員が任用取り消しになったことを受け、行政訴訟が起こされるなど、公立学校の宗教的多元性を踏まえたうえで、中立性をどのように確保するのかをめぐって、今なお議論が続いている[7]。

2.2 ムスリムが主体となった学校設立運動と学校運営

では、公立学校以外の場でのムスリムのための宗教的・道徳的教育の確保はどのように進んでいるのだろうか。以下では、ムスリムが主体となった学校設立運動と学校運営のありようを明らかにしていく。

第1節で明らかにしてきたように、ベルギーでは初等・中等段階共に私立学校の割合が高く、また学校運営のための補助金は公立と同等額が支給されるため、私立学校に通っても学費は原則としてかからない。移民の子どもたちの中にも、当然ながら宗教系・非宗教系の私立学校に通う子どもはいるが、そこで移民の宗教的・文化的背景がどのように考慮されるかは、各学校や学校網の代表組織の裁量によって異なっている。

その一方で、ムスリム自らが主体となった私立学校の設立に関しては、例えば隣国オランダでイスラーム学校の設立運動が全国的に広がり、50校以上の学校が各地で設立されるにいたったのと比べると、ベルギーでは大きな運動として展開されてはこなかった。最大の理由としては、公立学校におけるイスラーム教育の導入が全国的に進んだことが挙げられるだろう。だが、ベルギーにおいても、数校のイスラーム学校やムスリム主体の学校が私立学校として設立されるにいたっている。

このうち、まず、イスラーム学校についてみていく。これまで、ベルギー国内では3校の初等イスラーム学校と1校の中等イスラーム学校が運営されてきた（Husson 2016: 109）。2019年9月には新たにもう1校の初等・中等イスラ

---

6) Omzendbrief inzake het verbod op het dragen van levensbeschouwelijke kentekens 2013/1/omz.

7) 詳細は見原（2017a: 39-40）を参照のこと。

ーム学校が開校された[8]。これらはすべてブリュッセルに存立しており、フランス語共同体の管轄によりフランス語が教授言語とされている。表1-1で示したように、これらの学校の代表・調整機関はベルギー・イスラーム宗派教育（ECIB）である。

最も古い歴史を有する学校は1989年に設立されたAl-Ghazali初等学校であり、2000年代半ばまでサンカントネール公園内のグラン・モスク内で運営が続けられてきたが、現在では独立した校舎内で運営されている。それ以外の3校は、2010年代以降に設立された比較的新しい学校である。イスラーム学校への入学希望者は多く、毎年200名以上が登録過多により入学できない状況が続いていると報じられている（La Libre 27 août 2015）。

イスラーム学校設立運動の動きが特に2010年代以降に活発化していることの背景には、単にベルギー在住のムスリムの子どもの増加にとどまらず、前述してきた公立学校における中立性の解釈の変容も大きな影響を与えていると考えられる。私立学校として独立した校舎を有しているということは、学校文化の自由な創造が可能になることを意味する。イスラーム学校は、教育目標におけるイスラーム的規範の参照、スカーフ着用に対する尊重、礼拝など信仰実践も含めた学びなどの宗教教育カリキュラム内容の工夫など、公立学校ではなしえないイスラーム教育を求める保護者たちからの支援を得て、発展を続けている。

続いて、もう一つのタイプの私立学校の設立と実践についてみていきたい。これらの学校は、ムスリム移民らが中心となっているものの、宗教系のイスラーム学校ではなく、非宗教系の私立学校の枠組みで設立・運営されており、トルコ系のイスラーム運動であるヒズメット運動に影響を受けているとされる。ヒズメット（Hizmet）はトルコ語で「奉仕」を意味する。ヒズメット運動は、「イスラームに基づいた思想を標榜しつつ、近代教育を通したアプローチ

---

8) Institut el Hikma la Sagesse
   https://iehs.be（2020年8月25日最終確認）

【図2-2】ベルギーのイスラーム学校に設けられた礼拝室

撮影）筆者（2012年8月3日）

を行う」（石川2017: 144）点に特徴がある[9]。すなわち、ヒズメット運動にも
とづく教育とは、イスラーム的価値観と現代の知と科学的知識を持ち合わせ
た「近代的ムスリム」の育成を目指すものであるとされる（Agai 2003: 51、石川
2017: 148）。1990年代以降、ヨーロッパ各地でムスリム移民第二世代が中心と
なった学校設立運動が展開され、現在ではベルギーのほかにデンマーク、オラ
ンダ、ドイツなどでも公教育制度の枠内で運営されている（Demir 2007: 221）。
　ベルギーの公教育においてこの種の学校が誕生したのは、フラーンデレン共
同体で2003年（認可は2004年）、フランス語共同体で2005年のことであった。
2019年時点でフラーンデレン共同体で3校の初等学校と1校の中等学校が[10]、
フランス語共同体で3校の初等学校と2校の中等学校が運営されている[11]。

9）ヒズメット運動は、トルコの思想家フェトフッラー・ギュレン（Fethullah Gülen）
　の思想を基盤としているため、ギュレン運動と表現されることもある。
10）学校組織者Lucernaの公式ウェブサイトより
　http://www.lucerna.be/startpagina.html（2019年5月20日最終確認）

ヒズメット系学校設立の背景には、移民の子どもの学力を向上させ、社会のメインストリームで活躍してほしいと願った親たちの思いがある。国際比較調査などから明らかにされてきたように、移民の子どもの学力は、世代が進んでも、非移民系生徒と比べて低い状況が続いている（OECD 2007: 54）。よりよい教育環境を自ら創り出すことによって、このような状況を打開しようと願ったのである。

　ところで、これらの学校が非宗教系の私立学校として運営されているということは、上述のイスラーム学校の学校文化とは異なる点が多く見られることを意味する。イスラーム学校では、教育目標において必ずイスラーム的規範の参照やクルアーンの章句の引用がなされるが、ヒズメット系の学校では、そのような言及は一切ない。教育目標において登場するとすれば、それはエラスムスやアインシュタインなど、ヨーロッパの歴史上の人物の言葉である。また、道徳にかかわる授業は、全ての学校に対して義務づけられている宗教・道徳教育は行うものの、それに加えて、価値教育のような独自の授業も盛り込まれている。

　学校内の教室の風景においても、イスラーム学校と比較して大きな違いがみられる。イスラーム学校では、教室内にモスクのタペストリーが飾られていたり、図2-2で見たように校舎内に礼拝室が設けられていたりするのに対して、ヒズメット系の学校の校舎内で登場するのは、ヨーロッパの代表的な哲学者や思想家の肖像画や格言などである。

　とはいえ、現在、ヒズメット系学校に通う生徒の約90％はムスリムである。学校の基盤をイスラームに置かないということは、ムスリム生徒個人やその家庭の信仰実践に対して目配りをしないというわけではない。これらの学校は、例えばスカーフの着用やラマダーン時期のカリキュラムの配慮など、生徒やその家庭の信仰にかかわる実践については、学齢などに応じて可能な限り柔軟

11）学校組織者École des Étoilesの公式ウェブサイトより
　　http://www.etoiles.be/notre-ecole/（2019年5月20日最終確認）

な姿勢をとっている。イスラーム教育を学校で受講する必要性は感じないものの、個人として信仰実践を望む生徒やその家庭にとって、ヒズメット系学校の方針は魅力的に映るだろう。

実際、「知性」を重視し、学力の向上に力を入れてきた結果、これらの学校の人気は非常に高く、毎年、多くの入学希望者が集っている[12]。また、このように移民自らが主体となった教育によって学力の向上に成功している学校へのベルギー社会の着目は、上述のイスラーム学校と比してかなり好意的であるといえよう。いずれの学校も、各共同体の大臣など閣僚級や市長・区長など行政トップの訪問を数多く受け入れてきたことがそのことを物語っている（見原2017b: 184-185）。ヒズメット系学校の成功は、移民系生徒の学力問題の解決となりうる鍵として注目されているのである。

おわりに

本章では、ムスリム移民の子どもの信仰に沿った宗教教育や信仰にもとづく道徳教育を受ける権利がどのように保障されてきたのかという問題関心から、フラーンデレン共同体とフランス語共同体における状況と近年の動向を描いてきた。これまでみてきたように、公立学校におけるイスラーム教育の導入とムスリムのニーズに即した私立学校の設立は、いずれも、移民に対する特別の教育政策としてではなく、ベルギーの既存の公教育制度の中に組み込まれるかたちで実現した。この点は、他のヨーロッパ諸国における移民の子どもの信仰に即した宗教・道徳教育権保障においても同様の傾向がみられる。受け入れの歴史や数が大きく異なるため単純な比較は控えるべきだが、日本が学校現場で「外国人児童生徒」を受け入れるにあたって、多くの取り組みが公教育制度の枠内ではなく例外的な措置として設けられてきたのとは対照的である。

だが、既存の公教育制度の中に新たな宗教・道徳教育の場が生まれるという

---

12) 2014年9月25日にÉcole des Étoilesブリュッセル校の校長に対して行ったインタビューより。

ことは、それぞれの共同体ひいてはベルギーという一国の市民像を大きく変容させることをも意味する。本文でみたように、ブリュッセル市内の公立学校のイスラーム教育履修者の割合が過半数を超えたという事実は、その一端としてとらえることができるが、これに対しては様々な立場からの異議申し立ても招く。今後、宗教・道徳教育の場をめぐって、どのような対応を進めていくのかは、人口構成においても大きな変容を迎えつつあるベルギー社会にとって、最も差し迫った課題の一つであるといえるだろう。

謝辞
本研究はJSPS科研費16H03356, 17H02682の助成を受けたものです。

参考文献

Agai, Bekim（2003）"The Gülen Movement's Islamic Ethic of Education" in: Yavuz Hakan and John Esposito (eds.) *The Gülen Movement,* Syracuse University Press, pp. 48-68.

Basisschool Cosmicus Arnhem（2015）*Schoolgids 2015-2016,* Basisschool Cosmicus Arnhem.

Claeys-Van Haegendoren, Mieke（1971）*L'Église et L'État au XX*e *siècle*, Courrier Hebdomadaire n°542-543, CRISP.

伊達聖伸（2018）『ライシテから読む現代フランス──政治と宗教のいま』岩波新書.

Demir, Emre（2007）"The Emergence of a Neo-Communitarian Movement in the Turkish Diaspora in Europe: The Strategies of Settlement and Competition of Gülen Movement in France and Germany" in: *Proceedings of International Conference on Muslim World in Transition: Contributions of the Gülen Movement,* Leeds Metropolitan University Press: pp.214-229.

Dierickx, Guido（1999）"Het schoolpact of de kunst van het simultaan schaken" in: Els Witte, et al. (red.) *Het schoolpact van 1958,* VUB Press: pp.669-684.

Evans, Ellen Lovell（1999）*The Cross and the Ballot: Catholic Political Parties in Germany, Switzerland, Austria, Belgium and the Netherlands, 1785-1985*, Humanities Press.

Exécutif des Musulmans de Belgique（2010a）*Cours de religion islamique et de la morale inspirée de cette religion: Programme des cours de l'Enseignement Primaire,* EMB.

Exécutif des Musulmans de Belgique（2010b）*Cours de religion islamique et de la morale inspirée de cette religion: Programme des cours de l'Enseignement Secondaire,* EMB.

Fédération Wallonie-Bruxelles（2017）*2014-2015 - Enseignement secondaire ordinaire,* ETNIC - Fédération Wallonie-Bruxelles.

    http://www.etnic.be/actualites/statistiques/detail-publication-statistique/?no_cache=1&tx_ etnicstatistiques_pi1%5Buid%5D=144&cHash=6e6621bf01a0480aa12682a0bd284f5f （2019年5月19日最終確認）

Fédération Wallonie-Bruxelles（2018）*2016-2017 - Enseignement fondamental ordinaire*, ETNIC - Fédération Wallonie-Bruxelles.

    http://www.etnic.be/actualites/statistiques/detail-publication-statistique/?no_cache=1&tx_ etnicstatistiques_pi1%5Buid%5D=155&cHash=c80dedf33e9653a782e26159003e1548 （2019年5月19日最終確認）

Grootaers, Dominique（1998）*Histoire de l'enseignement en Belgique*, CRISP.

Houben, Robert et Ingham, Frans（1962）*Le Pacte scolaire et son application,* CEPESS.

Husson, Jean-François（2016）"Belgium" in: Oliver Scharbrodt et al. (eds.) *Yearbook of Muslims in Europe, Volume 7,* Brill: pp.87-113.

石川真作（2017）「ヒズメット運動の思想と教育への取り組み——ドイツでの展開を参照して」山本須美子編『ヨーロッパにおける移民第二世代の学校適応——スーパー・ダイバーシティへの教育人類学的アプローチ』明石書店 : pp.143-170.

金井裕美子（2004）「ベルギーにおける親の学校選択権の保障—— 1958年ベルギー学校教育憲章を中心として」『広島大学大学院教育学研究科紀要』53: pp.151-157.

小杉泰（2002）「バスマラ」大塚和夫他編『岩波イスラーム辞典』岩波書店 : p.759.

La Libre（2015）« Les écoles islamiques ont refusé quelque 200 élèves » *La Libre*, 27 août 2015.

Laporte, Christian（2018）« Le bouddhisme entend être reconnu avant mai 2019 » *La Libre Belgique,* 25 octobre 2018.

Maynaud, Jean. et al (dir.)（1965）*La décision politique en Belgique: Le pouvoir et les groupes,* Librairie Armand Colin.

見原礼子（2009）『オランダとベルギーのイスラーム教育——公教育における宗教の多元性と対話』明石書店.

見原礼子（2017a）「ベルギーのライシテと宗教的多元性——公教育における二つの論争から」『金城学院大学キリスト教文化研究所紀要』21号別冊 : pp.23-43.

見原礼子（2017b）「ヒズメット運動の公教育への展開とその特徴——ベルギーの事例から」山本須美子編『ヨーロッパにおける移民第二世代の学校適応——スーパー・ダイバーシティへの教育人類学的アプローチ』明石書店 : pp.171-192.

OECD（2007）『移民の子どもと学力——社会的背景が学習にどんな影響を与えるのか〈OECD-PISA2003年調査 移民生徒の国際比較報告書〉』（斎藤里美監訳）明石書店.

OECD（2012）*Public and Private Schools: How Management and Funding Relate to their Socio-economic Profile*, OECD Publishing. http://www.oecd.org/pisa/50110750.pdf（2019年5月20日最終確認）

Panafit, Lionel（1999）*Quand le droit écrit l'Islam: L'intégration juridique de l'Islam en Belgique,* Bruylqnd Bruxelles.

Renaerts, Monique et Manço, Ural（2000）« Lente institutionnalisation de l'Islam et persistance d'inégalités face aux autres cultes reconnus » in: Ural Manço (dir.) *Voix et voies musulmanes en Belgique,* Publications des Facultés universitaires Saint-Louis: pp. 83-106.

Sägesser, Caroline, et.al.（2016）*Les religions et la laïcité en Belgique: Rapport 2015,* Université libre de Bruxelles Observatoire des Religions et de la Laïcité (ORELA).

Sägesser, Caroline, et.al.（2017）*Les religions et la laïcité en Belgique: Rapport 2016,* Université Libre de Bruxelles, Observatoire des Religions et de la Laïcité (ORELA).

Scourfield, Jonathan, et.al.（2013）*Muslim Childhood: Religious Nurture in a European Context,* Oxford University Press.

Service Public Fédéral Belge（2019）« Les communes » https://www.belgium.be/fr/la_belgique/pouvoirs_publics/communes（2019年9月14日最終確認）

Verhaegen, Pierre（1906）*Lutte scolaire en Belgique.* A. Siffer.

Vlaamse overheid（2018）*Statistisch jaarboek van het Vlaams onderwijs 2017-2018.* https://onderwijs.vlaanderen.be/nl/statistisch-jaarboek-van-het-vlaams-onderwijs-2017-2018（2019年5月19日最終確認）

Vlaamse overheid（2019）*Statistisch jaarboek van het Vlaams onderwijs 2018-2019.* https://onderwijs.vlaanderen.be/nl/statistisch-jaarboek-van-het-vlaams-onderwijs-2018-2019（2019年5月19日最終確認）

Wynants, Paul et Paret, Martine（1998）« École et clivages aux XIXe et XXe siècles » in: Dominique Grootaers (dir.), *Histoire de l'enseignement en Belgique*, CRISP: pp.13-84.

第3章

「文化の多様性」をめぐって
――芸術文化分野における政策アプローチと実践――

井内　千紗

1　芸術文化と「文化の多様性」

　芸術文化は古来より、ヒトの移動により異なる文化が交流することで新しい創造物を生み出し、人間生活を豊かなものにしてきた。このような文化交流の歴史とは別の次元で、冷戦終結後のグローバル化の進展や民族・宗教間の紛争の深刻化は、地域内に現存する多元的な価値観を尊重する態度、すなわち「文化の多様性」の認識を醸成した。移民に関する芸術文化政策は、この「文化の多様性」が一つの大きなキーワードとなっている。

　国際法規範としては、2005年にユネスコで「文化的表現の多様性の保護及び促進に関する条約（Convention on the Protection and Promotion of the Diversity of Cultural Expressions）」が採択され、自国の文化を保護するため、文化の経済的価値との調整をはかることや、各国での文化多様性の保護や促進に関する政策づくりが推進されている。他方、文化産業の可能性を都市間の戦略的な連携によって最大限に引き出すための取り組みとして、同じくユネスコは2004年に「創造都市ネットワーク」を創設している。その活動においては、文化的マイノリティや外国人・移民等の外来者がこれまでにない文化的刺激をもたらす、新たな想像力の源として認識されている。この政策の理論を形成した創造都市論では、文化的活動を通してマイノリティ等の社会参加が実現される可能性を指摘し、文化の多様性が社会の分断ではなく、社会的統合につながると評価し

ている（ランドリー 2003）。

　ヨーロッパのレベルでも、国家または地域内マイノリティによってもたらされる文化の多様性を脅威ではなく、むしろ好機として捉える政策が、ポスト冷戦期以降、推進されてきた。2008年に実施された「欧州文化間対話年（European Year of Intercultural Dialogue）」事業および欧州評議会が刊行した『文化間の対話に関する白書：尊厳ある平等としての共生（White Paper on Intercultural Dialogue: Living Together as Equals in Dignity）』では、文化の多様性の民主的ガバナンスとして、文化間の対話を促進するため、「多様性の尊重」、「人権の尊重」、「市民参加」、「多言語教育」「対話の場の創出」という5つの方針が提議されている。

　このように、グローバル時代の芸術文化政策を担う政府には、文化的背景の異なる人々とのより良い共生の実現を目指し、多様な表現や実践を支える政策づくりが期待されている。

　むろん、多様性をめぐる政策アプローチは一様ではない。社会統合に関する議論と同様、集団の権利または個人の権利、どちらを軸に政策を設計するかで、その方向性は大きく二分される（Stolcke 1995: 9）。集団の権利を認めた上での社会統合を目指す政策モデルの事例として、例えばオランダでは2011年に文化的多様性条例（Code Culturele Diversiteit）が採択され、文化関連機関に対し、西洋以外に出自を有する190万人以上のオランダ市民に配慮した組織や事業の運営が推進されている（Code Culturele Diversiteit 2011）。他方、同化主義の政策を推し進めるフランスでは、社会的包摂の方針を貫き、マイノリティ集団の特定は避けながらも文化の差異を前提とした共生の実現に向けた政策が実施されている（長嶋 2017）。ベルギーの芸術文化を管轄する主たる連邦構成体である共同体政府の方針に目を向けると、上記のような国際・ヨーロッパレベルの政策の影響で芸術文化は誰もがアクセスできるものでなければならない、という共通の問題意識は見られるものの、文化の多様性に対する政策アプローチには、同じ国でありながら共同体政府間で隔たりがある。

　本章では、上記のような国際動向を背景とするベルギーの芸術文化に関する政策（以下、文化政策とする）において、「文化の多様性」というテーマの中で「移民」の存在がどのように捉えられ、支援されているのかという観点か

ら、移民と文化政策の関係を探る[1]。まず、オランダ語圏のフラーンデレンと
フランス語圏のワロニー＝ブリュッセル連合、各共同体政府の政策展開を取り
上げ、国内に現存する2種類の多様性に対する政策アプローチを確認する。し
かし、ただ政策の大枠を見るだけでは、その政策が有効に機能しているのかが
見えにくい。そのため、本章の後半では政策の実効性や実践との距離を示すた
め、二つの事例を取り上げる。一つはトップダウン型の事例として、移民を対
象とする政策を積極的に導入するフラーンデレンの中でも、最も帰属の問題と
深く関わる分野である文化遺産セクターにおける政策インパクトを紹介する。
次に、二つ目の事例として、少なくとも住民の2分の1が外国に出自を有する
とされるブリュッセルと政策の関係を取り上げる。ブリュッセルは連邦制の影
響により、フラーンデレン、ワロニー＝ブリュッセル連合、両共同体政府の政
策対象地域となっている。一方、芸術文化組織やアーティストで構成される民
間ネットワークは、共同体や言語の境界を越えて文化の多様性について議論を
重ね、実践現場からの、言わばボトムアップ型の政策提言を行なっている。以
上の移民に関する政策と実践、相互の関連を意識しながら、ベルギーにおける
移民と芸術文化の関係の一端を明らかにしていく。

2　移民と芸術文化政策の関わり

　文化はベルギーが連邦化を進める過程で、最初に言語共同体に権限を移管し
た政策項目の一つである。1960年代に始まった段階的な分権化を経て、1970
年を境に、オランダ語共同体（現在のフラーンデレン共同体）とフランス語共
同体（現在はワロニー＝ブリュッセル連合と呼称）はそれぞれ政策設計を開始、
以来50年近くにわたり、各地域の社会状況や国際社会の影響も受けながら独
自の政策発展を遂げてきた[2]。本節では、各共同体が地域の問題意識や政治的

---

1) 文化の多様性には、宗教、世代、ジェンダーをめぐる議論もあるが、本稿では
　「移民」に対する文化政策のあり方を取り上げるため、民族文化の多様性に関わ
　る政策を中心に論じる。

背景をもとに、どのように政策の中に文化の多様性を取り入れてきたのか、政策アプローチや争点を紹介する。

2.1 フラーンデレンの政策

　フラーンデレン共同体政府は、1970年代以降、政治、社会、経済、教育の民主化を進める過程で、文化を第5の民主化の様式と位置付け、「フラーンデレン」のネイション・アイデンティティや地域文化の強化を促進する政策を実施してきた（De Pauw 2007: 24）。その背景には、隣接するオランダやフランスと比較しての自己の文化に対する劣等感の克服が課題としてあった。そのため、政府は特定の芸術文化事業や有望な人材を重点的に支援し、音楽、視覚芸術、舞台芸術、ファッションなどの分野で国際社会における「フラーンデレン」のプレゼンス向上に努めてきた（Janssens et al. 2007: 156; Pirenne 2011: 84-5）。したがって、フラーンデレン政府にとっての文化政策は、あくまでフラーンデレン人の芸術文化振興が根幹をなしてきた。社会人類学者のチン・リン・パン（Ching Lin Pang）の言葉をかりれば、フラーンデレン人にとってのマイノリティは1990年代までエキゾチックで、ポジティブな意味で特別な存在として認識されてきたため（Neyrinck 2011: 14）、異文化は政治的な課題とは無関係であり、政策の検討事項とはならなかった。

　フラーンデレン域内において他者の文化が政治的課題と化したのは、1990年代以降、とりわけ、1991年6月13日の「暗い日曜日（Zwarte Zondag）」と呼ばれる連邦選挙の結果が影響している。極右政党フラームス・ブロック（Vlaams Blok）支持者の得票数が有権者全体の10%を超えたという結果を受け、芸術文化に携わる人々の間では、地域内の右翼ポピュリストの躍進に対する懸念から、社会的排除、不寛容、ポピュリズムをアジェンダとして扱う表現活動が増加した。それに付随して、文化活動組織内の多様性に対する意識も高まった（Janssens 2014: 56-7）。また、誰のための芸術か、という問いや、芸術文化と

　2）ベルギーにはドイツ語話者共同体もあるが、本章では取り上げない。

市民参加の関係といった芸術の社会的側面に注目が集まるようになったのも、この時期である。

　上記のような実践者の間での問題意識は、1999年から2002年、そして2004年から2009年の間文化担当大臣を務めたベルト・アンショー（Bert Anciaux）によって、政策として具体化された。市民参加を重視したアンショーは、参加が不十分な「フラーンデレンの新たな住民」やマイノリティ、すなわち「移民」を対象とする政策を推し進めるようになる。

　1999年の政策綱領では、まずフラーンデレンの新たな住民に解放の機会を与える、文化活動に参加できる環境づくりの重要性が言及された（Anciaux 1999: 30）。そして、2004年の政策綱領、2006年の「フラーンデレンの文化、青少年活動及びスポーツ分野における間文化性実現のための行動計画（Vlaams actieplan Interculturalisering van, voor en door de sectoren cultuur, jeugdwerk en sport）」で、移民を対象とする施策が「間文化性（interculturaliteit）」という新たな政策用語とともに本格的に導入される。

　「間文化性」ということばは、フラーンデレンの文化政策においては文化の多様性を肯定的に捉える立場を示すために使用されている。政策によると、間文化性は、「結合（Binding）」と「橋渡し（Bridging）」という二つの軸で構成される。結合とは、集団内におけるアイデンティティ形成と解放の権利、橋渡しとは集団間の結びつきや社会の他の集団や組織との関係構築を意味する。この二つの要素が相互に補完し合うことで間文化性が実現されるというものである（Anciaux 2004: 17; Anciaux 2006: 12）。

　さらに、この用語は特に民族文化的に多様な出自を有する集団の参加を意図して使用されることも明記されている。その集団とは、以下のように定義される（Anciaux 2006: 10）。

1. 長年フラーンデレンに居住し、自身が移民の背景を有する、または（祖）父母が複数の文化的背景を有しており、その背景が西ヨーロッパ以外にある者
2. 西ヨーロッパ以外の出身で近年フラーンデレンに移住した者、例えば亡命・

庇護申請や家族の再統合のために移住した者

　上記のような限定的な意味を有する間文化性を実現するための方策として、具体的には、参加、事業、そして職場および文化機関の理事会における人選の多様性という3側面によるアプローチが政策では示されている。なかでもフラーンデレンの芸術文化組織に大きなインパクトを与えたのが、組織内における「民族文化的に多様な出自を有する者」、つまり先の定義に基づくエスニック・マイノリティが占める割合を、10％に定めるという割り当て制度である。これは、フラーンデレンの人口の10％が多様な民族文化的背景を有していることから、この割合は芸術文化分野にも反映されるべきとの発想から立案されたものである（*ibid.*: 8）。さらに、政府の文化助成額全体の10％に当たる200万ユーロを、間文化性に関連するプロジェクトに充てるとしている（*ibid.*: 36）。また、芸術文化分野において最も重要な法令に位置付けられる通称「芸術共同体法（2008年改正版）」においては、「間文化性の実現」が助成の規準項目に加えられた。これにより公的助成の申請者は、企画プログラム、人材、および参加者における社会的文化的多様性を実現するための方策や方針を示すことが求められるようになった（Vlaamse Regering 2008）。

　このような半ば強制的に移民の参加を要請するとも捉えられる政策は、実際にうまく機能したのだろうか。行動計画の成果をまとめた2010年刊行の政策評価報告書によると、各所で計画に関して何らかの取り組みが見られるものの、政策実践の程度や間文化性の捉え方そのものに大きな乖離があることが指摘されている。また多様性を意識した政策を実行する現場での疲弊や反発も見られることが明らかとなった（CIMIC 2010: 175）。

　政策実践に対する批判には、アーティストの間では間文化性は肌の色、民族または文化的背景の問題以上のものであると反発する意見がある。外部の基準で分類され、出自をもとに規格化されることに抵抗を覚えるという立場である。例えば、ブリュッセルで開催される国際的な芸術祭「クンステンフェスティバルデザール（Kunstenfestivaldesarts）」では、芸術祭に参加するアーティストの出身国を明示すること自体、軽蔑に値する行為との立場から、運営組織は

出自に配慮したキャスティングを回避するという反応を示した。また、アント
ウェルペンでトルコのアートを数多く発表している芸術祭「0090」の運営組織
は、「移民のアーティスト」と呼ばれることにより、「土着のアーティスト」と
の間に望まない格差を生み出し、移民の文化の中にも多様性があることを否定
しかねないとして、政策による集団の規定に懐疑的な姿勢を示している（Van
Dienderen et al. 2007: 306）。芸術文化の分野において、アイデンティティの明
示はセンシティブな問題であり、視点によっては差別行為を引き起こしかねな
い。間文化性の政策は、西ヨーロッパ以外に出自を有する者にとっては短期的
には有利とも捉えられうるが、長期的にはマイノリティのアーティストに対す
るステレオタイプ化を助長し、「マイノリティ」に分類される者に対する過剰
な表象、あるいは誤った表象を引き起こす可能性もあるのである。

　間文化性の政策は必ずしも成功したとは言えないが、少なくとも、従来は
「フラーンデレン人」の芸術文化を対象としていた文化政策が、移民の参加も
考慮した政策へと転換したという点では意義深い指針であったと言える。そ
の指針はアンショー以降の文化担当大臣も重要な政策事項の一つとして継続
的に取り上げている。2009年から2014年の間文化担当大臣を務めたヨーク・
スハウヴリーヘ（Joke Schauvliege）は、「間文化性」に代わり、文化セクターに
おける「民族文化の多様性」というアンショーよりも広義のアジェンダ設定を
通して、ボトムアップ型のアプローチをとった。これは、政府が各組織に対
し、多様性への取り組みを申告するよう求めるというものである（Schauvliege
2009）。しかし、組織が申告したとしても、実現させるための実質的な支援（ノ
ウハウの提供、時間など）がない状況の中、その多様性の申告内容の多くは単
なる「善意」に終わり、実現には至らないケースが増える結果に終わった。そ
のため、現実社会における多様化がますます拡大する中で、組織の間で多様
性に対する取り組みの程度や意識には大きな隔たりが生じた（Joye 2016）。そ
して、2014年から2019年の文化政策を主導したスヴェン・ガッツ（Sven Gatz）
も引き続き、芸術文化の社会的役割として、多様性を重視した政策を立案し
ている。彼の政策綱領では、「自己意識と社会参加を強化するため、超多様
（Superdiversiteit）な社会における各人が、生涯及び生活を通して文化に参加す

る機会が与えられることが望まれる（Gatz 2014: 11）」との方針が示されている。超多様性[3]ということばを用いて、エスニック・マイノリティにとどまらず、社会、経済、文化そして民族的な差異を包括的に捉えて社会的な不公平を是正することが目指されている（*ibid.*: 16）[4]。

　以上、フラーンデレンでは2000年代以降、市民参加を促すという観点から芸術文化の分野における多様性に配慮する姿勢が、政策の見直しを繰り返しながらも維持されている。社会的に排除されるエスニック・マイノリティの参加が、フラーンデレンの文化を豊かにするというディスコースを軸に、政府の助成を受け活動を受けるフラーンデレンの芸術文化組織は、多様性を具現化する体制が求められている。

2.2　ワロニー＝ブリュッセル連合の政策

　フランス語圏の文化政策を担うワロニー＝ブリュッセル連合は、前節のフラーンデレンとは文化の多様性に対する基本的なアプローチの方法や、政策関与の程度が異なる。フラーンデレンほど文化の多様性が芸術文化の政策において大きなアジェンダとして取りざたされたことがなく、何より多様性にどう向き合うかは各機関・個人に委ねるというスタンスを取ってきた。歴代の共同体政府政権の方針を知る上で参考になる政策文書「共同体政策宣誓（Déclaration de politique communautaire）」によると、1981年の文書ですでに「移民の統合」ということばが使用され（Observatoire des Politiques Culturelles 2006: 20）、1988年の文書では「文化間の対話を推進」（*ibid.*: 71）という文言も見られる。しかし、対象となってきたのは生涯学習や職業訓練の分野に限られており、青少年を主たる対象とする組織に対する施策が適用されてきた（Simons et al. 2013: 125）。

---

3) 超多様性（Super-diversity）は、2007年に人類学者Steven Vertovecが初めて提唱した概念であり（Vertovec 2019）、ガッツの概念も彼の理論を参照したものと思われる。
4) 2019年9月以降は、首相も兼任するヤン・ヤンボン（Jan Jambon）が文化担当大臣を務めているが、彼の政策については本稿では触れない。

ワロニー＝ブリュッセル連合がこのような政策方針をとる背景には、フラーンデレンとの政治環境の違いを指摘することができる。フランスの影響を受け、ワロニーではベルギーの統一や移民排斥を唱える国民戦線（Front National）と呼ばれる政党が1985年に結成されたものの、フラーンデレンの極右政党ほどの勢力を伸ばすこともなく、2012年には党内分裂により消滅した。その影響もあり、フラーンデレンのように極右政党の排他的な思想に反発する議論が政策設計に影響し、移民が政策的に関心を集めることはなかった。

　また、フランス語圏では社会統合や社会的包摂を基本とする考え方から、個人の発展に寄与する支援に焦点を当てた政策基盤が築かれてきた。ワロニー＝ブリュッセル連合の文化政策では、過去の遺産を受け継ぎ、何よりも個人（つまり全ての個人）の解放が目指されている。民族文化的背景を元に政策の対象を決定し、彼らに特別な配慮を行うことは、文化的差異や共同体主義を助長しかねないと捉えられているのである（Gadeyne et al. 2014: 33）。そのため、間文化性という用語自体、フランス語圏の文化政策には馴染まないものとされてきた（Simons et al. 2013:124）。

　さらに、共同体政府が政策主体となった1970年代以来、継続的に基本方針の柱として掲げられ、大きな政策アジェンダとなっている「文化デモクラシー」の影響も指摘しておきたい。フランスの文化政策の影響を受け、ベルギーのフランス語圏では「万人のための文化」という考え方に加え、「万人のための、万人による文化」に焦点を当てた政策が実施されてきた（*ibid*.: 124）。

　以上の3つの背景から、ベルギーのフランス語圏では、地域内のマイノリティを特定することなく、だれもがアクセス可能な芸術文化環境を整備するという政策アプローチにより、芸術文化を担う表現者やそれを享受する市民が公的に支援されてきた。しかし、グローバル社会で大きく取り上げられている「文化の多様性」が、ワロニー＝ブリュッセル連合の文化政策で全く看過されてきたわけではない。ワロニー＝ブリュッセル連合における文化の多様性は、1970年代以降の文化政策で推進されてきた文化の民主化、文化デモクラシーの発展形に位置付けられており（Lowies 2013: 5）、21世紀の文化政策における新たなキーワードとして確かに認識されている。例えば、初めて芸術文化における文

化の多様性に言及した1999年の共同体政策綱領では、以下のような記述が見られる（Observatoire des Politiques Culturelles 2006: 196）。

> 刻々と変化する社会において、文化的多様性を認めることは重要である。多様性を積極的に認める社会は対話、間文化性、そして文化の排除に対する抵抗を強化する。

2004年に社会党員でモロッコに出自を有する移民2世でもあるファディラ・ラーナン（Fadila Laanan）が文化担当大臣に着任すると、ワロニー＝ブリュッセル連合は、本章の冒頭で述べたユネスコによる文化の多様性に関する条約に言及しながら、政策の中で初めて文化の多様性に触れた。特に、文化の多様性に関する関心の高さを窺える文書として、大臣が政策課題や今後の政策の方向性をまとめた2005年版の『文化の現況（États Généraux de la Culture）』を見てみたい。

同文書では、大目標の一つとして掲げた「解放」に関し、多様性の確保とアクセス可能性という2つのミッションを設定し、行動の指針として、領域横断、質、平等、間文化性、参加及びネットワーク強化の6点を挙げている（Laanan 2005: 4）。一見、フラーンデレンの政策に類する方針と捉えることもできるが、同文書では、移民を意識した文化事業について、以下のように述べている（*ibid.*: 16-7）。

> 移民を対象とするような事業のなかには、参加者による非難の対象となるものもある。そのような事態を回避するため、事業が普遍的な性質を有してなければ、万人に開かれたものとはならない。我々の社会にある多文化の現実は文化セクター、市民、そして文化事業に従事する者の可能性を広げ、豊かにするものであるとみなされなければならず、その点を考慮に入れた事業が実施されるべきである。

このような普遍性を重視する方針を受けて、2011年には、ワロニーとブリュ

ッセルの各地に地域文化開発会議（Assises du développement culturel territorial）
が設置され、文化実践の多様性や文化機関へのアクセスの状況について協議す
る体制が構築されている。この協議会においても、特定の文化やエスニシティ
を対象とせず、あくまで社会的特性（ジェンダー、階層、経済的ステータスな
ど）に基づく政策の方向性が地域別に検討されている（Callier 2012; Legrain et
al. 2011）。

　以上見てきたとおり、ワロニー＝ブリュッセル連合が政策的に移民の文化を
支援することはない。しかし、現実に目を向けると、近年は共同体政府が移民
コミュニティの芸術文化事業に力を入れる動きが見られる。例えば、トルコと
モロッコとの労働協定締結50周年を迎えた2014年には、2009年にブリュッセ
ルに設立されたマグレブ・地中海コミュニティのための文化センター「エスパ
ース・マグ（Espace Magh）」を中心に、各地で両国との文化交流事業が大々的
に実施されている。また、ブリュッセルやワロニー地域の主要6都市にある共
同体管轄の文化施設「ポワンクルチュール（PointCulture）」は、2019年9月より
「移民」を共通の特集とする年間プログラムを実施している。ワロニー＝ブリ
ュッセル連合の社会的包摂を軸とする文化政策においては、普遍性を重視する
スタンスを維持しながらも、多様な文化の表象という意味合いでの移民に関す
る事業が、今後ますます増加していくことだろう。

3　文化の多様性の政策実践

　本節では、文化の多様性に関する政策と実践の関係を二つの事例から見て
みたい。まず、フラーンデレンにおいて先に述べた「間文化性」を出発点とす
る政策が、文化遺産の分野ではどのように受容されてきたのかを紹介する。次
に、ブリュッセルにおける言語共同体の枠組みを超えた芸術文化ネットワーク
を取り上げ、現場で活動する民間組織による文化の多様性に関する政策提言を
見る。政策から実践、実践から政策という、双方向から政策と移民文化の関係
を探る。

3.1 フラーンデレンの文化遺産における間文化性

　文化遺産は、芸術文化の中でもとりわけ、帰属や歴史に価値が置かれる分野である。移民人口が増加し、世代交代が進むヨーロッパ各地では、多様性の容認や寛容な社会を具現化する手段の一つとして、移民のアイデンティティを「記憶」や「文化遺産」と関連づける事業が実施されている（Macdonald 2013: 163）。具体的には、移民の歴史や文化を展示する博物館を設置する、移民の歴史の舞台となった建造物を文化財として保存活用する、そして、移民の記憶を風化させないために新たな記念碑を設置する、といった活動が各地で見られる。

　本節ではまず、文化遺産分野において、「間文化性」を政策として推進するに至った経緯や問題意識を確認する。次に、フラーンデレンの文化遺産に携わる行政と活動組織の橋渡し役を担う支援機関、FAROによる取り組みを中心に、2.2節でもふれた2014年のモロッコおよびトルコとの労働協定50周年をピークとする、文化遺産をめぐる「間文化性」の実践において、移民の文化がどのようなかたちで取り上げられてきたのかを見ていきたい。

　2.1節で見たとおり、フラーンデレンでは、2004年以降の施策により、芸術文化に係る全ての分野に対し、実務、事業の両側面において「間文化性」の実現が推進された。文化遺産も例外ではなく、2008年の通称「文化遺産共同体法」において、間文化性の実現が新たに導入されている。これにより、フラーンデレン政府の助成を受ける文化遺産関連組織は、間文化性に配慮した運営が求められるようになった。2012年の同法改正版においても、「維持可能性、社会および文化の多様性」の観点から、移民の文化遺産は引き続き重視されている。

　また、2004年から2014年までの間、フラーンデレン政府の統合・市民化担当大臣を務めたヘールト・ブルジョワ（Geert Bourgeois）は、2010年に発表した政策表明書の中で、政策の第1課題である「より多くの新たなフラーンデレン人が我々との共生社会に居場所を見つける」ための具体策の一つとして、文化遺産を活用した統合の可能性に言及した。同文書では、2005年に欧州評議会が採択したファロ条約[5]の流れを受けて、文化遺産分野における新たなフラ

ーンデレン人の参加を重視し、同分野の支援機関であるFAROが優先的に取り組むべき課題とした（Bourgeois 2010: 21）。文化遺産は、文化間の対話やマイノリティの社会参加を促すものとして、政治的に注目を集めるものとなっているのである（Ettourki 2019: 99）。

　このように、フラーンデレン政府が文化遺産を「新たなフラーンデレン人（＝移民）」の統合の一つの手段として活用するべきという認識を持つようになった背景には、ファロ条約及び英国、フランスやオランダといった周辺諸国での取り組みの影響もあるが、まず第1に、第二次世界大戦後の移民のプレゼンスに対する関心の高まりが挙げられる。戦後の労働力不足を補うために政策的に受け入れた労働者の定住化が進み、世代交代が進む状況もあるなか、移民1世の文化的所産を記録し、次世代に彼らのルーツを継承することの必要性が現実味をもって受け止められるようになった。2つ目の要因としては、近年の移民をめぐる議論において、移民が一時的な現象ではなく、普遍的で歴史的な現象であると捉えられるようになった点があげられる（D'hamers 2011a: 6）。

　FAROは、間文化性の政策を受け、2008年に文化遺産セクター関係者向けの指南書となる小冊子を発行し、組織の理事の人選、職場の人材、事業に参加する市民、多言語対応や美術品・文化財等のコレクションにおいて、具体的にどのように間文化性を実現していけばいいのかを説明している。冊子の最後にはまとめとして、「多様性が組織全体で支持されていることを確認すること」、「あらゆる手段を用いて多様性の方針を可視化すること」、「西洋的なディスコースを問い直し、多様な視点を取り入れること」、「相互に改善が見られるように対等の関係を築くこと」といった実践にあたっての心がけが示されている（FARO 2008: 54）。

　文化遺産セクターでは出発点として、上記のような実務レベルでの間文化性

---

5)「社会に向けた文化遺産の価値に関する条約（Convention on the Value of Cultural Heritage for Society）」を正式名称とする同条約では、文化遺産を人権と民主主義との関わりから重視し、文化遺産に対する理解促進とコミュニティや社会との関係強化を推進している。

の実践が推進されたが、この方針が2014年までそのまま継続したわけではない。FAROは2010年に行なった実態調査の結果をふまえ、文化遺産関係者が取り組むべきテーマは「間文化性」ではなく「移動（migratie）」であると結論づけ、実践の軌道修正を行なっている。

　それは行動計画の実施を経て、間文化性の捉え方には組織によってばらつきがあり、どの地域でも実現可能な概念ではないことが明らかになったことが影響している。FAROは「移動」をテーマの中心に位置づけることで、より長い時間軸での歴史的プロセスとして、そして現代的な課題としても文化遺産と移民の関係について考えるべきであると提案した。以来、文化遺産分野では、民族文化的マイノリティを対象とする文化的所産だけでなく、移民の送り出しに関する記録や文化遺産の保存活用[6]にも力を入れている（D'hamers 2011b: 65）。

　その後もフラーンデレンでは移民の歴史や記憶に関する事業が各地で継続的に実施され、2014年に向けて、移民の文化遺産を特集する事業は最高潮を迎えた（FARO 2013a: 2）。例えば、2013年にはモロッコ系移民による140以上の自助組織を傘下に置くモロッコ人協会連盟（Federatie van Marokkaanse Verenigingen）が、フラーンデレン政府の支援を受け、モロッコ系移民の文化遺産に特化したプロジェクト「ダキーラ（Dakira）」を立ち上げた。このプロジェクトでは、大学とも連携しながら移民1世のオーラルヒストリー、写真、書簡、パスポート、伝統的な衣装や装飾品を収集し、目録を作成、アーカイブ化し、2014年、フラーンデレン各地の博物館で大規模な巡回展示を実施した。

　次に、移民の文化遺産に関する事業実施を推進するためにFAROが2013年に発行した小冊子『共通の過去、共通の未来――統合の手段としての文化遺産――（Gedeeld Verleden, Gedeelde Toekomst: Erfgoed als hefboom voor integratie）』を見てみたい。先述したブルジョワの政策を宣伝する冊子であることはタイト

---

6) 例えば、2013年にはアントウェルペン港からアメリカ大陸へと渡った移民に関する資料を展示するレッド・スター・ライン博物館（Red Star Line Museum）が開館した。

ルからもすでに明らかであるが、「文化遺産はアイデンティティを豊かにし、アイデンティティの追求に関する表現をもたらす。したがって、自己のルーツを知ること、尊重することや新しい環境で文化的表現と関わりを持つことは（新しいフラーンデレン人に対し）居心地の良さを与える」と、文化遺産と統合の関係を説明している（ibid.: 4）。この冊子では、フラーンデレンにおける文化遺産の体系、移民の文化遺産に関する事業の紹介や、これから移民の文化遺産に関する事業を企画する際にパートナーとなりうる関連機関のリストが掲載されている。特に、無形文化遺産の保護に関する説明に多くのページが割かれており、日常生活における何気ない習慣、伝統や催事を記録し、他の人と共有すること、すなわち「可視化」することの重要性が示されている（ibid.: 14）。

このような準備段階を経て、フラーンデレン各地の文化遺産関連組織や博物館が同一テーマのもと、毎年4月の最終日曜にイベントや展示を市民に無料で一斉開放する2014年版「遺産の日（Erfgoeddag）」では、「無限（Grenzeloos）[7]」をテーマに、移民の文化遺産を大々的に特集した。モロッコとトルコとの労働協定締結50周年を意識したイベントを中心に、この日はフラーンデレン各地で博物館、アーカイブ、アソシエーションなど、500以上の組織が計650以上のイベントを実施した（FARO 2014）。各機関のイベント企画の参考資料として作成されたガイドブックによると、本テーマを通して様々な「境界（grens）」を越えることで、その境界をめぐる歴史や境界がどのように世界と通じているのかを考えることがコンセプトとして示されている（FARO 2013b: 13）。「文化遺産と移動」に関しては、19世紀にベルギーからアメリカ大陸へ渡った移民や、16世紀に南ネーデルラントを離れ、現在のオランダやドイツ、フランスに新天地を求めた移民の存在を再認識することや、モロッコやトルコに限らず、フラーンデレンに移住した民族文化コミュニティの物語を共有することの重要性が説明されている（ibid.: 29-30）。

7）Grenzeloosには、「無限」以外にも「国境（Grens）のない（loos）」という意味もある。

ここでは事例として、ヘントで実施された「遺産の日」事業を見てみたい。この日、ヘントでは大学、図書館、博物館や宗教施設などを会場に、大小合わせて44の機関により計65件のイベントが実施された。例えば、産業博物館MIATでは、1964年の協定に関連するものとして、第二次世界大戦後、人手不足に陥っていた紡績工場の働き手として歓迎されたトルコや北アフリカからの移民1世が、ヘントの繊維産業でどのように働き、生活したのかを紹介する特別展示『屈強な出稼ぎ／感心するやつ（Straffe Gasten）』を行なった。また、その展示と併行して開催されたイベントでは、若い世代の移民や移住して間もない移民による、移動をテーマにしたアート・パフォーマンスを実施している。歴史の記録と現代アートを同じ場に併置することにより、若い世代の移民が、移民1世の歴史を自分のルーツとして学ぶことをねらいとしている。このようにフラーンデレンの政策を模範的に実践するような企画以外にも、ヘントの観光名所ともなっているシント・バーフ大聖堂では、ファン・エイク作の祭壇画『神秘の子羊（Het Lam Gods）』が、1797年から2014年の間、略奪や盗難により幾度となく国内外で「移動」を繰り返した歴史を紹介する展示を開催している。そのほか、人間だけでなく、動物や植物の移動に関する展示を行うなど、ヘントでは境界を超えて移動するというテーマを軸に、多岐にわたる事業が同時に実施された（Erfgoeddag 2014）。

　以上、フラーンデレンにおける文化遺産分野において、間文化性の政策がどのように実践されてきたのかを見てきた。政策を推進する支援機関、FAROは実務面での間文化性を出発点に、文化遺産分野におけるこの新しい概念の導入に取り組んだが、その過程で普遍性を有する「移動」を意識した実践へと軌道修正を行った。移民文化の「可視化」を通して移民コミュニティの文化の保存や継承が重視される一方で、差異を強調するアイデンティティの政治学とは距離を置くという姿勢も取っている。フラーンデレンでは、地域コミュニティの多様性を表象するというアプローチから、文化遺産の新たな側面に光があてられていることがわかる。

3.2　ブリュッセルにおける芸術文化組織のネットワーク形成

　本節では3.1節の行政主導による政策実践と対照的な事例として、ブリュッセルにおける芸術文化活動の運営組織やアーティストによる、言わば民間からの芸術文化に対する政策提言を紹介する。2節で見てきた各共同体の政策の影響を受けつつ、日常的に多様な文化に接触しながら表現活動を行う実践者は、文化の多様性とどう向き合っているのか、ブリュッセルを取り巻く問題にも触れながら紹介する。

　2017年の統計によると、ブリュッセル首都圏地域では全人口のうち、71.4％が外国に出自を有し（父親または母親がベルギー人ではない者も含む）、EU圏外の国に国籍を有する住民は、全体の43.3％を占める（Agentschap Binnenlands Bestuur 2018）。そして、ブリュッセルはベルギー国内で平均年齢が最も低い地域であることから、今後人口がますます増加することが予想されている（Gadeyne et al. 2014: 7）。

　そのような人口構成を有するブリュッセルの行政面に目を向けると、フランス語とオランダ語の二言語地域であるという言語事情が体制そのものを複雑にしていることがわかる。芸術文化の主たる権限を有するフラーンデレン政府とワロニー＝ブリュッセル連合の他、地域行政を補完するフラーンデレン共同体委員会、フランス語共同体委員会、共同体共通委員会が、主に文化施設に助成を行うなどの形でブリュッセル地域内の文化行政に関与している。さらに連邦政府直轄の王立モネ劇場や王立美術館といった国家を代表するような芸術機関もブリュッセルにあり、歴史的建造物や記念物等の文化財は、ブリュッセル地域政府の管轄に置かれるなど、同じ地域内に、芸術文化の支援や推進に関わる行政機関が複数存在する。それに加え、ブリュッセルでは40以上もの公的機関が文化行政に関わっているとされる（*ibid.*: 3）。

　ベルギーの連邦制がもたらした制度の複雑さは、ブリュッセルの芸術文化の実態を捉えにくいものとさせる大きな要因となっているだけでなく、ブリュッセルの国際的な芸術文化事業にも影響を及ぼしている。それを象徴する出来事となったのが、2000年の欧州文化首都事業である。開催地の一つとなったブリュッセルでは、準備の過程で共同体政府間の利害が衝突し、調整が難航する

という苦い経験を芸術文化関係者は味わっている（Verstraete 2010: 7-8）。

　ブリュッセルにおけるこのような制度のもつれは、本来無関係であるはずの移民の芸術文化活動にも影響を与えている。移民コミュニティの芸術文化活動を支援する公共施設を見ると、オランダ語系ではアフリカ文化センター（Kuumba）とモロッコ文化センター（Darna）、フランス語系では2.2節でもふれたマグレブ・地中海の文化センター（Espace Magh）と、ベルギーでの活動言語別に施設が併存している。また、ブリュッセルにはアーティストとして活動する移民を支援する民間組織が多数存在するが、これも公的支援を受けて事業を運営するには、言語共同体を選択しなければならず、自ずと、「オランダ語系」、「フランス語系」の組織に二分されることになる[8]。例えば2001年に設立されたグローブ・アロマ（Globe Aroma）は、芸術活動に携わりたいニューカマーや難民に対し、ブリュッセルで活動の場を得るために必要なノウハウやプロセスを支援するプラットフォームの役割を担っている。このような趣旨のもと、フランス語、オランダ語の両言語で活動していたとしても、共同体レベルではフラーンデレン政府から公的支援を受けて運営されることから、その方針もオランダ語系の政策に左右されるという現実がある。

　上記のような連邦制により分断されたブリュッセルの芸術文化組織が相互に協力関係を構築するため、2007年に設立されたのがネットワーク組織「ブリュッセル芸術ネットワーク（Réseau des arts à Bruxelles / Brussels Kunstenoverleg、以下RAB-BKOと表記）」である。RAB-BKOは、ブリュッセルをテーマに文化、交流、社会経済的な問題に関する事業、議論や集会を実施し、活動内容・言語に拘わらずブリュッセルの各組織の対話や連携を促すことを目的としている。活動は、参加する100以上のオランダ語・フランス語・多言語の民間組織同士の連携にとどまらず、2011年にはブリュッセル地域政府の公共雇用サービス

8）芸術祭「クンステンフェスティバルデザール（Kunstenfestivaldesarts）」や文学の家「パッサポルタ（passa porta）」のように、フラーンデレン、ワロニー・ブリュッセル連合の両共同体政府から支援を受ける事業や組織も稀に存在する。

を担うActirisと協定を結び、文化機関の人材の多様化を支援する、といった官民の連携も行なっている。

　設立から2年後、RAB-BKOは共同体政府が文化の政策主体である限り制度上、存在し得ない「ブリュッセルの文化計画（Plan culturel pour Bruxelles/Cultuurplan voor Brussel）」を策定した。これはRAB-BKOに参加する組織による定期的なミーティングを経て作成されたもので、芸術文化に関わる実践者だけでなく、政府やブリュッセル社会全体に向けて発信されている。計34の提言で構成される計画のうち、「文化間の対話」に関する10項を見ると、文化の多様性に対する問題意識やその捉え方を窺い知ることができる（RAB-BKO 2009）。

　ブリュッセルの文化間対話と言えば、まずオランダ語話者とフランス語話者の対話を想像するが、同計画では2節で見た共同体政府の政策と同様、まず「参加」を課題の中心に位置付けている。そして、都市社会における多様性の拡大と、芸術文化を享受する市民の均質性の間に見られるギャップが取りざたされている。それは、芸術事業の多くは中産階級に向けられたものとなっており、公的な文化活動に参加する市民は、40代以上の高学歴で中産階級が大半を占めるという現実を問題として意識しているためである。ブリュッセルでは本節の冒頭で述べたとおり、若い世代の人口比率が高いことから、より若い世代に向けた事業、例えば教育機関との連携による芸術文化事業の必要性が提言されている（ibid.: 20）。また、同計画ではブリュッセルの人口構成を考慮し、フラーンデレンの文化政策に類似した数的な目標設定も見られる。それは、5人以上の職員がいる組織では、1チームにつき最低1人は他のチームメンバーと異なる文化的背景を有するべきであるというものである（ibid.: 24）。

　同計画の2つ目の特徴として注目すべきは、活動主体同士の連携や地域コミュニティと芸術文化組織を仲介するファシリテーターに関する提言である。ブリュッセルにはオランダ語、フランス語と活動言語別のネットワーク組織が、それぞれ目的に応じて存在するが（次ページ表）、これらの組織が信頼しあえるインフォーマルな連携関係が、既存の関係を強化する上で重要な役割を担うと述べている。計画内では、例えばフランス語系の芸術教育と市民を媒介する

表：ブリュッセルの芸術文化ファシリテーター[9]

名称	設立年	言語	活動目的・内容
Lasso	2006	蘭語	・文化参加と芸術教育の活性化 ・芸術教育機関、教育機関、福祉組織、社会文化活動の連携
Demos	2008	蘭語	・社会的弱者を対象とする政策の提言 ・芸術、青少年活動、スポーツへの参加促進 ・実態調査、広報活動
Culture et Démocratie	1993	仏語	・文化とデモクラシーを結びつけるプラットフォーム ・市民が多様な芸術文化表現にアクセスし参加するための支援 ・刑務所、教育、健康、福祉活動、人口移動、文化生活等に関する調査及び分析
Article 27	1999	仏語	・社会経済的に問題を抱える市民に対し、文化参加を促進 ・貧困や社会的排除に苦しむ人々に対し、文化へのアクセスを促進

ネットワークが必要とされていれば、オランダ語系で既に活動しているネットワーク組織Lassoと連携するべきであると提言している（*ibid.*: 26）。このような提言は、言語別の活動をブリュッセルという共通項で並列することによって改めて認識されるものであり、両言語の活動が相互に補完し、共通課題の解決に向けて相乗効果を生み出そうとしていることがわかる。それが文化間の対話のあるべき姿として提示されている。

　このように、ブリュッセルの芸術文化に関わる民間組織の間では、移民が対

---

9) ここでは、RAB-BKO2009であげられている組織のみを取り上げた。表は以下のウェブサイトの情報をもとに筆者が作成した。Lasso ウェブサイト <www.lasso.be www.demos.be >、Demos ウェブサイト <www.demos.be>、Culture et Démocratie ウェブサイト < http://www.cultureetdemocratie.be>、Article 27 ウェブサイト < http://www.article27.be >。

象であることは明示していないものの、エリート主義により排除されてきた市民にどう参加を促すか、連邦制による制度で分断されてきた言語別の活動組織間のギャップをどう埋めていけばいいのか、という観点から多様性と向き合う動きが見られる。ブリュッセルでは民間主導の有機的なネットワークによって、社会経済的な現実に即した形で移民が芸術文化にアクセスできる環境が下支えされているのである。

4　おわりに

　以上、「文化の多様性」を切り口に、共同体政府の文化政策と、実践者による多様性の捉え方から移民の芸術文化活動がどのように支援されているのかを紹介してきた。各共同体では、国際的な政策に呼応するかたちで、2000年代半ば以降それぞれに文化の多様性に関する政策的取り組みがあるという共通点が確認できた。それに加え、どの市民も芸術文化事業に「参加」できる社会を目指し、アクセスの機会を創出しようという共通の認識もある。しかし、そのアプローチや問題意識は共同体によって異なる。「新たなフラーンデレン人」を対象に、多様性を意識した政策設計を行なったフラーンデレン共同体（オランダ語圏）では、特定の民族文化集団を支援するため、文化の多様性に対する肯定的な態度を示す「間文化性」という概念を提示し、政府が主導してコミュニティ間の対話を推進してきた。他方、社会的包摂の基本方針をもとに個人が芸術文化を享受できる環境整備を重視するワロニー＝ブリュッセル連合（フランス語圏）では、移民を対象とする支援の必要性は認識しつつも、あくまで普遍性を重視し、民間との連携などを通じての世俗的なアプローチが見られる。

　芸術文化の実践に目を向けると、フラーンデレンの文化遺産分野においては、政策の再解釈を行い、様々な多様性のあり方の中に移民の文化的所産を位置づけ表象しようという動きが見られることがわかった。また、オランダ語・フランス語両言語の文化活動が混在するブリュッセルにおいては、芸術文化に携わる無数の組織と連邦制による制度のもつれや、都市ならではの社会経済的な問題に取り組むため、民間主導によりネットワークが形成され、制度の枠を超え、より都市の現実に即した問題意識の共有や支援体制の構築が目指されて

いることも確認した。

　ベルギーには政策面において確固たる言語文化の境界が存在する。しかし、ヒトの移動が今後ますます増大し、地域内の文化も多様化することは誰の目にも明らかであり、それが制度的な境界を融和させる可能性を秘めていることは、フラーンデレンの文化遺産分野における意識の変化やブリュッセルのネットワーク構築から、より現実的なものとして受け止めることができる。本書の第2部では、文学、美術、音楽、舞台芸術、映画といった各分野における移民文化の表象や芸術文化の実践をより詳しく見ていくことになるが、視点を変えることで、移民に関する芸術文化の表現から別のベルギー像が浮かび上がってくることだろう。

参考文献

長嶋由紀子 (2017)「国内の文化多様性に向き合うフランス文化政策の議論と実践―「差異への権利」を中心に―」『文化政策研究』第11号、pp. 23-39.

ランドリー，チャールズ (2003)『創造的都市―都市再生のための道具箱―』後藤和子監訳、日本評論社.

Agentschap Binnenlands Bestuur (2018) *Lokale inburgerings-en integratiemonitor, editie 2018, Brussel*, Statistiek Vlaanderen.

Anciaux, Bert (1999) *Beleidsnota Cultuur 2000-2004*, Ministerie van de Vlaamse Gemeenschap.

――(2004) *Beleidsnota 2004-2009 Cultuur*, Ministerie van de Vlaamse Gemeenschap

――(2006) *Vlaams Actieplan Interculturalisering. Van, voor en door Cultuur, Jeugd en Sport*, Vlaamse overheid.

Bourgeous, Geert (2010) *Beleidsbrief: Inburgering en Integratie 2010-2011*, Stuk 732 (2010-2011) Nr. 1, Vlaams Parlement.

Callier, L. et al. (2012) "Étude approfondie des pratiques et consommations culturelles de la population en Fédération Wallonie-Bruxelles", *Études*, 2012, n°1, Observatoire des Politiques Culturelles.

CIMIC (2010) *Het Actieplan Interculturaliseren: Rewind and Fastforward, De effecten van het Actieplan Interculturaliseren van, voor en door Cultuur, Jeugdwerk en Sport*.

Code Culturele Diversiteit (2011) *Code Culturele Diversiteit*, Stuurgroep Code Culturele Diversiteit. < http://codeculturelediversiteit. com/wp-content/uploads/2016/10/Code-

Culturele-Diversiteit.pdf＞（2019年5月10日最終確認）

De Pauw, Wim（2007）*Absoluut Modern: Cultuur en beleid in Vlaanderen*, VUB Press.

D'hamers, Katrijn（2011a）"Erfgoed en migratie", *FARO: Tijdschrift over cultureel erfgoed*, 4 (2011) 1, pp. 4-6.

——（2011b）"Erfgoed en migratie in 2020", *FARO: Tijdschrift over cultureel erfgoed*, 4 (2011) 3, pp. 64-9.

Erfgoeddag（2014）*Grenzelos Programma Gent*.

Ettourki, Karim（2019）"Cultureel en religieus erfgoed van moslims: Een verkennend overzicht van een aantal erfgoedinitiatieven in Vlaanderen", *TRA* 28 (1), pp. 97-116.

FARO（2008）*Haas of Schildpad?: Werke naan interculturaliteit in je(erfgoed)organisatie*.

——（2013a）*Gedeeld verdelen, gedeelde toekomst: Erfgoed als hefboom voor integratie*.

——（2013b）*Grenzeloos: inspiratiegids voor deelnemers*.

——（2014）"Programma Erfgoeddag 2014", Grenzeloos staat online, ＜ https://faro.be/ erfgoeddag/nieuws/programma-erfgoeddag-2014-grenzeloos-staat-online＞（2019年5月10日最終確認）

Gadeyne, Jolien and Brecht Wille（2014）"Les politiques culturelles à Bruxelles: vision kaléidoscopique", *INTERACT* Cahier 5, RAB-BKO, LASSO.

Gatz, Sven（2014）*Beleidsnota Cultuur 2014-2019*, Vlaamse Regering.

Janssens, Joris（2014）*Transformers. Landscape sketch for the performing arts, from Flanders and beyond*, Flanders Arts Institute.

Janssens, Joris and Dries Moreels（2007）*Metamorphoses in podiumland: Een veldanalyse*, Vlaams Theater Instituut.

Joye, Sofie（2016）"Flanders — State of the culturally diverse Arts?", *KUNSTENPUNT*, Sep 7, 2016, ＜ https://blog.kunsten.be/flanders-state-of-the-culturally-diverse-arts-2df4793e2648 ＞（2019年5月10日最終確認）

Laanan, Fadila（2005）*Priorités culture: Politique culturelle pluriannuelle proposée par Fadila Laanan, Ministre de la Culture, de l'Audiovisuel et de la Jeunesse*, Communauté française de Belgique.

Legrain, P. et al.（2011）*Assises du développement culturel territorial -Éléments bilantaires pour élaborer un diagnostic partagé, Bruxelles, Rapport pour la Communauté française*, Développement territorial, Communauté française de Belgique.

Lowies, J.-G.（2013）"La diversité culturelle", *Repères* n°3, Observatoire des politiques culturelles.

Macdonald, Sharon（2013）*Memorylands: Heritage and identity in Europe today*, Routledge.

Neyrinck, Jorijn（2011）"Migratie-erfdoed (in)begrepen", *FARO: tijdschrift over cultureel erfgoed*, 4 (2011) 1, pp.13-5.

Observatoire des Politiques Culturelles（2006）*Les politiques culturelles selon les accords et déclarations du Gouvernement présentés devant le Parlement de la Communauté française 1979-2004, ETU*. 2006-3, Ministère de la Communauté française.

Pirenne, Christophe（2011）"Les politiques culturelles en Belgique depuis 1945", Philippe Poirrier (red.) *Pour une histoire des politiques culturelles dans le monde 1945-2011*, Comité d'histoire du ministère de la Culture et de la Communication, pp.75-91.

RAB-BKO（2009）*Cultural Plan for Brussels* < http:/rabko.be/uploads/Publications-ies/ Culturplan_Plan-culturel/cultural_plan_for_brussels_EN.pdf > （2020年12月11日最終確認）.

Schauvliege, Joke（2009）*Beleidsnota Cultuur (2009-2014)*, Vlaamse overheid.

Simons, Greet et al.（2013）*In nesten : onderzoek naar talentontwikkeling en interculturaliteit in de podiumkunsten*, Dēmos, VTi and bko.

Stolcke, Verena（1995）"Talking Culture: New Boundaries, New Rhetorics of Exclusion in Europe", *Current Anthropology*, Vol. 36, No. 1, Special Issue: Ethnographic Authority and Cultural Explanation (Feb., 1995), pp. 1-24.

Van Dienderen, An et al.（2007）*Tracks: Artistieke praktijk in een diverse samenleving*, EPO.

Verstraete, Ginette（2010）*Tracking Europe: Mobility, Diaspora, and the Politics of Location*, Duke University Press.

Vertovec, Steven（2019）"Talking around super-diversity", *Ethnic and Racial Studies*, 42:1, pp. 125-139.

Vlaamse Regering（2008）"Decreet van 23 mei 2008 houdende de ontwikkeling, de organisatie en de subsidiëring van het Vlaams cultureel-erfgoedbeleid", *Belgisch Staatsblad*, 4 augustus 2008.

ブリュッセルの裏道案内

ベルギー青い鳥　山本浩幸

「父なる神よ、今日もパンを与えてくれて、感謝します」

北駅のベンチに座っていると、お祈りの声が聞こえてきた。横を振り向くと、精神を病んでいるらしい黒人のマダムがうつろな眼差しで何度も祈禱を唱えている。その様子からして、朝から晩まで同じ調子で神に語りかけているようだ。

ブリュッセルに移り住んで10年以上になるが、あまり北駅には来ない。久しぶりに訪れたのは、移民や難民をテーマにこの文章を書くにあたって、この近くのマクシミリアン公園の難民キャンプと運河沿いの風景を実際に目にしたいと思ったからだ。改装されて無機質な雰囲気になった北駅がこの小さな旅のはじまり。

ところで最近話題のニュースは、ベルギーで最初のケンタッキーフライドチキンが北駅の構内に出来たというものだ。実際に来てみると、しばらく前に登場したスターバックス・コーヒーと向かい合い、アメリカ資本が生み出す、世界のどこにでもある空間になっている。世間の話題についていくためにKFCを食してみることにした。タッチパネルを自分で操作して、カードで支払いをすると、番号が書かれたレシートがプリントされ、カウンターで商品を受け取る仕組みだ。

私はこの手の自動化が苦手である。紙切れに印字された184という番号が私であり、顔のある客ではない。刑務所の囚人か、それでなければ病院の待合室にいる病人のような気分がする。食後自分で片付けて、礼も言われず、挨拶も交わさずに店を去る感覚も好きではない。

弾まない気分のまま、駅を見て回った。構内の一部にホームレスと難民が寝泊まりしていたが、警察が大がかりに動員されて彼らのダンボールの砦は撤去された。ボランティアが丁寧に掃除をしたおかげで、見た目もきれいで匂いもしなくなった。

　プログレ通りへの扉をくぐると、政府関係や電力、通信などの高層ビルが立ち並び、青く輝く窓の連なりが空を支配する。「進歩」という通りの名前は、まさにイメージぴったりなネーミングであると同時に、北駅の現実を知る人にとっては皮肉でしかない。光と影が、恐るべき近距離で同居するのがここ北駅だ。

　地上階に降りて、線路の東側へ歩く。薄暗くて異臭の漂う高架トンネルをくぐると、そこには売春街がある。失業者が書類を提出する事務所もこのあたりにあったはずだ。

　しばらく前に、リベラル政党の爽やかな青年たちが、売春ビジネスは政府が管理する最新の施設に移転させ、こちらの古い地区は取り壊してしまおうと提案していた。今より安全で衛生的になりますよ。そう、彼らの言う「進歩」とは、こうした美しい仮面に覆われている。

　ここで、背後から声をかけられた。振り返ると、サングラスをしてビール瓶を片手にした黒人のお兄さんだった。

「君はさっそうと歩いているけれど、人生成功しているんだね」

「私が？」あまり長居したくない場所なので、知らずに早足になっていたのかもしれない。街の空気に溶け込むべきが、知らないうちに目立ってしまったか。

「そう。なにか秘訣があるんじゃないかと思ってね」

「ははは。あったらいいけれど。ないな」

「中国人なのにフランス語もできて、すばらしい」

「間違いだらけで適当に話しているだけだから、お恥ずかしい」

「ぜひ、成功の秘訣を教えてほしい」と言いながら、彼は恥ずかしそうに手にしたビールを隠した。

　黒人は一般的にアルコール耐性が低いという。お昼過ぎから路上で酒を飲み、知らない東洋人に話しかけるのだから、彼も何かしら問題を抱えた人な

のだと思った。私は、

「むしろ、あなたが私に教えてくださいよ。本当に何もないのだから」と笑顔で返した。

すると彼はサングラスを取って、「急に話しかけたのに話をしてくれて、ありがとう」と私の目をじっと見て言った。そして、片手を差し出して握手をした。その眼差しは優しく、手の平は驚くほど柔らかい。どこか弱々しい印象の彼は、孤独な生活を送っているのかもしれない。

ふたたび薄暗い高架トンネルを抜け、輝く進歩の中心地に戻ってきた。

行政関係者やビジネスマンが闊歩するシモン・ボリヴァル通りを進むと、右手にマクシミリアン公園が見えてくる。近づくにつれて公園の中に人が多いのが分かった。難民たちだ。北駅を追い出されて公園に戻った者もいると聞く。

異様な光景だ。公園の中心で元気にサッカーをしている若い青年たちはまだ明るい印象だが、寝袋にくるまって昼寝をしている男性や、女性の姿も何人もあった。水飲み場で体を洗ったり、歯磨きをしたり。フェンスに洗濯した洋服をかけている様子も分かった。ここはアラブ系よりも、アフリカ系の肌の黒い人々が多い印象を受ける。いくら陽気な夏の日だからといって、一日中、野外ですごすと体力を消耗する。こうして公園でたむろしている難民は、300人は確実にいる。

私のような東洋人は明らかに部外者で、この難民集団のうち数名が、警戒心をもって私を見つめているのが分かった。私はゆっくりと歩き、その場の空気に少しでもなじむように時間をかけた。敵ではないよと私は言いたかったが、集団の空気はどこか緊張して、話ができる状態ではなかった。

モロッコ系の友人が以前、炊き出しを手伝いにこのマクシミリアン公園に来たと聞いたことがある。小さい息子をともなってだが、行くとベルギー人の白人女性が、「ご飯食べる？」と母子にジェスチャーで聞いてきた。

友人は驚いた。自分と息子が難民に間違えられたのだ。この公園で肌が濃い色の人間は、お腹をすかせた難民という先入観が働いたのだろう。

「お腹は空いていません。ありがとう」と彼女はわざとヘタなフランス語で返した。

「ああ、そうなの。あなたフランス語上手ね」

「ありがとうございます」と礼を言った友人の顔は複雑な感情でひきつっていたに違いない。

　私の友人はモロッコ系ではあるが、若い頃からフランスで育った才女である。4ヶ国語を操り欧州委員会で仕事をしている。フランス語は彼女の母語であると言える。

　その彼女なら、もっと自然にこの状況に溶け込めるのだろうが、一人で乗り込んだ私はここは無理をしないほうがいいと判断し、立ち去ることにした。そもそもボランティア団体にくっついて来るべきだったのだ。

　難民のなかには、最近やっとベルギーにたどり着いたという人もいるだろうし、夜中になって屋根のある施設で寝ることができない人もいるに違いない。長い旅をさらに続けて、イギリスやフランスに移動したいと考えている人は特に、国の運営する施設に入ることを嫌う傾向にある。警察に拘束されると旅が続けられない。神経質になるのは当然だ。

　私は公園を離れ、ブリュッセルの運河に向かった。途中、誰かに後ろからつけられていないか、何度か振り返った。胃が重い。私の神経も過敏になっていた。しかし、体験してはじめて気がつくこともある。難民たちが公園に集まっているのは、同じ境遇の人間が数を頼りに自己防衛をするためなのだろう。警察の姿が見えれば誰かが知らせ、暴力を受ければ仲間と一緒に反撃する。300人もいれば、そう簡単に手出しはできない。

　シモン・ボリヴァル通りを抜け運河に突き当たると、その水面に、どの種類かは分からないが、水鳥が頭を水中に潜らせて獲物を探しているシルエットが目に入った。よく運河の上空を海のカモメが飛んでいるのを見かける。ブリュッセルはずいぶんと内陸にあるが、下流のアントワープから運河沿いに飛んでくるのだろう。波止場には見知らぬ新しいレストランが出現しており、白ワインを片手に楽しそうにお喋りしている女性たちがいた。過酷な旅と野宿に疲れた難民を見たあと、どうしたって資本主義的悦楽は欺瞞に満ちたものに映る。

　ブリュッセル運河は再開発が何年も続いている。レオポルド2世トンネルまで来ると、シトロエンのガレージを現代美術館に改装しようとしている大

きなアールデコの建物と、コンテンポラリーダンスの劇場カーイ・シアターがある。洗練されかつダイナミックな最先端芸術が生み出されるクリエイティブな空間だ。

　大通りを渡るとイゼール広場があり、その先のディクスミュド通りと、Xのように交差するイープル通りの一角は、日雇い労働者が歩道に佇み、雇用主を待っている場所である。このあたりの通りの名前は第一次世界大戦の激戦地にちなむもので、戦没者慰霊碑も立派なものがある。ここで仕事を待つ労働者たちは、アフリカ系、東欧系が多い印象だ。ベルギーの名監督ダルデンヌ兄弟の古い映画に『イゴールの約束』という不法滞在労働者が登場する作品があるのだが、ここを通るたびにそれを思い出す。

　再び運河に戻ろう。そこには周囲に比べてひときわ大きい立派なレンガの建物がある。名前はプティ・シャトー。小さな城という名前だが、外壁に細長い窓が開いているのを見れば、これが城塞として作られたことに気がつく人もいるかもしれない。19世紀から軍隊の駐屯場として使われていたが、1986年に難民の一時収容施設として転用されることとなる。現在、連邦政府が直接運営しており、ボランティアも活躍している。ベルギー全国にはこのような受け入れセンターが62もある。

　通りかかったタイミングで正門が広く開いていたが、関係者との約束無しではさすがに入れてもらえなかった。子どもたちが遊ぶ声が中から響いてくる。そして外壁に大きな集合写真が貼ってあり、難民の顔がよく見える。「難民」という言葉やイメージだけでなく、同じ人間の顔として認識できれば、少しは近く感じられる。

　ここで受け入れ派のスローガンを紹介しよう。「不法な人間などいない」という言葉だ。ステッカーや街の落書きに見かけるが、運河沿いの歩道タイルにもある。（仏：Personne n'est illegal. 蘭：Niemand is illegaal.）

　許可なく不法滞在している移民難民は、やむを得ない事情によりその状況に陥っただけであり、存在そのものを否定するような言説や制度は許さない。人間が幸福を追求する根本的な権利を守るべきであるという発想である。第二次世界大戦でアウシュヴィッツ強制収容所を生き延びたユダヤ人作家エリ・ヴィーゼルの言葉が元になっている。

地図　ブリュッセルの裏道

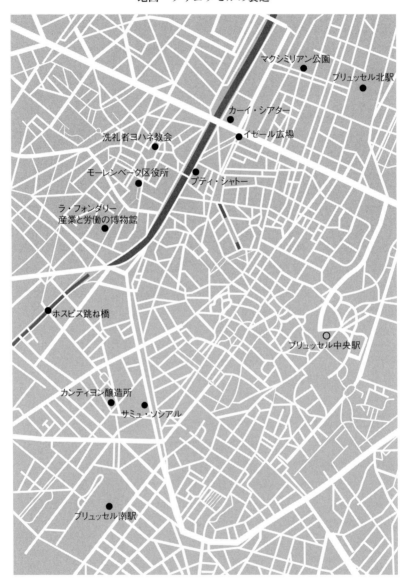

昔も今も、民族大移動の原因は、戦争や紛争による政情不安定が第一にある。そして、人種、民族、宗教や性的指向を理由とした抑圧からの逃避もあるだろう。または、より単純に経済的な成功を求めて裕福な欧州を目指す人もいる。「不法な人間などいない」は、博愛主義の理想の精神である。

　それとは真逆に、不法難民はすべて母国に送り返すべしという極右政党が、2019年の選挙においてベルギーはじめ欧州各国で勢力を伸ばした。彼らが欲しているのは個人の財産権、競争の公正さ、地域の意志決定権などであり、健全な競争への意欲をそぐような移民の社会保障制度の濫用を非難している。

　さて、ブリュッセルの裏道散策を続けよう。プティ・シャトーの目の前の橋を渡る。

　このあたりには色とりどりの風車が見える。オランダ語で風車（製粉機）をモーレンという。運河を越えるとそこはモーレンベーク地区である。ドナルド・トランプに「地獄の穴」と形容され、「テロリストの巣窟」とレッテルを貼られてしまった。

　運河を越えるとモロッコ系が多い「アラブ街」であることは事実だ。この地域では貧困と高い失業率が暗い影を落とし、若い世代に不満が蓄積して、一部がテロ活動に傾斜していった。欧州の大都市はブリュッセルに限らずこうした移民の集中居住の問題を抱えている。

　「未来」を意味するアヴニール通りを抜けると、洗礼者ヨハネ教会の前に出る。歴史的なアールデコ建築の名作であるが、ふだんは門が閉ざされており、木曜と日曜しか建物内には入ることができない。

　冗談なのか本気の対抗意識なのか、教会の前にはメッカという名前のトルコ系パン屋が営業しており、1ユーロ70セントのトルコ系ピザが人気である。KFCのランチが7ユーロ45セントで、4倍以上の差がある。

　白人社会ではない地域に壮大なキリスト教の教会があり、イスラム教のモスクは建築許可が下りない。そのために、外から見える形でモスクが存在することはほぼない。通りに目立たない看板がひとつあるだけで、金曜日に礼拝用の服に身を包んだ人々が多く集まっているのを見てはじめてモスクの存在に気がつくことが多い。教会の鐘は鳴るがモスクのアザーンは流せない。

教会を背にしてフランドル伯通りを進む。右手には廃業した「100000のシャツ」（Cent Mille Chemises）というお店がある。歴史のあるシャツ製造業者であり、この建物ファサードも素晴らしい。今は診療所になっている。古い時代から下町であったモーレンベークには、失礼ながらこのような高級な建築物は比較的少ないが、スカールベークなど、華麗なアールヌーヴォー建築群の建ち並ぶ街が中東系の移民の集住エリアになっているところもある。

　モーレンベークの区役所にたどり着くと、嫌でも2015年パリのテロ事件が思い出される。実行犯で唯一の生存者であるサラ・アブデスラムの兄モハメドが役所で働いていた。彼は広場に面した建物に住んでおり、そこでインタビューにも応えた。毎週木曜日に活気のある青空市が開かれる場所だが、テロ事件の最中は、この周辺で多くの家宅捜索が行われ、警察のサイレンが頻繁に鳴り響いた。私も含めてブリュッセルで暮す多くの人が、テロの余波で精神的、経済的な被害を受けた。

　小さな商店で賑わうプラド通りに入ると、イスラムの女性がパーティーで着る色鮮やかな衣装を扱う店があり、はじめて見る人を驚かせる。外では地味な色の布で全身を覆い隠すが、親しい家族友人と一緒のときはまばゆいばかりの衣装を楽しむようだ。極右政治家が街のイスラム化を嘆くイメージビデオを作るときに、このあたりが撮影されている。モーレンベークの街を歩いてみると、そこがブリュッセルなのかマラケシュなのか、分からなくなるのは事実だ。すれ違う人々はモロッコ系ばかりで、女性はヒジャブで頭部を覆い隠し、長いローブをまとっている。看板はアラビア語で表記されており、ハラールの肉を売っている。中東からの移民が、ベルギーという安定した社会の壁のなかに身を寄せながらも、出身国の文化を保持している風景だ。

　ただし、時が流れて世代が下れば自然な同化は進む。運河の上を渡る風に、長い髪をなびかせて歩くモロッコ系の若い女の子も見かけるようになった。政治やスポーツの世界で活躍している移民の子孫も枚挙にいとまがない。見えない壁や天井もあるが、年月が解決してくれるさと楽観的に考えるのも、ある程度は正しい態度のような気がする。受け入れる側も、受け入れられる側も、相手の文化を理解したり、言葉を学んだり時間がかかることばかりだ。

　先ほどアヴニール通りを歩いていると、二人の白人警官が前に見えた。

そこに10歳くらいのアラブ系の男子二人が近づいたかと思うと、彼らは無邪気にハイタッチして挨拶を交わしていた。数年前には命がけでテロリストの家宅捜索を行っていたであろう若い警官たちは嬉しそうだった。

　プラド通りを抜けると、ゲント通りに出る。モーレンベークの目抜き通りと言える。洋服に加えて家具やインテリアなどのお店がある。

　次の目的地はゲント通りを越えて入っていくランフォール通りにある鋳造所である。当然のことながら、現在は操業しておらず、「ラ・フォンダリー、産業と労働の博物館」として一般に公開されている。元々ここは1854年に設立されたラ・カンパニー・デ・ブロンズという会社の工場で、ブロンズ像や鉄柵などを制作して国内外に販売していた。

　ベルギー国内ではプティ・サブロン広場を取り囲む職業を象徴する銅像、王宮の照明金具、最高裁判所の扉などが作例で、海外輸出としては英国ヴィクトリア女王の銅像、アメリカのアブラハム・リンカーンの銅像、ニューヨークのセントラル・パーク動物園の鉄柵も手がけた。アメリカ人は「地獄の穴」で作られたものを、自分たちがありがたく輸入していたことを知らないだろう。

　ノスタルジー成分をたっぷり摂取してラ・フォンダリーを出る。ゲント通りに戻って観光の中心地グランプラス方面に進むと、また運河があり、カラフルな風車、濁った水、グラフィティが目に入る。クリエイティブでお洒落なダンサール地区に入り、オランダ語で鯨を意味するワルヴィスというカフェの中で休憩する。ホエールイーターの日本人が鯨に飲み込まれている状態だ。このすぐ近くの事務所スペースを借りていた時期があり、愛着のある場所である。ダンサール通りと並行に走る裏道のフランドル通りは、素敵なレストランやショップの出店の勢いがとまる様子を見せない。このあたりも意識的に再開発された場所である。20年前までの白人社会と移民街の境目は元証券取引所ブルスあたりだったと聞く。数百メートルをひっくり返すのにそれだけ年月がかかった。

　貧困が社会不安を引き起こすメカニズムを行政は把握しており、問題のある地域を区画整理し、ビジネスを呼び込むためのエリア限定の優遇措置や補助金を用意している。その対象地域が色分けされている地図をご覧いただけ

れば、ブリュッセルの行政が再開発に目をつけている場所が一目瞭然で分かるだろう。地図にピンを刺された薄汚い移民街が、行政の指導で美しく生まれ変わる。新しい公共住宅、整備された歩道に自転車道、爽やかな緑あふれる公園と、お洒落なカフェやブティック。

　いいことばかり。移民に優しい政府。そうだろうか？　疑問に思うのは私が特にひねくれているからではない。再開発には光と影があることは周知の事実だ。ジェントリフィケーション（gentrification）という言葉があるが、そんな高尚な言葉を知らなくても、古い吉本新喜劇の舞台を見れば理解できる。新しい大きなビルを建てるために、ヤクザの地上げ屋が、小汚い大衆食堂の立ち退きを迫りにくるではないか。

　今どき、ヤクザもマフィアも来ないが、居心地のよくなった再開発地区は地価が高騰し、当然の流れで貧しい人々はより安い郊外に移り住む。ベルギーの行政が目指しているのは、表向きは経済の活性化、多民族の統合、欧州の文化財の保護である。しかし、本音の部分は失地回復レコンキスタではないのか？　再開発した地域にモダンアートの美術館や有機野菜のお洒落なショップはできるのに、イスラムの立派なモスクは建たない。

　さて、運河に沿ってさらに南に進もう。運搬船を通すために水位を調整する堰や、電力化された跳ね橋が興味深い。中古車の修理ガレージが多いのに気がつく。他にも建材、運送などガテン系の仕事がこの地域の特徴のようだ。行き交う人はあいかわらず中東系も多いが、アフリカ系も混ざって来た気がする。そして、かつて屠殺場だったアバトワールという大きな市場が左手にある。一般の来客には週末しかオープンしていない。

　私は橋が水平の状態で持ち上がる仕掛けのホスピス跳ね橋を眺めたあと、リヴァプール通りに入った。33番地に歴史的な建物があると地図で見えたからだ。折衷主義と説明されていたが、確かに天井のドームと新古典主義的な外壁が特徴的な邸宅だった。保存指定がされている。近くに寄るとポリスと書かれた看板があり、警察が使っていると分かった。

　モンス通りに出た。レストランの建ち並ぶ賑やかな場所だ。友人のベトナム人に紹介してもらったレバノン系の炭火焼きがある。ここの鶏肉の丸焼きは、北駅のKFCより断然うまい。しかし、焼き鳥屋に寄り道せずに、リヴァ

プール通りから真っ直ぐ進むと、カトリック教会があり、その裏手のグード通りに、カンティヨン醸造所がある。ベルギーの誇る酸味の強いビールを伝統的な手法で作っている場所だ。時間を調べて行けば、内部を見学させてくれる。

　今日の散策の締めくくりに、ホームレスのためのシェルターを提供しているミディ通りのサミュ・ソシアルを訪ねてみよう。と思っていたら、改装工事で長期閉鎖との貼り紙があった。汚れた窓から中を窺っていたら、コワモテの年配男性が歩み寄って来た。

　「きみ、ここは閉まっているよ」

　「そうみたいですね。残念」

　「もし、必要があればなんだが、向こうに行くと別の施設がある」

　「サミュ・ソシアルの？」

　「いや、別の団体だけれどね。今晩泊まる場所を探しているのかい？」

　ここで気がついたのだが、この親父さんは私のことをホームレスと思い込んだらしい。

　「ああ、それは大丈夫なんです。ここに泊まる必要があるわけではないんです」。私もすっかり街に溶け込んだのか、歩き疲れたのでホームレスに見えるのか。

　南欧の出身の人だろうか。派手なアロハシャツの奥に、金のネックレスがじゃらじゃらと光る。私はそこに十字架があるのを見逃さなかった。この心優しい魂に出会うために私は歩いてきたのだろう。礼を言って別れた。

　その後、ミディ通りを駅の方面に歩いた。夏のこの時期、ミディ駅の周辺は移動遊園地がやってきてフォワール・デュ・ミディという賑やかな祭りが開催されている。こうしたイベントになると、人種民族は関係なく子どもたちが入り乱れて楽しくすごしている。未来は明るい。ただ、私に絶叫マシンに乗って空中を飛ぶ勇気と体力は残っていないので、トラムに乗って帰宅することにした。

　しばらく行くとロマ族の女の子が紙コップを持ってやってきた。児童労働には反対だが、あどけない少女の顔を見たら断れなくて小銭を入れる。これもこの街で生きる現実だ。

ロマ族が恒久的に社会の最下層にとどまり続けるのはなぜか。彼ら自身が
それを選んでいるのか、社会が彼らの進出を拒んでいるのか。どうせ状況が
変わらないならば、貧困地域の再開発はしなくていいのか、貧しい者をゲッ
トーに閉じ込めたまま、小さく閉ざされたままの社会をいくつも作り、機会
を与えず放置していればいいのか。そういうわけにはいかない。結局のとこ
ろ、偽善にしか見えない進歩という名の仮面も、上手に使いこなす必要があ
る。

　家の中に入ると、途端にマクシミリアン公園の難民たちの姿が思い出され
た。雨風に容赦なくさらされ、強制送還という最悪のシナリオにおびえ、そ
れでも将来の成功を夢見て長い旅を続けている。屋根のある安全な空間は贅
沢品である。彼らと自分の境遇の差に、つい感傷的になってしまう。

　今日は普段歩かない裏道を歩いて、ブリュッセルという街の優しさを再発
見できた。しかもベルギー流で押し付けがましくないのがいい。自分もそれ
に見習うことにする。

　ふわふわと風に運ばれた種が着地した場所で、きれいな花を咲かせるよう
に、嵐の海を越えた人間は、何十年かかったとしても最後には成功をつかみ
とるだろう。私の安っぽい憐れみなんて意味がない。ただ旅人が、どうして
も困ったときにだけ、同じ人間としてあるべき務めを果たせばいい。

第 2 部

移民をめぐる文化実践

第 4 章

ウージェーヌ・ラールマンスが描いた
19 世紀末の「移民」と「郊外」[1]

吹田　映子

1　ラールマンスが描いた《移民》（*Les Émigrants*, 1896 年）〔図 1〕

　貧しい身なりの群衆が川向こうの集落を見つめながら歩いている。しかし見つめている先は目的地ではない。なぜならそれが待望の地であれば歩を緩めて見入ってもよいはずなのに、彼らは大股で――つまり急いでいることがわかる――歩くのを止めておらず、真に目指す先は体幹の向きが示す通り画面の左手であるからだ。この方角は、画面左手奥に小さく見える対岸の集落――教会の尖った屋根が見える――と直角に交わっている。群衆の先頭を行く人々の頭と体はこの二つの方角の間でねじれ、なかでも手前の、首を後ろに強くひねった男の後頭部は、鑑賞者から教会の屋根に向かう視線を直線上で媒介する役目を

1）本稿の準備に際し、姫路市立美術館学芸員の高瀬晴之氏より貴重な情報を惜しみなく賜った。ここに記して謝意を表したい。また、本稿の着想は「難民と外国人のための連絡行動委員会」（CIRÉ：Coordination et initiatives pour réfugiés et étrangers）が 2014 年に製作した展覧会「昨日のベルギーの移民は今日の鏡…」に付属する以下の「教育用ノート」に負うところが大きい。« Cahier pédagogique » de l'exposition « Les émigrants belges d'hier, un miroir pour aujourd'hui... » <https://www.cire.be/expo-les-emigrants-belges-d-hier-un-miroir-pour-aujourd-hui/>（最終閲覧日：2019 年 9 月 15 日）.

図1 《移民》*Les Émigrants*、三連画、1896 年、油彩／画布、159×98 cm（左翼部《港へ》*Vers le port*；右翼部《永遠の別れ》*Adieux*）・159×224 cm（中央パネル《最後の一瞥》*Dernier regard*）、アントウェルペン王立美術館、© KMSKA

担って印象的である。鑑賞者に隠された彼らの眼差しと、鑑賞者自身の眼差しが重なり合う。故郷との別れ。それでも彼らは歩き続け、いつしか集落を遥か後ろに残しているだろう。

　この情景を収めているのは縦 159 cm、横 224 cm の大型のキャンバスだが、この左右には幅がおよそ半分の翼部（volets）が付帯し、全体で三連画（triptyque）を構成する。左翼部には港の入口にひしめく群衆が、右翼部には教会前で司祭を取り囲む群衆が描かれている。相互の関係を考えると、この三連画は右から左へと推移する物語を示していることがわかる。順に見ると、教会前で司祭を取り囲み、硬い表情で説教に聞き入っていた群衆たちは（右）、川を越えるためにぐるりと遠回りをして橋を渡り、橋を越えて見送りに来た人々を橋の袂に残し、その仲間たちが遥か後方に小さく見えるまで道を進んできた（中央）。彼らは歩みこそ止めないが、自分たちの出発してきた集落が対岸で再び近づくと、そこに視線を奪われる。おそらく今度はその集落を遥か後方に残して、彼らは夜通し歩くに違いない。そしてついに、群衆は港の入口へとたどり着く（左）。画面手前に向けられた彼らの背には低い陽の光が当たっているが、その先に見える港はまだ暗く、夜は明け切っていないようだ。ところでしかし、彼らは誰で、一体どこからどこへ行くのか？

三連画の各部は、右から順に「永遠の別れ（Adieux）」、「最後の一瞥（Dernier regard）」、「港へ（Vers le port）」という小題をもつ。これらを統べるのが「移民（Les Émigrants）」という全体の題名であり、フランス語の原題が指しているのは、あるコミュニティからその外へ移住しに行く人々のことである。反対に、あるコミュニティの内へ移住しに来た人々のことは « immigrés » という語によって表わされるのが通例だ。したがって、群衆があるコミュニティに別れを告げ、どこか別の地へ向かっているという私たちの理解は間違っていない。では、彼らが去りつつあるコミュニティとはどこにあるのか。もし作者である画家が現実に取材したとすれば、おそらくそれは作品が現に存在する在り処からそう遠くない場所であろう。

《移民》はアントウェルペンの王立美術館に所蔵されている。1901年に同市でトリエンナーレ（三年に一度の美術展）が開催された際に出品され、王立美術館に購入された[2]。では、作者はアントウェルペンにゆかりのある人物か。作者はウージェーヌ・ラールマンス（Eugène Laermans）という。1864年にブリュッセルはシント＝ヤンス＝モーレンベークに生まれ、1940年に75歳で亡くなるまで同地区を離れなかった。

ところでこのモーレンベークの名を私たちがよく記憶しているとすれば、その理由の一つは、この地区が警察とマスメディアの連携を通して「テロの温床」として印象づけられたせいかもしれない[3]。2015年11月にパリで所謂同時多発テロが起き、首謀者を含む関与者数名がモレンベーク出身で、この地区に多いムスリム系移民の2世だった。一方で同地区は2001年にニューヨークで起きた同時多発テロ以降、当時は警戒が弱かったために策謀家たちの集う場になっ

---

2) 以下は未見だが当該の展覧会目録と思われる。*Exposition triennale : catalogue*, Antwerpen, Société Royale d'Encouragement des Beaux-Arts, 1901.

3) 例えば以下の記事。Julia Lynch, "A Brussels neighborhood becomes a terrorist breeding ground", *Chicago Tribune*, April 5, 2016 <https://www.chicagotribune.com/opinion/commentary/ct-brussels-terrorism-molenbeek-muslims-20160405-story.html>（最終閲覧日：2019年9月15日）。

ていたという。こうして事件後モーレンベークは強制捜査の対象となり、容疑者が次々と検挙された。しかし皮肉にも実行犯の一人が逮捕された数日後に今度はブリュッセルで同様のテロが起き（2016年3月）、"報復"の様相を呈したのだった。

　現在のモーレンベークにはモロッコとトルコからの移民が多く住んでいるが、彼らの1世は1960年代の高度経済成長期に労働力として迎えられた人々である[4]。しかし早くも同年代の後半には景気が後退し、さらに1970年代の石油危機以降の不況で多くの企業が同地区から撤退してしまう。このような経緯でモーレンベークの貧困化は進み、特に若者の失業率が高いということから「犯罪多発地区」とみなされる傾向にある[5]。

　とはいえ、国外からの移民が多く、同時に貧困化の著しい地区というのはモーレンベークに限らずブリュッセルの、ひいてはベルギーの各地に存在するため、このようなレッテルを真に受けて同地区を特別視することには慎重であるべきだろう[6]。それにも拘らず、21世紀にかくあるモーレンベークでかつて一人の画家が生涯を過ごしたということと、その画家が今日の「移民（immigrés）」とは一見文脈の異なるベルギーからの「移民（émigrants）」を19世紀末に描いたこととの間には、何らかの必然性があるように思われてならない。本稿のねらいはこの必然性を探ることにあり、その過程ではラールマンスという一人の画家を媒介に、一見隔たった時代や場所、そして人々をつなぐことになるはずだ。

4）ベルギー政府はいずれの国とも1964年に受入協定を結んだ。以下を参照。中條健志「第9章　移民政策」『現代ベルギー政治——連邦化後の20年——』津田由美子・松尾秀哉・正躰朝香・日野愛郎編著、ミネルヴァ書房、2018年、175-194頁。

5）モーレンベークの失業率は2013年の調査によると15〜24歳で43.4％（中條、前掲書、192頁）。また、以下を参照。松尾秀哉「「西欧の十字路」テロ後のベルギー　祈り耐え忍ぶ多言語の国の行く途」『現代の理論 DIGITAL』第9号、現代の理論編集委員会、2016年 <http://gendainoriron.jp/vol.09/feature/f04.php>（最終閲覧日：2019年9月15日）。

6）中條、同上。

さて、ラールマンス作《移民》に描かれた群衆は、どこからどこへ向かって
いるのか。それを知るための手がかりは、中央部の主題を別に描いた習作に
ある[7]。そこには画家の書き込んだ献辞として、「ジョルジュ・エークハウト
へ、彼のファンであり友、Eug. ラールマンス」と読めるのである。エークハウ
ト（Georges Eekhoud, 1854-1927年）は、ジョルジュ・ローデンバック（Georges
Rodenbach, 1855-1898年）やエミール・ヴェルハーレン（Émile Verhaeren, 1855-
1916年）らとともにベルギー文学の第一世代を形成し、文芸雑誌『若きベルギ
ー（*La Jeune Belgique*）』（1881-1897年）の創刊にも携わった作家である。オラ
ンダ語がいまだ公用語として認められていなかった当時の常として、フラー
ンデレン出身でありながら主としてフランス語で執筆活動を行った[8]。残念な
がら日本語で読めるエークハウトの作品はまだないが、「社会芸術（art social）」
を追究した作家としてベルギーではヴェルハーレンと並んで知られている[9]。
日本では象徴主義を代表する詩人として知られるヴェルハーレンだが、彼らが
「社会芸術」実現のために必要としたのはむしろ自然主義（naturalisme）であっ
た[10]。

　フランスの小説家エミール・ゾラ（Émile Zola, 1840-1902年）によって提唱さ

7）〈《移民》のための習作〉*Étude pour les Émigrants*、1895年または1897年、木炭・
　パステル・水彩／紙、55 × 38 cm、個人蔵。cf. *Eugène Laermans : 1864-1940* [ex.
　cat.], Bruxelles, Crédit Communal, 1995, p.12.
8）ただしフラーンデレン出身の作家の中には、19世紀前半のベルギー独立直後から
　オランダ語（フラーンデレン語）で創作活動を行っていた者もいた。また、広く
　オランダ語の権利獲得を求める運動（フラーンデレン運動：註38参照）も同時期
　に始まる。20世紀になるとオランダ語は公用化され、権利が確立されてゆく。そ
　れまでは「市場で、船着き場で、また家の中でも彼らの召使いたちの間で、フラ
　ーンデレン語が満ちあふれていた」にも拘らず、フラーンデレン出身の上流ブル
　ジョワ階級は知識人や作家を含め、フランス語を使用するのが常であった。フラ
　ンス語が建国以降権力側に属していた言語だったからである。以下を参照。岩本
　和子「ベルギーのナショナリズム意識と「ベルギー文学」」『国際文化学研究』第25
　号、神戸大学国際文化学部、2006年、1-27頁。

れた自然主義は、現実をあるがままに写し取ることを目指す写実主義（réalisme）を土台とし、同時代に目覚ましい発展を遂げた自然科学に倣い、客観的で厳密な観察の姿勢を重視する。とはいえ漫然と客観性を追求するのではなく、19世紀後半のヨーロッパで盛り上がりを見せた社会主義的な視点、すなわち資本主義の必然的な帰結として生まれる貧富の矛盾を批判的に見つめる視点に立つ。例えば『ジェルミナール』（1885年）という作品でゾラが描いたのは、北フランスの炭鉱地帯における労働者と資本家との対立であった[11]。

　ベルギーにおいて自然主義を代表するのは「ベルギーのゾラ」と渾名されたカミーユ・ルモニエ（Camille Lemonnier, 1844-1913年）と、もう一人がエークハウトである[12]。彼らが「社会芸術」を追求した背景にも、当然ながらベルギーにおける社会主義運動の盛り上がりがあった。その中心には1885年に結成されたベルギー労働党（POB: Parti ouvrier belge）があり、第一次世界大戦を迎

---

9) cf. Université Populaire de Bruxelles, « De l'art social à l'art prolétarien : Une conférence de Paul Aron à l'Université Populaire de Bruxelles », *Rhizome TV*, le 14 septembre 2010, <http://www.rhizome-tv.be/spip.php?article12>（最終閲覧：2019年9月15日）。上記URLでは講演動画も視聴可能。なお、この「ブリュッセル大衆大学（UP : Université Populaire de Bruxelles）」は正規の大学ではなく、フランス語話者向けのいわゆる市民大学としてプロジェクト形式で運営されている。母体は非営利団体の「共同教育協会（CFS: Collectif Formation Société）」が1985年に発足する際のプロジェクトであり、「ベルギー労働全国連盟（FGTB: Fédération Générale du Travail de Belgique）」のブリュッセル支部やブリュッセル自由大学（ULB）などと提携している。以下のHPを参照。<http://www.universitepopulaire.be/?page_id=345>（最終閲覧：2019年9月15日）

10) ただし岩本によれば、フランスでは対立的に捉えられていた自然主義と象徴主義も、ベルギーにおいては事物ないし細部へのこだわりという元来の傾向において連続的に捉えることが可能だったという（岩本和子『周縁の文学——ベルギーのフランス語文学にみるナショナリズムの変遷』松籟社、2007年、181頁）。

11) Émile Zola, *Germinal*, Paris, G. Charpentier, 1885〔エミール・ゾラ『ジェルミナール』安士正夫訳、岩波書店（岩波文庫）1954年〕.

12) Frédéric Saenen, « Dossier pédagogique sur le naturalisme », Communauté française de Belgique, 2016, pp.11-24.

えるまでのおよそ30年間に勢いのある活動を展開した。ベルギーにおけるこの傾向に関して日本でよく知られているのは彫刻家のコンスタンタン・ムーニエ（Constantin Meunier, 1831-1905年）であり、彼の名を広めたのは雑誌『白樺』（1910-1923年）であった[13]。ブリュッセルに生まれたムーニエは1870年代後半にワロニーを旅して以降、工業地帯や鉱山で働く労働者を主題として選択し、悲惨な姿というよりはむしろ英雄的に表現した[14]。

　さて、エークハウトの代表作としては小説『新カルタゴ（*La Nouvelle Carthage*）』（1888-1893年）が挙げられる。決定版が刊行された1893年に官選の5年期文学賞を受賞し、2004年に「北方空間（Espace Nord）」叢書から再版された際にはこの作家を初めて紹介する機会として選ばれた[15]。注目すべきは、この2004年版および同叢書の2015年版の表紙に他ならぬラールマンス作《移民》の中央部が部分的に複製されているということである。もはや関係性は明らかであろう。ラールマンスがエークハウトに捧げた1895年の習作は、『新カルタゴ』から得た着想が《移民》の制作につながったことへの記念として描かれたものであった。

2　《移民》の着想源となったエークハウトの『新カルタゴ』

　『新カルタゴ』が1888年に初めて出版されたとき、この小説は未完の状態にあった[16]。翌年に新たな2章――「移民（Les Émigrants）」「欠席裁判（Contumace）」

---

13) 以下を参照。迫内祐司「コンスタンタン・ムーニエと日本」『日白修好150周年記念シンポジウム　文化・知の多層性と越境性へのまなざし　―学際的交流と「ベルぎー学」の構築をめざして―　予稿集』日白修好150周年記念シンポジウム実行委員会、2016年、70頁。但し迫内によればこうした一般論には検証の余地があるという。

14) 姫路市立美術館編、冨田章監修『魅惑のベルギー美術』神戸新聞総合出版センター、2013年、22頁。

15) Georges Eekhoud, *La Nouvelle Carthage*, Bruxelles, Éditions Labor, collection « Espace Nord », 2004.

——が同題名の下に発表され[17]、さらに2年後には、新たな3章——「証券取引所 (La Bourse)」「カーニヴァル (Le Carnaval)」「弾薬庫 (La Cartoucherie)」——がそれまでとは別の出版社から発表される[18]。さらに2年後、物語の結末を含めて初版から大幅に変更された決定版が出版される[19]。初版から5年が経過した1893年のことであった。こうして1世紀以上後の私たちに読書を誘う要約は以下のようなものとなる。

『新カルタゴ』、それは19世紀末のアントウェルペンのことである。貧民の憎しみと富裕とから成るこの環境で、青年ローラン・パリダールはブルジョワ階級に育つが、彼に備わる趣味も正義感も、そこでは満たされることがない。そのため彼は民衆の方を向き、労働者や社会の周辺に生きる人々、最下層の人々と親しくなる。従妹のジナだけは魅力的な美しさと気品を備え、パリダールの反抗的な気質を和らげることができたのかもしれないが、彼女はパリダールではなく太った実業家の財産の方を選ぶ。作者はこの陰険なベジャールに、残忍で無慈悲な資本主義がもたらすあらゆる悪徳を体現させている[20]。

このように要約された全体は3部に分かれ、順に「レジナ (Régina)」（全10章）、「フレディ・ベジャール (Freddy Béjard)」（全9章）、「ローラン・パリダール (Laurent Paridael)」（全7章）と、登場人物の名を冠している。要約中の「ジナ

16）Georges Eekhoud, *La Nouvelle Carthage*, Bruxelles, Kistemaeckers, 1888. Kistemaeckersは自然主義の作家たちを世に送り出した出版社である。cf. François Degrande, *Dossier pédagogique sur La Nouvelle Carthage*, Communauté française de Belgique, 2018, p.8.

17）Georges Eekhoud, *La Nouvelle Carthage*, Bruxelles, Kistemaeckers, 1889.

18）Georges Eekhoud, *La Nouvelle Carthage*, Bruxelles, Vve Monnom, 1891.

19）Georges Eekhoud, *La Nouvelle Carthage*, Bruxelles, Paul Lacomblez, 1893.

20）Georges Eekhoud, *La Nouvelle Carthage*, Bruxelles, collection « Espace Nord », 2015, verso.

(Gina)」はレジナの愛称であり、彼女に思いを寄せるパリダールもまた亡き父によって「ローキ（Lorki）」と呼ばれる。彼らがアントウェルペンの市民であるのは、作者自身がアントウェルペンの港近くに生まれ育ったからであろう[21]。なかでも主人公パリダールは、後述するその養育歴からして、エークハウト自身がモデルであると指摘されている[22]。

　ところで題名に含まれる「カルタゴ」が示すのは、古代に地中海貿易で栄えた都市国家の名前である[23]。カルタゴは北アフリカに位置し、地中海のほぼ中央でシチリア半島と手を伸ばし合っているような形の要所にある。現在はチュニジア共和国に属し、1979年には世界文化遺産に登録された。フェニキア語で「新しい都市」を意味する« Kart Hadasht »が語源にあり、現在のレバノン周辺を本拠地としていたフェニキア人が地中海貿易で栄え、領土拡大の必要から建設した植民都市であるとされる。

　建設後の紀元6世紀以降それ自体として繁栄を極めたカルタゴは、台頭するローマとの間で地中海の覇権争いを繰り広げる（全3回のポエニ戦争）。その過程でカルタゴはさらにイベリア半島南東部に植民地を建設したが、この新たな都市が「新カルタゴ（Cartago Nova）」と呼ばれるようになったのは、皮肉にもカルタゴがローマ軍に敗れてからであった[24]。この都市が現在はスペインに属し、カルタヘナ（Cartahena）と呼ばれている。

　したがって歴史に詳しい者であれば、新しい土地に託された共同体の命運と、その要となる港、そして繁栄の永続はついぞ叶わない宿命、といったテーマを「新カルタゴ」という題名に読み取るかもしれない。その古代史が今度は

21）Pilar Garcés García et Lourdes Terrón Barbosa, « Les États-Unis vus par les écrivains voyageurs belges de la fin du XIXe siècle », in *Anales de filología francesa*, n° 24, 2016, p.67.

22）Degrande, *op.cit.*, p.5.

23）以下を参照。マドレーヌ・ウルス＝ミエダン『カルタゴ』高田邦彦訳、白水社（文庫クセジュ）、1996年。

24）カルタゴがローマ軍に敗れたのは紀元前146年。

19世紀末のアントウェルペンを舞台に再演されるという予感とともに。

　現在のベルギー北部、かつてのネーデルラント南部に位置するアントウェルペンは、15世紀に隆盛を終えて衰退するブルッヘに代わって港湾都市として重要性を増し、16世紀には国際的な商業拠点として賑わった。画家のピーテル・ブリューゲルⅠ世（Pieter Bruegel I, 1525-1569年頃）が活動したのも当時のアントウェルペンである。ただし彼の作品を最も多く所蔵しているのがウィーンの美術史美術館であることからもわかるように、ネーデルラント一帯は当時ハプスブルク家の統治下にあった。ブリューゲルが地元の画家組合に登録したのは1551年だが、その数年後に王家はオーストリアとスペインとに分離する。アントウェルペンを含む南部はその後もスペイン領に留まるが、北部ネーデルラントではスペインへの反乱が始まり、独立戦争に発展する。この影響で商業の拠点はアントウェルペンからアムステルダムへ移行し、前者は16世紀末から衰退していった。ピーテル・パウル・ルーベンス（Peter Paul Rubens, 1577-1640年）が宮廷画家として夥しい宗教画を制作したのはその頃のアントウェルペンである（17世紀初頭）。そこからさらに3世紀ほどを経てベルギー北部となった19世紀末のアントウェルペンがどうなっていたかといえば、そこは貧しい者たちにとっての非常口となっていた。

　ここからは『新カルタゴ』のあらすじを辿ってみよう[25]。全知の語り手がローラン・パリダールの物語を語る。ローランは一人っ子で、父親の死後、母方の伯父であるギヨーム・ドブジエに引き取られる。この富裕な実業家は天然油脂の加工で財をなすのだが、彼は妻のリディとともに若きローランに対して相当の軽蔑を抱いていたため養育の務めを放棄する。「ローキ」が伯父の家で生き延びられるのは、彼の従妹であるかわいい「ジナ」の存在が彼にもたらす感情のおかげである。だが残念ながら相思相愛とはゆかない。レジナは人々がサロ

25）以降のあらすじ作成にあたっては以下を参照。Degrande, *op.cit.*, p.10 ; Mirande Lucien, *Eekhoud le rauque*, Lille, Presses universitaires du Septentrion, 1999, pp.215-219.

ンに足繁く通う世界の中で、ローランのことを奉公にやって来た農民だと思っているのだ。

　一方、伯父の工場に入り浸ることでローランは一族の繁栄が展開する舞台の裏側を発見することになる。人を殺す機械や耐え難い悪臭が、労働者たちへの分け前として与えられている。こうした低劣な労働条件には、労働者に対する肉体的または精神的な暴力も伴う。こうして伯父のドブジエと同僚のベジャールによる二人組は、憤らずにはいられないほどの残酷さを露わにする。このベジャールこそが、ついにはレジナと結婚してしまう人物である。彼女は内心ドア・ベルクマンという、才気ある演説家にして熱心な社会主義者に惹かれているのだが、信念も愛情もない結びつきの方を選択する。そうこうするうちに風向きは変わり、株の取り引きでベジャールはあっという間に破産してしまう。この破産を食い止めるための奔走に彼は義父のドブジエを巻き込むのだが、これが夫婦関係にも災いし、レジナをこの上なく不幸にしてしまう。

　この間にローランは、優しい気持ちは保持したまま、港、夜遊び、風俗街といった場にアントウェルペンを見出してゆく。彼は相続した財産をそこで使い果たし、ときに浪費家、ときに博愛主義者の面を見せる。貧しい人々の傍らで、彼はブルジョワ階級に対する憎悪を募らせるとともに、ヴァンサン・ティルバクなる友人およびその貧しい家族との間に素晴らしい友情を育む。

　ある日、ティルバクとその家族は何百人もの移民（émigrants）とともに、"新世界"を目指して船に乗り込む。ローランは乗船の手伝いをするついでに中の様子を見ることができたが、設備は劣悪である。その船はベジャールが借りたもので、妻の愛称と同じ「ジナ」という名がつけられていた。ベジャールは古い船を艤装することで儲けを企んでいたが、その船は移民をひどく不衛生な状態でアメリカ大陸へ運ぶものだった。結果、富める者たちの強欲が災いして「ジナ」は難破し、移民たちは命を落としてゆく。ローランは復讐を試み、ベジャールとともに弾薬庫での爆発の中に消えて物語は終わる[26]。

　「移民」をめぐるこのような結末については、同名の章の中に強く暗示的な箇所があるので引用しておこう。

そんなわけで、1月のあの朝に「ジナ」――この巨大な船はかつて大変に洒落ていたが、現在は一度ならず作り直され、一面黒く塗られた様子は貧者の棺桶のようである――の脇腹は、そこに詰め込まれる人間の肉を全部収容するのに伸び縮みしたに違いない。あの不可触民は皆、狡猾な魔術師たちによって、エスコー〔スヘルデ〕川の鉛色の霧の中で、金の眠る遠きパクトロス川の幻影を見せられるのだ[27]。

　さて、ラールマンスの《移民》に直接示唆を与えたと考えられているのは当然のことながらこの「移民」の章である。上記引用部との関わりを絵に探れば、《移民》左翼部の後景には暗さの中に待機する幾艘かの船が描かれているが、このうちのどれかが「ジナ」であろうか。そもそもこの章は初版時には存在せず、翌年1889年にもう一つの章と併せて発表された。このような経緯に照らしても「移民」の章は独立して読み得ると指摘されており[28]、一読すれば、ラールマンスでなくとも視覚表現を喚起させられる描写に富んでいることがわか

---

26) リュシアンによれば、1891年に発表された「弾薬庫」の章は、1889年9月6日にアントウェルペンで発生した爆発事故に取材している（Lucien, *op.cit.*, p.72）。この事故については1889年9月8日付の日刊紙『進歩（*Le Progrès*）』（pp.1-2）に報じられており、以下の見出しが読める。「アントウェルペンでの恐るべき大惨事―弾薬庫の爆発―150人死亡―数百人の負傷者―石油タンクの火事」<http://www.historischekranten.be/issue/PRG/1889-09-08/edition/null/page/1>（最終閲覧：2019年9月15日）。また、エークハウトが1904年に発表した小説『もう一つの眺め（L'Autre vue)』は『新カルタゴ』の続編であり、後者の結末において示唆される主人公の死を覆すものであるという（Lucien, *op.cit.*, p.217）。Georges Eekhoud, *L'Autre vue*, Paris, Société du Mercure de France, 1904.

27) Eekhoud, *op.cit.*, 2015, p.254. スヘルデ川（フランス語ではエスコー川）はフランス北部に源流があり、ベルギーではトゥルネー、ヘント、アントウェルペンを通ってオランダ南部に入り、北海へ注ぐ。パクトロス川（ゲディス川）は現在のトルコ西岸を流れるが、その周辺に古代リディア王国（前700年頃-前546年）が栄えた。川は当時の首都サルディスを流れ、金の砂を運んだと言われている。

28) Degrande, *op.cit.*, p.17.

る。しかもそうした記述はしばしば、例えばブリューゲルの描いた農民画を想わせるものとなっているのである[29]。

　以下に引用するのは、「ジナ」への乗船を目指し、フラーンデレンの北限にある架空の村からアントウェルペン港へ向かう人々の姿についての記述である。この辺りの記述がラールマンスにとりわけ強い印象を残し、《移民》の制作につながったと推測されている[30]。

　　最北端にある村ウィレヘム、その少なくとも30ほどの世帯が、まとまって貧しい故郷を去ることに一致した。荷馬車が何台も通ったが彼らは一切乗り込まず、ただ、フラーンデレンの移民の本隊が到着して少し経ってから、きちんとした隊形で現れ、祭りの行列にいるみたいだった。満足そうに見えるように、混雑から見分けられるようにと彼らが気を遣っていたのは、出発した後でこう言われたいからである。「最も勇ましかったのはウィレヘムの人々だったね。」

　　若い男たちがまずやって来て、それから女たちが子供と一緒に、それから幼い娘たち、そして最後に老人たち。何人かの母親は生まれたばかりの赤ん坊に乳を与えていた。どれほど多くの長老たちが、松葉杖にもたれ、再生に、不思議な若返りに期待しながら、旅の途中で息絶えねばならなかったことか。砂の詰まった袋に閉じ込められ、渡し板の上をひっくり返り、自分たちが魚の餌となる運命だと知ることになろうとは！

　　大人の男たちは土木工風のぼろを身に着け、厚いコール天を羽織り、つるはしと鍬を肩に担ぎ、脇には双子かばんと水筒を掛けていた。屋根職人たちと煉瓦職人たちは、瓦も煉瓦も知らない国々のために準備を始めようとしていた。

29）ドゥグランドによれば、『新カルタゴ』にはジェームズ・アンソールやブリューゲルの絵を彷彿とさせる箇所があり、そこには「ベルギー性（belgitude）」を追求する文芸における傾向の早い例が見られるという（Degrande, *op.cit.*, p.19）。

30）Degrande, *op.cit.*, pp.19-20.

一人の少女は、無邪気で不満そう、しかし輝かしい様子で、一羽のマヒワ
　　を鳥籠に入れて運んでいた。
　　先頭では村の吹奏楽団が旗を広げて歩いていた[31]。

　ここに描写されたフラーンデレンの村人は老若男女の群れをなし、しかし同時
に各々別の行為に没頭している。エークハウトの記述がしばしばブリューゲル
の絵を想わせる要因の一つには、こうしたある種アナーキーな群衆像があるよ
うに思われる。例えばブリューゲルの《子供の遊戯》（*Kinderspelen*, 1560年）に
は町の広場で遊ぶ子供たちの姿が描かれているが[32]、これは「子供のさまざま
な遊戯を合成した百科事典のような表現」であり、そこに「全体を統一する空
間意識は欠落している」[33]。エークハウトの意図はともあれ、ブリューゲルと
のこうした親近性について確認した後では、ラールマンスの描いた《移民》は
エークハウトの描写を単純に再現したものでは決してなく、彼なりの表現とし
て、一つの方向にまとまった均質的な人々の群れとして描かれていることがわ
かる。
　別な見方をすれば、ブリューゲル＝エークハウトが一見してフラーンデレン
の習俗を対象化しているのに対し、ラールマンスの《移民》にはそれが見られ
ないということでもある。この点をもう少し詳しく見るため、先の引用からさ
らに下った箇所を引いてみよう。

　　ウィレヘムの移民の幾人かは、カスケットにヒースの小枝をつけていた。
　　他の者たちは、象徴的な花をたくさん、杖の先や各人の道具の柄のところに
　　括り付けていた。最も熱心な者は、感動的な子供っぽさで！　故郷の砂を一

31）Eekhoud, *op.cit.*, 2015, pp.256-257.

32）油彩／板、118 × 161 cm、ウィーン美術史美術館。

33）幸福輝『ブリューゲルとネーデルラント絵画の変革者たち』東京美術（トービ セ
　　レクション）、2017年、22頁。

握り、小箱に詰めたり小袋に閉じ込んだりして、修道服の肩掛けみたいに持ち歩いていた。

　ばか正直にも、無能な養育者たる祖国を非難するのではなく、故郷に子としての最後の心遣いを示すべく、これらの農民たちは彼らの民族衣装、すなわち最も地元らしく、最も特徴的なぼろを、これ見よがしに身に着けていた。男たちは、膨らんで高さのある波縞模様のカスケット、綿ネルとディミットの半ズボン、非常に特殊なカットと色合いのスモック、これらは例の、彼らの空と同じ、スレート風の灰色を帯びた紺色で、これによって彼らの作業着を見れば、北の農民を南の農民から見分けることができた。

　一方、女たちは縁が幅広のレースの被り物を、花模様のリボンでシニョンにくっ付け、それにあの変な帽子、先の欠けた円錐形をしたそれは、地上のどの地方にも相当するものがない[34]。

一見エークハウトは細部の描写によってフラーンデレンの風俗を浮き彫りにしているように見える。ここで多用されている指示形容詞は読者に記憶の想起を求め、フラーンデレンに特徴的な衣服はこのようなものだという印象を押し付けているからだ。しかしながら、「北の農民を南の農民から見分けることができ」るはずの衣服の描写は実際には曖昧であり、読者において像を結びにくい。例えば冒頭に出てくる「象徴的な花」が何なのかは不明であり、「ディミット」なる語はワロニーの方言集を引くことで初めて布地の名称だと分かる[35]。これは綿ネルに類する織物で、特に炭鉱労働者が着るシャツに使われていたということだが、だとすれば一見しての予想に反し、エークハウトとしてはブリュー

---

34) Eekhoud, *op.cit.*, 2015, pp.258-259.
35) 原文《 dimitte 》。『ワロニー方言集』第36巻にはリエージュ地方で確認された言葉として《 dimite 》が掲載されている。由来は英語の《 dimity 》（浮き縞模様のある綿布）と推定されている。cf. *Les dialectes de Wallonie*, tome 36, Liège, Société de langue et de littérature wallonnes, 2016, p.80.

ゲルの描いた16世紀に連なるフラーンデレンよりも、むしろ19世紀のワロニーへと読者を送り返す意図があったと理解できる[36]。実際、敢えてこの語を用いたところにエークハウトの狙いがあると思われるのだが[37]、彼は「南」とは異質な「北」を描く素振りを見せつつ、実際にはそれらの混交をこそ示そうとしているようなのだ。「北」を特徴づけるのは「スレート風の灰色を帯びた紺色」だと言うが、そのような空がワロニーのものでない根拠は示されていない。

　これまでの議論から明らかなように、エークハウトは単にフラーンデレンの風俗を描こうとしているのではない。明らかな皮肉の体裁をとっていることと南北の区別が話題にされていることに鑑みると、同時代に盛り上がり始めたフラーンデレン運動と[38]、それに対抗して現れたワロニーの地域主義との対立をめぐる揶揄である可能性が高いように思われる[39]。事実、同じ章には「フラーンデレン人とワロニー人は同じベルギーの息子たちであり、気質は違えど敵ではない、政治家たちがどう考えようと」というような記述も見られる[40]。あるいは、ブリューゲルの絵を想起させつつ、そこに皮肉を込めているのだと仮定

---

36)『ワロニー方言集』がこの語を確認したのは18世紀末リエージュの文書において（*Ibid.*）。

37) エークハウトは先立つ小説『新ケルメス』においても「綿ネル（pilou）」と併用してこの語を用いているという（*Ibid.*）。ただし詳細は未確認。cf. Georges Eekhoud, *Kermesses*, Bruxelles, Kistemaeckers, 1884 ; *Nouvelle Kermesses*, Bruxelles, Veuve Monnom, 1887.

38) フラーンデレン運動とはベルギーの建国以来不当に扱われてきたオランダ語の復権を軸に、経済的に劣位に置かれていた北部の地位向上を目指す運動である。その成果として1870年代から法整備が進み、1898年には言語平等法が成立してオランダ語に公用語としての地位が認められた。

39) 岩本によれば「フラーンデレン」や「ワロニー」という地域名を冠した文芸雑誌が増えるのは1880年代以降のことである（岩本、前掲書、118-119頁）。ただし岩本も言うようにオランダ語による文芸活動は19世紀末の時点では非常に限定的だったと言われる。cf. Jean Puissant, « 1864-1940. Une vie d'artsite, l'histoire d'un pays, l'évolution d'une société », in *Eugène Laermans : 1864-1940* [ex.cat.], *op.cit.*, p.38-40.

40) Eekhoud, *op.cit.*, 2015, p.259.

すると、シャルル・ド・コステル（Charles De Coster, 1827-1879年）以降のベルギー文学（フランス語による）を特徴づけてきた、絵画への参照によるフランデレン民族主義の導入に対する嘲弄を読み取ることも可能であるように思われる[41]。

あいにく本稿でこの議論を深める余地はないが、こうして仮にエークハウトがブリュッセルのコスモポリタンとして地域主義や民族主義から心理的な距離を置いていたとしても[42]、『新カルタゴ』における自然主義的な現実への取材

---

41) ド・コステルはドイツの民衆本を下敷きにした所謂『ウーレンシュピーゲル伝説』（*La Légende d'Ulenspiegel*, 1867年）において「16世紀フランドルの歴史と、民衆の生活と、陽気に食べ、飲み、生を楽しむ人々」を描きつつ、それらをナショナリスティックに提示した（岩本、前掲書、63-113頁）。興味深いことにエークハウトは『新カルタゴ』の中で「ウーレンシュピーゲル」に言及しつつ、「民族（Nations）」の話題で座を賑わすお喋りな人物ヤン・フィンヘルホーを登場させている。ド・コステル以後は、例えばモーリス・マーテルランクが散文『幼児虐殺』（1886年）においてブリューゲルの同名の絵画（1566年頃；ブリューゲル2世によるコピーも複数あり）に依拠し、フラーンデレン性を表現した（岩本和子「マーテルランクと絵画——『幼児虐殺』を通してフランドル性を〈視る〉」『ベルギーを〈視る〉テクスト-視覚-聴覚』三田順編著、松籟社、2016年、15-42頁）。絵画への参照という系譜については以下を参照。三田順「ベルギーにおける「現実的幻想」の系譜——文学と絵画における「ベルギー的」美学の源泉を求めて——」同上、45-46頁。なお、Raymond Trousson によればベルギー文学において絵画への参照が一つの特徴となっていることを指摘したのは Gustave Vanwelkenhuyzen だそうだが、これについては未確認。cf. Georges Eekhoud, *La Nouvelle Carthage*, présenté par Raymond Trousson, Genève-Paris, Slatkine, 1982, p.4.

42) シャヴァッスによれば、『新カルタゴ』にも当時の排外主義は共有されており、ユダヤ人に対する冗漫な差別表現が見られるという。ただし、作者と同じホモセクシュアルの傾向が主人公に与えられているがために、コスモポリタニズムのうちに解消されているというのが彼の理解である。cf. Philippe Chavasse, « Le Cosmopolitisme antisémite de Georges Eekhoud dans La Nouvelle Carthage », in *Nineteenth-Century French Studies 38*, Nos.1&2, Fall-Winter 2009-2010, University of Nebraska Press, pp.97-112.

がこの小説の特徴であることに変わりはない。『新カルタゴ』は確かに、それと
して言及される当時のフラーンデレンおよびアントウェルペンを映す鏡として
機能している。事実、1888年の初版時には存在しなかった「移民」の章をエー
クハウトが翌年になって追加したのは、自然主義を掲げる身として同時代の現
実に取材し、作品に反映させるためであった。ミランド・リュシアンは次のよ
うに指摘している。

> 1880年から1892年にかけてアントウェルペンは、"新世界"へ移住する人々
> の集まる中心地の一つとなる。今度は、農業危機の煽りを受けた地元の労働
> 者たちが、ここよりもきっと穏やかだと信じる土地を目指し、一家揃って乗
> 船するのであった。1889年の社会主義者たちはそのことに憤り、報道キャン
> ペーンを組織する。「移民」と題された章はこの文脈に位置づけられる[43]。

要するにエークハウトは社会主義者の一人として——シャヴァッスによればエ
ークハウトは『新カルタゴ』を境に社会主義からアナーキズムへと転じるのだ
が[44]——、生まれ住んだベルギーから人々が困窮の挙句国外へ移住せざるを
得ない状況に憤っていた。それがどのような状況であったかについて、以下で
は「移民」の章を引用しながら確認してみたい。

3　アントウェルペンが希望の港だった頃 [45]

　19世紀末から20世紀初頭にかけてのアントウェルペンは、ヨーロッパ全土

---

43) Lucien, *op.cit.*, p.72.

44) Chavasse, *op.cit.*, p.97.

45) この小題は、この節を書くにあたって参照した以下の記事から題名の一部を借用
　　したものである。Richard Kubicz et Bernard Meeus, « 185 ans de la Belgique: quand
　　Anvers était le port de l'espoir », in *Le Soir*, le jeudi 15 octobre 2015 <https://www.lesoir.
　　be/art/1017963/article/soirmag/soirmag-histoire/2015-10-15/185-ans-belgique-quand-
　　anvers-etait-port-l-espoir>（最終閲覧：2019年9月15日）.

から集まる大勢の人々をアメリカ大陸へ向けて送り出す主要な港の一つだった。主な目的地は合衆国、カナダ、アルゼンチンである。アントウェルペン以外にもオランダのロッテルダムやフランスのル・アーヴルが同様の港として存在したが、大部分の人々はアントウェルペン港を利用し[46]、総勢200万人が半世紀の間にそこから出発したという。集まったのは、ポグロムを逃れてロシアから来たユダヤ人や、ポーランドの僻地から来た人など、様々に困難な事情を抱えた人々であった。そこには5万人のベルギー人が含まれており、彼らに関してはまずワロニーから、次いでフラーンデレンからという波があった[47]。先に引用したリュシアンの文章中で「今度は」という表現が使われていたのは、そうした順番を表すためである。実際、移住という現象の"波"について、エークハウトは「移民」の章で次のように書いている。

　アイルランドに出自をもつ移住〔l'émigration〕は、ロシア、ドイツ、それから北フランスにたどり着いた。この熱がベルギー人に伝染する頃には、すでに大勢のよそ者が祖国を離れていた。初め、伝染病はボリナージュ[48]と、シャルルロワ地域の労働者たちの間に入っていった。彼らは炭鉱労働者で、過

---

46) レッド・スター・ライン博物館のホームページにある「ベルギーの移民」を参照 <https://www.redstarline.be/en/page/belgian-emigrants>（最終閲覧：2019年9月15日）。この博物館については後述。

47) 国の統計によれば1866年当時ベルギーには482万8千人がいた。これを用いて概算すると5万人という数は当時のベルギーの人口のおよそ1/100と理解できる。これが多いか少ないかを判断する物差しはあいにく今持たないが、エークハウトも当然目にしていたであろう新聞報道等の調査も含めて、本稿で扱っている「移民」の実態についてはさらに詳しく調べる必要があるだろう。以下を参照。Michel Poulain, Christian Vandermotten, Jean-Pierre Grimmeau, A. Colard, « 150 ans de dualité démographique en Belgique », in *Espace, populations, sociétés : Limites et frontières*, n° 1, 1984, p.138.

48) エノー州はモンス近郊に位置する炭鉱地帯。画家を志す前のフィンセント・ファン・ゴッホが伝道活動を行うために滞在したことで有名。

酷で隷属的な地下仕事によって、かろうじて死を免れているに過ぎなかった。彼らは権威を喪失した鍛冶屋たちである。彼らは、偏狭な指導者と冷酷な資本家が、操業停止とストライキに苛立つその間に置かれ、坑内ガスを免れたとしても、兵士たちの弾によってとどめを刺されるのだった[49]。

　こうして、ワロニーの住民を減らしてしまってから、亡命の怒りはフラーンデレンに揺さぶりをかけた。ヘントの織物工や製糸工は、"毛くず"で肺を一杯にしながら荷物をまとめ、アメリカに渡る。何世紀も前に、彼らの祖先がイギリスへ移動したように。

　ついに、衝動はアントウェルペンに伝わった[50]。

フラーンデレンの工業化が進むのは20世紀前半のことである。19世紀後半のベルギーで労働力が求められたのは、製鉄業と石炭産業とによって近代化したワロニーおよびブリュッセルであったため、フラーンデレンの人々が南部へ国内移住するという現象が多くみられた。しかしながら多くの場合そこで待っていたのは劣悪な労働環境であり[51]、そのために労働運動が盛り上がる一方で、生存を賭けて"新大陸"を目指す者が増えた。この波の後に再びフラーンデレンから人口が流出し、国の内外を問わず移住する人々が増えたのは、不運にも農業危機とリネン危機の両方が彼らの土地を襲ったためであった[52]。

　「ジナ」のモデルになったかどうかは不明だが、5万人のベルギー人をアメリカ大陸に運んだのは「レッド・スター・ライン（Red Star Line）」という名で民間の株式会社によって運営された蒸気船である[53]。週に二便が就航し、合衆国

49）1886年春にはリエージュとシャルルロワで大規模なストライキと暴動が起きた。その際に警察の弾圧によって死者が出たことを指していると思われる。

50）Eekhoud, *op.cit.*, 2015, p.245.

51）1910年頃にイギリスの貿易省が発表した調査によると、ベルギーの労働者はイギリスの同職者に比べて労働時間が2割長く、賃金は2割低かったという。cf. Puissant, *op.cit.*, p.38.

52）*Ibid.*, p.36.

ではニューヨーク、ボストン、フィラデルフィア、あるいはカナダを目的地とした。初就航便は1873年1月20日に出発し、およそ1ヶ月後に目的地のフィラデルフィアに到着した。この時は悪天候に見舞われ、カナダ沖で物資を補給する必要があったという。スムーズに行けば10日で着くことができ、6週間を要したそれまでの帆船に比べて大幅に時間が短縮された。ただし、船は人を運ぶだけが目的ではなかった。行く船で人々を新大陸へ送り出し、帰る船では合衆国製の商品を運ぶのが常であった。確かに、『新カルタゴ』においても密輸に関与する「運び屋（runners）」は繰り返し登場する印象的な人物群であり、ベジャールは彼らの上客であることが示される[54]。

　また、運搬物のみならず船内も一様ではなかった。一等席と二等席には、ピアノの調べを聴きながらクッションにもたれて寛ぐ人々がいる一方で、貨物室ではすし詰めとなった人々が船酔いに苦しみ、快適とは程遠い環境を、それでもなお日常と比べれば安らぎと感じていた。移民とならざるを得なかった貧しい人々にとっての船内を、エークハウトもまた次のように描写している。

　　「ジナ」には白い木でできた折り畳み式ベッドが600以上あり、とはいえそれは仕上げの上手くいかなかった枠がバンドで張られたような代物だが、それらが二つずつ連結して積み重ねられ、三等客室ごとに12組を収容していた。これらハンモックの寝具は、酷い悪臭の藁が詰まった袋が一つだけで、それは豚ですら寝藁に欲しがらないような、文字通り蚤の溜まり場だった[55]。

実際、このように船内の一部はすでに不衛生な状態であったにも拘らず、人々は乗船前の義務としてシャワーを浴び、荷物を消毒させ、健康診断を受ける必

53）レッド・スター・ラインに関する情報は、レッド・スター・ライン博物館のホームページ< https://www.redstarline.be/en>（最終閲覧：2019年9月15日）、および以下を参照。Kubicz et Meeus, *op.cit.*（online）.

54）Eekhoud, *op.cit.*, 2015, p.265.

55）Eekhoud, *op.cit.*, 2015, p.264.

要があった。そうでなければ新大陸に足を降ろすことなく、送り返される可能性があったからだ。

　さて、無事に目的地に着いたとしても多くの場合はすぐに失望が訪れた。仕事がない、英語がわからない、乗船中に健康を損なった者もいたし、着いて早々凍ったミシガン湖を300キロメートルも歩いて渡るはめになった者もいた[56]。1890年代のアルゼンチンでは、ヨーロッパから押し寄せる移民が多すぎて、彼らの生存すら保証できない状態にあったという[57]。

　レッド・スター・ラインが廃業するのは1934年のことだが、人々の利用で賑わったのは1920年までであった。その頃に合衆国は移民の受け入れを大幅に制限することを決めたからである。こうしてアントウェルペンの港から再び賑わいが消え、会社は倒産した。かつて乗船手続きや諸検査が行われた建物群は廃業後まもなく改修され、レッド・スター・ラインのことも人々の記憶から消えかけていたが、個人コレクターの働きかけを機に、2005年にアントウェルペン市が港から建物群を買い上げ、2013年から現在まで博物館として運営されている[58]。設置者は市とフラーンデレン政府で、主たる出資者はアントウェルペンに本拠地を置いて国際海運業を営むベルギー海運会社（CMB：Compagnie Maritime Belge）である。

　こうしてベルギー当局のお墨付きをもらった過去の移民については、次のことを忘れるべきでないだろう。すなわち、19世紀末に"大流行"した新大陸への移住は、個々人にとっては自由意志に基づく選択だったとしても、その選択

---

56) cf. « Brochure » et « Cahier pédagogique » de l'exposition « Les émigrants belges d'hier, un miroir pour aujourd'hui... », *op.cit.* (online).

57) cf. Paul Aron, « Le peintre et les écrivains », in *Eugène Laermans: 1864-1940* [ex.cat.], *op.cit.*, pp.99-112.

58) レッド・スター・ライン博物館については本稿執筆中、中條健志氏より以下の発表資料と多くの写真を参照させて頂いた。「移民送出国としてのベルギー──Red Star Line Museumのとりくみ──」第78回ベルギー研究会、神戸大学ブリュッセルオフィス、2018年3月。

肢はそもそも国が用意したものだったということである。すでに19世紀半ば（1846-1847年）にジャガイモの飢饉が発生した際、良質な土地を安価に購入できるという謳い文句とともに、アメリカ大陸への移住を推奨するパンフレットの類が様々に出回った。ベルギー当局はその後、放浪する乞食や釈放された罪人を大西洋の向こうに送るようになる。こうして次第に地元当局と運送業者との間で業界が形成され、彼らは宣伝パンフレットによって移住を促し、貧しい人々の輸送を独占するようになった——まさにベジャールが儲けたやり方である——。一方で、貧しい利用者は旅費を賄うためになけなしの財産を売り払わねばならなかった[59]。

　ここで改めて『新カルタゴ』の題名について考えてみたい。エークハウトは「移民」の章を設ける以前からこの題名を作品につけていた。その動機は、貧しい者たちを国外追放することで生き延びようとする都市や国家に対する憤りではなかったか。以下は「移民」の一段落だが、冒頭はそのことを窺わせる記述となっている。

　　華々しいカルタゴは人口の増大を拒んで下層民を国外に追いやっただけでなく、最下層の人々を立ち退かせることでは満足せずに彼らの住まいを取り壊し、土台から崩した。この都市はまるで成り上がり者のように振る舞い、高貴で古びた領主の邸宅を建て直し、すっかり変えてしまった。輝かしい過去の思い出や名残をお払い箱にしたり解体したりして。それから趣があって質の良い装飾品を、けばけばしい化粧、真新しい豪華さ、にわか作りの優雅さに替えたりして[60]。

ここには都市ないし国家に対する二つの批判がある。一つは、すでに指摘した通り、貧しい人々を迫害して憚らないことについて。二つ目は、人々にとって

59）cf. Kubicz et Meeus, *op.cit.* (online).
60）Eekhoud, *op.cit.*, 2015, p.271.

古く愛着のある景観を躊躇わず破壊することについてである。興味深いこと
に、ここに要約されたエークハウトの関心は、そのままラールマンスの関心と
重なり合う。以下ではこの関心を、ラールマンスの絵画作品を参照しながら確
認してみたい。

4　変わりゆくモーレンベークとラールマンス

　おさらいすると、1896年に制作されたラールマンスの《移民》は1893年に決
定版の出たエークハウトの『新カルタゴ』に想を得たものであった。なかでも
強い影響が窺われる「移民」の章は1889年に追加出版された部分であり、当時
ベルギーにおいて社会問題化していた国外への移民の姿を再現したものであっ
た。

　小説を踏まえて改めて《移民》の中央部を見ると、人々が村を離れて渡った
川の存在が印象的に浮かび上がる。これがアントウェルペン港につながるスヘ
ルデ川であろう。そして人々が「最後の一瞥」を投げている先は、小説では「ウ
ィレヘム」という架空の名を与えられたフラーンデレンの最北の村ということ
になる。何処までも平らな地平線と広大な空は、確かに低地のものに違いな
い。ここでは、人々が身に着けている衣服や荷物の暗い色合いはどんより曇っ
た空と一体化しており、ラールマンスが「スレート風の灰色を帯びた紺色」を
意識した可能性を指摘できるように思われる。

　他方、右翼部で人々の中心にいる司祭は小説では港まで見送りに来る設定で
あり[61]、ラールマンスは物語をなぞることよりも、人々が村を残し離れていく
過程の再現を重視したことがわかる。また、左翼部での人々が港に到着する場
面では、船まではまだ距離があり、左手には白い壁が迫っているために視界が
開けていないことに気づく。難破する運命にある「ジナ」はおろか、無事に新
大陸まで人々を運ぶであろう船さえも、ここでは隠されているような印象であ
る。人々を待ち受ける〈結末〉は誰にもわからず、しかし決して明るくはない

61）Eekhoud, *op.cit.*, 2015, p.270.

はずだと確信させるような構図と言えよう。加えて象徴的なのは、ほぼ画面中央に位置する街灯の存在である。そこから火が消えているのは朝を迎えた設定のためだとしても、消えた火が暗示しているのは、港に到着した〈いまここ〉にこそ人々の希望は最大限に燃え、以後は消える他ないということではないだろうか。

三連画の《移民》を制作した頃のラールマンスは32歳を迎えたところであり、すでに同様の構図を《ストライキの夜》または《赤旗》(*Un Soir de grève* / *Le Drapeau rouge*, 1893

図2《ストライキの夜》*Un Soir de grève* または《赤旗》*Le Drapeau rouge*、1893 年、油彩／画布、106 × 115 cm、ブリュッセル、ベルギー王立美術館、© Musées royaux des Beaux-Arts de Belgique, Bruxelles / J. Geleyns

年)［図2］と呼ばれる作品に実現させていた。いずれも社会主義的な主題であることは論を俟たず、それ以外に共通する特徴としては、後者においても人々は一塊の群衆として描かれ、暗い色調の中を画面の右から左へ向かって歩いているということである。一方では「移民」と「労働者」というように、描かれた人々の表向きの設定は異なるが、二つの絵を見比べると、これらの存在がただ一つの主題を形成していることが直感される。川によって隔たれた工場の対岸を、そこから離れるようにして歩く人々の姿は《移民》の中央部に描かれた人々の姿と重なり[62]、また、彼らの向かう先が赤い旗によって象徴的に示される他ない〈暗い〉未来であるという点も、やはり《移民》左翼部の表現と重なり合う[63]。

では、《ストライキの夜》に描かれた場所はどこだろうか。作品はブリュッ

---

62) 画面右の工場の煙突からは煙が右へと棚引き、群衆の前方で掲げられた旗の指し示す方向および彼らの進む方向と反対方向を示している。

セルの王立美術館にあり、1927年にブリュッセル在住の個人から寄贈された。絵には川が描かれているが、画面右の工場の辺りをよく見れば、人工的に引かれた運河であることがわかる。ラールマンスは生まれ育ったモーレンベークを生涯離れなかったことが知られており[64]、その地区の東の境界はまさにブリュッセル市内を南北に流れる運河によって画されている。ラールマンスの手になる制作年不詳の油彩画は、明らかにこの運河を描いたものであろう[図3]。

図3《古い運河》*Le Vieux canal*、制作年不詳、油彩／画布、34.5 × 53.7 cm、ブリュッセル、ベルギー王立美術館、© Musées royaux des Beaux-Arts de Belgique, Bruxelles / Speltdoorn & Fils

　歴史家のジャン・ピュイッサンによれば、ブリュッセル—シャルルロワ間を結ぶ運河が開通したのは1832年のことである[65]。これによりエノー産の石炭

---

63)《ストライキの夜》と同時期の制作が推定されている素描はストライキという同一主題を扱っており、これが1903年には雑誌『人民（*Le Peuple*）』のメーデー号の表紙を飾る。そこでの群衆は画面の手前から奥に向かい、行く手にはブリュッセルの最高裁判所を想わせる建物のシルエットが見える。興味深いのはその行く手から光が発しているように描かれていることで、いかにも〈希望〉を表現したと理解される。この素描との対比により、《ストライキの夜》が対照的に〈暗い〉ものであることがわかる。

64) つねにモーレンベーク内で以下を移動した。Chaussée de Gand, Quatre Vents, Étangs Noirs, Rue Mommaerts（現在はRue Eugène Laermans）, Chaussée de Jette. cf. Puissant, *op.cit.*, p.42.

をブリュッセルに運べるようになり、さらにはすでに存在していたスヘルデ川に通じる運河ともつながって、アントウェルペンを通って果ては北海へと通じることになった。また、1835年にはブリュッセルで初めての鉄道の駅がモーレンベークに開業し、ヨーロッパ大陸で初めて人を運ぶ蒸気機関車がメヘレンに向かって出発した[66]。

　田舎の小教区としてブリュッセルよりも古い歴史を持つモーレンベークでは、ベルギー建国以前から工業化が始まっていた。当初は繊維業と化学が主な産業であったが、運河と鉄道の整備によってさらなる工業化が進み、運河沿いには様々な性質の企業や倉庫が増えていった[67]。こうして「ベルギーのマンチェスター」とも呼ばれるようになり、1800年の時点で1,380人だった住民は、1831年には3倍の4,092人となり、以後もほぼ同様のペースで増え続け、ラールマンスが26歳の頃の1890年には48,000人に到達した。一世紀を待たずに人口は34倍となったわけである。この人口増加は、工業の発展と企業の多様化に惹きつけられた労働者たちが主に国内から集まったことによる。なかでもブリュッセル市内からの移住者が多かったようである。同時に、モーレンベークはフラーンデレンからの移民も惹きつけた。前述の通り農業危機とリネン危機とに襲われた人々が、仕事を求めて田舎から都市へとやって来る。また、ワロニーで経験を積んだ熟練工たちも、専門化した企業に求められてやって来る。画家が現実に取材したとすれば、《ストライキの夜》に描かれた人々の多くはこうした「移民（émigrants - immigrés）」であり、同時に労働者であった[68]。このような状況だったからこそ、1891年には大規模なゼネストが、また1893年には普通選挙を求めたストライキがベルギー労働党によって組織され、《スト

65）モーレンベークの近代化に関しては以下を参照。Puissant, *op.cit.*, pp.35-46.

66）モーレンベーク地区のHPを参照 <http://www.molenbeek.irisnet.be/fr/je-visite/histoire/Histoire%20en%20quelques%20mots>（最終閲覧：2019年9月15日）。

67）繊維業に代わって増えたのはタバコ製造業とのこと（Puissant, *op.cit.*, p.42）。

68）1880年8月15日にはブリュッセルで大規模なデモがあり、数百人の労働者・社会主義者が集まった（Puissant, *op.cit.*, p.38）。

ライキの夜》は制作年からして後者を描いたものと見なされている。

　とはいえ、モーレンベークの全体が工業化していたわけではない。そのことは《ストライキの夜》に描かれた後景の様子からも見て取れる[69]。現在6,769軒の店舗を構える小売大手のデレーズ（Delhaize）は1867年のシャルルロワに創業したが[70]、その店舗がブリュッセルの「遠く西の方」にできた時（1883年）、それは西駅よりも遥か遠く、田園風景の真ん中にあったという[71]。当時のモーレンベークでは都市と田舎とが共存していたのだ。

　ピュイッサンによれば、ラールマンスは街と工業に徹底して背を向けた。彼が生まれたのはヘント通りだったが、それを下ったところにある運河近辺で街がうごめくのを感じつつ、画題を求めて彼が向かったのは西であった。求められた画題は、畑、農場、でこぼこ道、池などである［図4］。モーレンベークの北西隣にはシント＝アハタ＝ベルヘム（Sint-Agatha-Berchem）があるが、そこは母親の生まれた村でもあり、画材一式を持ってよく通ったという。しかしながら都市は拡張し、建設現場は迫ってくる。その度にラールマンスは写生場所を変え、消されつつある風景を求めて北隣のクーケルベルフ（Koekelberg）、さらに北西のハンスホ

図4《藁葺の家》 *Chaumières*、1897年、墨・水彩／紙、19 × 16.8 cm、個人蔵〔出典：*Eugène Laermans: 1864-1940* [ex.cat.], Bruxelles, Crédit Communal, 1995, p.44〕

69）人々は運河沿いに北へ向かっていると思われるが、工場地帯は対岸の一部を占めるのみで、残る大半には“何もない”ことがわかる。

70）デレーズのHPを参照 <https://www.aholddelhaize.com/en/about-us/company-overview/heritage/>（最終閲覧：2019年9月15日）。

71）Puissant, *op.cit.*, p.44.

図5《のんだくれ》*L'Ivrogne*、1898
年、油彩／画布、121.5 × 151 cm、
ブリュッセル、ベルギー王立美術
館、© Musées royaux des Beaux-Arts
de Belgique, Bruxelles / J. Geleyns

ーレン（Ganshoren）、さらに北のジェット＝サン＝ピエール（Jette-Saint-Pierre）
へと足を延ばした。

　だが、ラールマンスは単に失われゆく田園風景のみを描いたわけではない。
多くの場合、彼は人々の〈移動〉を描いている。村から追い出される人、畑仕
事を終えて家路につく人々、死者を運ぶ人々、お喋りをしながらの村の散歩、
酔った父親を引っ張る家族…［図5］。これらの背景は確かに田園であること
が多いが、遠くに見える工場地帯も頻繁に描かれている。一貫しているのは、
歩く人々が主要なモチーフであり、彼らはみな下層民だということである。彼
らは生活の糧を求め、あるいは生活の質の向上を求めて歩いている。悲劇的で
も英雄的でもなく、ただ鑑賞者の前を通り過ぎてゆく――都市と田舎の境界を
越えて――。

　エークハウトのようにあからさまな憤りをラールマンスは絵画表現上見せな
い。けれども貧しい者に安息の地を与えず、彼らを歩かせ続ける社会に対して
彼が静かに抗議していたことは確かであるように思われる。同時に、田園を破
壊して拡張し続ける都市に対しても。

　ラールマンスは1940年に75歳で他界するが、母親が亡くなった1927年に国
王アルベール1世から男爵の身分をもらうと、以後の13年間は制作も行わず
にひっそりと暮らしたという。彼が画家としての"歩み"を止めた後も、人々

は移動し続け、モーレンベークは変わり続けた。1960年代には経済と産業が発展のピークを迎え、企業と国は労働力を補うために国外からの移民を推奨した。ところがわずか10年後に経済は急速に衰退し、企業の撤退が相次いだ。ラールマンスの死から80年が経とうとしている現在、モーレンベークにはおよそ9万5,000人が暮らしている。1890年頃の倍近い人数であり、失業率はおよそ30%である[72]。

　ラールマンスが《移民》を制作したのは郊外化するモーレンベークにおいてであった。すでに《ストライキの夜》を制作していた彼にとって、エークハウトの小説において提示されたアントウェルペン港へ向かう「移民」の姿は、ストライキ中の示威行動において集って歩く労働者の姿と重なって見えたに違いない。何かを目指して歩いているようでいて、その何かには決してたどり着けない運命のなかを絶えず移動し続けているような人々の姿。持てる階級のラールマンスには無縁であるはずのこの移動は、しかし現実には、彼もまたその只中にあった都市と郊外をめぐる力学の中で生じていた。変わり続けるモーレンベークに生まれ育った者として、失われつつあるものを求めるという絶えざる〈移動〉を、彼もまた生きたのではないだろうか。

---

72) « Près de 30% de chômage à Molenbeek et Saint-Josse », *7 sur 7*, le 22 avril 2013 <https://www.7sur7.be/belgique/pres-de-30-de-chomage-a-molenbeek-et-saint-josse~a02bc339/>（最終閲覧：2019年9月15日）.

多文化都市ブリュッセルと向き合う
「フラーンデレン」の舞台芸術

井内　千紗

1　はじめに

　フランス語とオランダ語を公用語とするブリュッセル首都地域には、60 余りの劇場がある[1]。そのうち、フラーンデレン政府の助成を受け運営される劇場は 4 軒[2]で、いずれも近年芸術文化発信の地として注目を集める運河地区から市の中心部にかけての 1.5 キロメートル圏内に集結している。1947 年設立のブールス劇場（Beursschouwburg）は実験的な舞台作品や若手アーティストによる公演の場の提供、1977 年設立のカーイシアター（Kaaitheater）は国際的にも評価の高いパフォーミングアーツの公演、2009 年設立のブロンクス（BRONKS）は児童や青少年を対象とする作品の公演をそれぞれ得意としている。いずれの劇場も、ブリュッセルのオランダ語系劇場という位置付けにあるが、フラーンデレンやオランダ語にこだわらず、言語や文化の境界を越えた作品を見ることができる。それは北部フラーンデレン地域の劇場にも当てはまり、フラーンデレンの舞台芸術は 1980 年代以降のコンテンポラリーダンスの国際的な飛躍

---

1) ブリュッセルの劇場についてはブリュッセル首都圏地域政府が運営するウェブサイト « agenda brussels » を参照した（URL: https://agenda.brussels）。
2) この他、プロジェクトや組織に対する助成もあるが、ここでは専用の劇場を有する組織に対する助成のみをカウントした。

図1　KVS の外観（筆者撮影）
この建物の左隣には現代的な建築の別館も構える。

が象徴するように、ジャンル、言語、文化の枠にとらわれないハイブリッド性を大きな特徴としている。本章で取り上げる王立フラーンデレン劇場（Koninklijke Vlaamse Schouwburg、以下 KVS と表記[3]、図1）も例外ではない。KVS は 1877 年に設立された、ブリュッセルのオランダ語系劇場としては最も長い歴史を有するレパートリー劇場[4]である。設立以来、フランス語優位の社会からの解放を象徴する文化装置、フラーンデレン人の社交の場、そしてフラーンデレンを代表するレパートリー劇場の一つとして、確固たる地位を築いてきた。しかし 1990 年代、劇場存続の危機に陥り、ブリュッセルの多言語・多文化状況と向き合った結果、現在の KVS では、ほとんどの作品がオランダ語、フランス語および英語での鑑賞が可能となり、移民の出自を有するアーティストも多くの作品に参加している。この劇場の言語や文化面での多元化は、観客の層にも反映されている。2001 年の時点では、ブリュッセル市民の観客が占める割合は

---

3)「王立」の称号が付与されたのは1894年であるが、ここでは「王立フラーンデレン劇場」で名称を統一する。なお、「王立」は王室の所管ではなく、王室のお墨付きを受けたことを意味する。

4) レパートリーとは、専属の劇団がシーズン毎に決められた複数の作品を毎晩換えて上演するプログラム形式のことを指す。現在の KVS では外部の劇団の作品も含まれ、毎晩上演作品が入れ替わる訳ではないため、厳密にはレパートリーのプログラム形式をとっているとは言えない。しかし、シーズン毎に予め上演作品が決定し、短いスパンで作品が入れ替わり、ロングランの演目もないため、今尚レパートリーに近いプログラム構成となっていると言って良いだろう。

全体の4分の1程度に留まっていたのが、2015年には55%に達し、35%は非オランダ語話者が占めるに至っている。これを受け、KVSは自らを多様な出自を有する市民の対話の場と位置づけている[5]。しかし、KVSは他のオランダ語系の劇場とは異なり、あくまで「フラーンデレン」の舞台芸術として、そのアイデンティティのプレゼンスを重視する姿勢を貫いてきた。このようなハイブリッド性を孕んだフラーンデレンアイデンティティの表象は、時折政治的に物議をかもす存在ともなっている。

　本章では、KVSがブリュッセルにおける言語事情および文化的多様性の影響を受け、KVSのアイデンティティ、つまり「V」に当たる「フラーンデレン性」をどのように再構築してきたのか、歴史的展開から考察することを目的とする。まず、KVS設立の経緯を概観した上で、劇場が転換期を迎えた1990年代の動向を追い、変化の過渡期において、ブリュッセルの伝統的な演劇組織がフラーンデレン以外の文化にも目を向けるようになった背景を見ていく。次に、ブリュッセルにおいてフラーンデレンのアイデンティティを維持した活動を行う中で、2000年代以降、異文化をどのように劇場の新たな表現の形として取り入れてきたのか、文化マネジメント、プロジェクトや公演内容から明らかにする。さらに、KVSが得意とする歴史劇の中でも、改革後のKVSを代表する2つのレパートリー作品を手掛かりに、同劇場が多文化都市ブリュッセルの文脈で歴史を再表現することの文化的意味を探る。以上の分析を通して、言語、文化、政治、社会とあらゆる面において多元性を有するブリュッセルにおいて、KVSが「フラーンデレン性」を維持することの意義を示してみたい。

2　KVSにおける「解放」の伝統

　KVSの設立は、フランス語優位の社会に抵抗しフラーンデレンの言語と文

---

5) Goossens, Jan "The Endless Possibilities and Tensions of a City-theatre: KVS 2001-2015", Elke Van Campenhout et al. (eds.) *Turn, Turtle!: Reenacting the Institute*, Alexander Verlag Berlin, 2015, pp.27-28.

化の保護を求めるフラーンデレン運動や、ブリュッセルの芸術文化における言語とアイデンティティをめぐる問題と密接に関わっている。

　1830年のベルギー国家誕生直後、ブリュッセルは公共の場においてフラーンデレン語（オランダ語）[6]話者よりもフランス語話者が優位であり、芸術文化においては隣国フランスの影響を排除することは困難な状況に置かれていた。フラーンデレン語による演劇は修辞家集団[7]を中心とするアマチュア劇団が複数存在するものの、常設の劇場を持つ劇団は存在せず、市内の劇場を転々とするに留まっていた。フランス語の演劇と比べて活動の場が限られるこの不遇は、フラーンデレン運動の高まりとともに懸案事項として取りざたされるようになる。運動家たちはフランス語およびフランス（とりわけパリ）を文化的脅威とみなし、フラーンデレン性を有する表現活動がベルギーの民族意識を守るためのダムとなる、という言説をもてはやした。そして1850年代以降、自分たちのことばの演劇を定期的に公演する場を持ち、政府からの支援を受けて安定したフラーンデレン語演劇の基盤をもつことの正当性を主張するようになった[8]。

6）19世紀後半のフラーンデレン運動では、フランス語と並ぶベルギーの言語として「フラーンデレン語（Vlaams）」の権利が主張されることが多い。そのため、本節の一部に限り、現在のベルギーの公用語である「オランダ語（Nederlands）」ではなく、「フラーンデレン語」をフラーンデレン人が話すことばという意味で使用する。

7）修辞家集団（rederijkerskamer）とは14世紀、南ネーデルラント各地に広まったとされる文芸サークルである。地域の祭り、宗教行事や式典で劇の披露、会場の装飾や運営に携わった。今日も伝統的なアマチュア演劇の一形態として受け継がれている。

8）Hugo Meert, *Open doek: honderdjaar Koninklijke Vlaamse Schouwburg*. Uitgeverij J.Hoste, 1977; Eliane Grosjean-Gubin, "Le Théâtre flamand à Bruxelles (1860-1880)", *Cahier Bruxellois* 10, 1965, pp.38-83; 井内千紗「19世紀後半ブリュッセルにおけるフラーンデレン文化の振興―王立フラーンデレン劇場設立をめぐって―」『言語文化共同研究プロジェクト：ポストコロニアル・フォーメーションズ2011』、大阪大学大学院言語文化研究科、2012、pp.73-84.

1860年になると、ブリュッセル市政がブリュッセルの演劇に対し関心を見せ始める。ブリュッセル市長アンドレ・フォンテナ（André Fontainas）は、フランス語話者とフラーンデレン語話者で構成される有識者を招集し、「国民演劇（Nationael Tooneel/ Théâtre National）」について検討する委員会を設置した。これは、ブリュッセルの劇場が外国の作品を好んで上演するため、ベルギー人作家が作品を発表する場を探すのに苦労しているという状況を憂慮し、特にパリの影響から逃れ自国の作品を保護するという方針から提案されたものである。市政府は二言語使用のベルギー人の劇団を、一つの組織として成立させたいと考えていたが、委員会は市の思惑に反し、言語別に二つの劇団を作ることを提案したために、議論は物別れに終わる。しかし、この出来事は、フラーンデレン語演劇をめぐる運動が政府の関心と接点を持ち、フラーンデレン主義者が劇場建設の要求を強めていくきっかけとなる[9]。

劇場建設を要求する運動は、その後10年以上にわたる紆余曲折を経て、1877年、KVSの前身となる「ブリュッセルにおけるオランダ語の劇場開発に向けた株式会社（Naamlooze Maatschappij ter exploitatie des Nederlandschen Schouwburgs te Brussel）」がブリュッセル市から公的援助を受ける、という形で前進を見せる[10]。その後1881年にカーレル・ブルス（Karel Buls）がフラーンデレン出身者として初のブリュッセル市長に就任すると、運動に追い風が吹き始める。あらゆる社会階層の市民が質の高い十分な教育を受ける政策を推進したブルスは、書き言葉の影響力がまだ小さい現状にあるなか、演劇はコミュニティの言語や文化の重要な担い手であるとみなし、フラーンデレン人が自分たちのことば（母語）で演劇を鑑賞できる場を持つことを重視した[11]。フラーン

9）Maurits Sabbe, Lode Monteyne en Hendrik Coopman, *Het Vlaamsch tooneel, inzonderheid in de XIXe eeuw : geschreven in opdracht van den Koninklijken tooneelkring De Morgenstar van Brussels*, Colassin, 1927, p.605; Grosjean-Gubin, *op.cit.*, 1965, pp. 64-65.

10）Hugo Meert, *op.cit.*, 1977, p. 55.

11）Hugo Meert, "Karel Buls en het theater", In Yvette Butzler-Vaimeste (ed.) *Karel Buls, wereldreiziger met een hart voor Brussel 1837-1914*, Willemsfonds, 1987, pp. 119-120.

デレン主義者と考えを共有していたブルスの後押しにより、1884年には劇場の建設が市議会で承認され、古い武器庫を劇場に改装して利用することが決定される[12]。そして、1887年の劇場竣工記念式典では、市長の招待を受けたレオポルド2世国王が、公の場において初めてフラーンデレン語で以下のような演説を行った[13]。

> 市長殿！　あなたの言葉に感謝します。＜中略＞今日外国語の知識は特に便利なものとなっていますが、祖国の言語は不可欠です。その言語を若者が使用することが重視され、ベルギー人にとって祖国の言語の使用がより日常的なものとなることが望まれます。市長殿、あなたが「われらの芸術はわれらの生活」というのも無理がありません。フラーンデレン語の演劇はいつも道徳的で愛国的であろうとしてきました。偉大なる英雄である民衆にとって、美徳であり続ける我々の歴史を知ってもらうこと、そして道徳的な先祖をたたえること、さらに国家創設を目指した彼らの愛情と自己犠牲をたたえることは重要であります。＜以下省略＞

　フラーンデレン語の劇場がブリュッセルに建設されたこと、そしてベルギーの国王がフラーンデレン人のことばで上記のような演説をおこなった、という事実は、KVSだけでなく、ブリュッセルにおけるフラーンデレン運動やフラーンデレン全体の演劇にとっての歴史的快挙となった。KVSの設立はブリュッセルにおけるフラーンデレン運動が目指してきたフランス語およびフランス文化専制からの「解放」の一つのかたちとなり、フラーンデレン文化振興の中

---

12) Jaak Van Schoor "Mei 1884. De Brusselse gemmenteraad stemt in met de bouw van een Vlaamse schouwburg. De Nederlandstalige toneelcultuur te Brussel", in R. L.Erenstein (ed.) *Een theatergeschiedenis der Nederlanden. Tien eeuwen drama en theater in Nederland en Vlaanderen*, Amsterdam University Press, 1996, p. 488; Hugo Meert, *op.cit.*, 1977, p. 58.

13) Maurits Sabbe et al., *op.cit.*, 1927, pp. 611-612.

核を担うこととなる。

　ブリュッセルのフラーンデレン人に対し、自己の文化への接触の機会を与えることを目的に設立されたKVSでは、1840年代からフラーンデレン運動で提唱されてきた「国民演劇（Nationael Toneel）」の思想が踏襲された。それは、フラーンデレン語による書き下ろしで、道徳的で教訓的な内容を含み、近代の過ちを批判する現代劇や祖先の偉大さを強調する歴史劇を理想とするものである[14]。その影響で、KVSは劇場設立に貢献したフラーンデレン主義者のプロパガンダに縛られ、フラーンデレンの過去をテーマに、史実と想像を織り交ぜた作品を多数上演した。

　このように、KVSの設立は、演劇の大衆化をもたらすと同時に、フラーンデレン語演劇の方向性を狭め、ロマン主義的な土着性や道徳観を強調するという伝統を生み出した。この傾向は20世紀の戦間期まで続き、「洗練された」フランス語ではなくオランダ語で演劇公演を行うことは政治的行為であり、解放への欲求を体現するものであり続けた[15]。

　その後、KVSは、国家レベルの行政が文化に本格的に関与し始める第二次世界大戦後に転機を迎える。ブリュッセルではフランス語化が進み、フラーンデレンのプレゼンスがますます重視されるなか、1946年、ベルギー政府はフランス語圏、オランダ語圏からそれぞれ三劇場を指定し、方針の決定を統一するべく、国立劇場（Nationaal Toneel/ Théâtre National）の制度を立ち上げた[16]。以来、KVSはアントウェルペンとヘントにある2つの王立オランダ語劇場（Koninklijke Nederlandse Schouwburg）とならぶベルギーのオランダ語圏を代表する国立劇場の一つとして、政治的な任務に奉仕する組織の傘下に入ることと

14）H. Verschaffel, "Nationael Tooneel", in Reginald De Schryver (ed.) *Nieuwe Encyclopedie van de Vlaamse Beweging*, Lannoo, 1998, p. 2155.

15）Karel Vanhaesebrouck "The Hybridization of Flemish Identity: The Flemish National Heritage on the Contemporary Stage", *Contemporary Theatre Review*, 20:4, 2010, pp. 466-467.

16）Hugo Meert, *op.cit.*, 1977 , p. 46.

なった。1967年にこの体制が事実上消滅するまで、官僚的かつ政治的な介入が続いたKVSでは、フラーンデレンのコミュニティにおけるアイデンティティ形成を目指す伝統的なレパートリー劇場として、確固たる地位を築いた[17]。

　他方、オランダ語演劇とフラーンデレン運動の関係は、この時期から徐々に微妙なものへと変化していった。それは戦時中の対独協力者を中心とする民族中心主義運動の過激化により、従来の演劇作品で多用していた解放のディスコースは、保守的、復古的あるいは極右のイデオロギーと見なされるようになったためである。法制面ではオランダ語の権利拡大が進展を見せる一方で、フラーンデレン人の解放を呼びかける表現活動は、政治的に回避され、KVSが従来頻繁に上演してきた歴史劇は、過激なナショナリズムを想起させる恐れから敬遠されるようになっていった[18]。

　その後、1970年にオランダ語共同体政府（現在のフラーンデレン政府）が文化の自治権を担うようになると、KVSは1975年の通称「劇場共同体法」の施行により、地域内の劇場の中では最高位のレパートリー劇場に格付けされる。同じ頃、フラーンデレンではコンテンポラリーダンスをはじめとするジャンルにとらわれない現代舞台芸術が台頭を見せるなか、KVSはアントウェルペンの王立オランダ語劇場とヘントのオランダ語劇場ヘント（Nederlandse Toneel Gent）にならぶ、同地域で最も格式高い劇場の一つとしての地位を不動のものとしていった。しかしながら、KVSは19世紀後半、ブリュッセルにおけるフラーンデレン人の「解放」を象徴する場として華々しく出発した歴史を有するものの、その「解放」のディスコースがタブー視され、劇場本来のアイデンティティである「フラーンデレン性」は揺らぎを見せる。その結果、KVSは1980年代までの間、古典劇、現代劇や実験劇など、あらゆる作品をプログラムに取り入れるものの、明確なビジョンのないままこう着状態が続いた。

---

17) Jolien Gijbels, "De KVS, Een Huis voor Vlamingen", *ARDUIN* 14 JG 7/ December 2013, p.19.

18) Karel Vanhaesebrouck, *op.cit.*, p. 467.

3 「ブリュッセルの現実」とKVS

　1990年代に入ると、KVSはアイデンティティ以外の面においても危機を迎える。プログラムの内容停滞による集客減、財政危機、経営難を抱え、改革はもはや避けられない状況に陥ったのである。まず、1970年代以降、フラーンデレン出身の若手アーティストがジャンルにとらわれない現代的な舞台芸術で次々と国際的な成功をおさめ、フラーンデレン各地に芸術センターをはじめとする新しい表現の場を形成していく状況があるなかで、旧態然のレパートリー劇場は、ブルジョワジーの社交の場で閉鎖的な空間と揶揄され、新世代の舞台芸術とどう共存していくべきか、という問題に直面した。この問題に加え、1990年代に入ると、劇場は単なる芸術のショーケースではなく、社会性、すなわち都市におけるプレゼンスをはじめとする社会との関わり方が問われるようになっていた[19]。

　このような数々の課題を抱えるなか、KVS再出発のための旗振り役を担ったのは、1993年に監督に就任したフランツ・マレイネン（Franz Marijnen）である。ニューヨークやロッテルダムでの国際的な経験を期待され、KVSの監督に着任したマレイネンは、組織の権力迎合的な体質からの脱却を図った。

　特に、マレイネンが改革の必要性を唱える際に問題として意識したのは、「ブリュッセルの現実」との向き合い方である。1994年シーズンのプレスリリースでは、ブリュッセルについて以下のように述べている[20]。

　　ブリュッセルは2つ以上のコミュニティが共存する、言語と文化のるつぼである。「ヨーロッパの首都」としての恩恵も受けている。ブリュッセルに住む外国人コミュニティの多くは組織が運営する文化や芸術のイベントに参加していない。彼らは参加できない状況に陥っていると言っても良いだろう。ヨ

19）Pieter T'Jonck, "Als het centrum leeggelopen is", *Etcetera*, 1996-08, jaargang 14, nummer 56-57, 1996, p. 4.

20）KVS, "Van Oedipus tot Freud: Persconferentie", 26 April 1994, p. 1.

一ロッパ中心主義と日々目にする「文化レイシズム」は、芸術の世界にも存在するのだ。20世紀も終わりに近づき、文化間の対話が進む中で民主的な社会構築も見られる。ブリュッセルの街角で目にする文化や民族の多様性を、組織的な文化のレベルでも求めるのは正当なことだ。

マレイネンが示した「文化レイシズム」に対する批判的な態度は、第3章でも述べた当時のフラーンデレンにおける政治状況の影響を色濃く反映するものである。この時期になると「フラーンデレン性」への言及は極右思想のナショナリズムを連想させ、民族意識や歴史的所産を新たな作品の出発点にするのは、極めて政治的な行為と見なされるようになっていた[21]。

　マレイネンは芸術レベルの高いレパートリーを有し、観客が劇場を通して人間性の様々な側面と触れ、社会的議論にも関われるような劇場作りを目指した[22]。このような問題意識は、プログラムに反映される。例えば1996年のシーズンプログラムでは、レジスタンス、抵抗、対抗勢力、反乱などを意味する「逆風 (tegenwind)」をテーマ化し、ゲオルク・ビューヒナー (Georg Büchner) の『ダントンの死 (Dantons Tod)』、三島由紀夫の『サド侯爵夫人』、古典からはウィリアム・シェイクスピア (William Shakespeare) の『テンペスト (*The Tempest*)』を上演するなど、改革の状況を印象づけるプログラムを企画した。さらに、ヤン・ファーブル (Jan Fabre) やウルティマ・ヴェズ (Ultima Vez) といったすでに国際的に活躍していた若手アーティストによる現代舞台芸術の作品も、徐々にプログラムに取り入れている[23]。

　また、マレイネンは先にあげた声明で明らかな通り、KVSがこれまで抱えてきた「ブリュッセルにおけるフラーンデレン」という制度的限界とは距離を置き、ブリュッセル全体の課題に目を向け、KVSの歴史上初めて、フラーン

21）Karel Vanhaesebrouck, *op.cit.*, p. 467.

22）Jef De Roeck, "Franz Marijnen en zijn voorwaarden", *Ons Erfdeel*, Jaargang 37, 1994, pp.42-43.

23）KVS, *Groeten uit Brussel (1993-1997)*, Koninklijk Vlaams Schouwburg, 1996.

デレン人以外の「他者」との関係構築に取り組んだ。その第一歩として、フランス語話者、アラブ人やベルベル人のコミュニティと接近し、従来の近視眼的なフラーンデレンを中心とするKVSの文化アイデンティティの軸をずらすことを試みた。「もう一つのブリュッセル（Het andere Brussel）」をシーズンテーマとした着任一年目の1993年には早速、2週間にわたり現代アラブ文化を特集するプログラムを実施し、翌年以降も「アラブの香り（Arabisch Aroma）」、「ベルベル・ブリュッセル（Berber Brussel）」やマグレブ文化を紹介する「ハルカーフェスティバル（Halqa-festival）」と題した文化フェスティバルを開催している。これらのプログラムを通して、KVSは短期的には対象となるコミュニティが自己の芸術文化に触れる機会を与え、ベルギー人の観客には外国の芸術文化の豊かさを紹介すること、そして長期的にはそのコミュニティが持続的に事業と関わることが目指された[24]。また、マレイネンは従来と変わらずフラーンデレンの作品を公演するのと並行して、1994年のシーズンではフランス語話者の監督のもと、フランス語の作品を上演するプログラムを組むという試みも行った。このような形でブリュッセルの現実の中にKVSを位置付けることにより、「フラーンデレン」の制度や歴史とは距離を置き、古き良きレパートリー劇場からの脱却を図った[25]。

　マレイネンは上記のように、KVSの歴史を覆すようなプログラムの改革を実行しただけでなく、インフラ面でも老朽化した劇場の改修とそれに伴う仮移転に取り組んだ。改修期間中は、構造上の条件が整っていたモーレンベークの旧ビール瓶詰工場が仮設の劇場として再利用された[26]。以来、1999年9月から2006年までの7年にわたり、KVSは初めてブリュッセルの別の地区、しかも移民が多く居住する地で活動を行うこととなる。この仮移転は、奇しくもマレ

24）KVS, , *op.cit.*, 1994, pp.2-3.
25）Jaak Van Schoor, "De KVS als Ontmoetingsplaats voor de Vlamingen: Over Brusselse Vlamingen en Vlaamse Brusselaars", *Het geheugen van Brussel: 30 Jaar AMVB*, 2007, p.34.
26）KVS, "Welkomstwoord door Franz Marijnen", 1999 , p. 2.

イネンが問題として意識していた「ブリュッセルの現実」と向き合う機会をもたらした。しかし、モーレンベークの地元住民の意思とは無関係に拠点を移したKVSは、この新しいコミュニティになじむまで数年の時をかけ、言語の壁、文化の差異といった新たな課題を一つずつ解決していくこととなる[27]。

　上記のように1990年代、KVSは再生を目指して改革に意欲的に取り組んだ。しかし、理念上の多文化都市と仮移転を通して目の当たりにした貧しい移民コミュニティとの間のギャップという課題に加え、フラーンデレン人の常連客がブリュッセルの「はるか西の彼方」にあるモーレンベークを敬遠したため、劇場が長らく受け継いだレパートリー形式のプログラムは、大打撃を受けた[28]。KVSが理念としてのブリュッセルに向き合うことは、組織再生の根本的な解決にはつながることはなかった。結果、仮移転に伴う多額の支出に集客が見合わない事態に陥り、組織の財政難はむしろ深刻化した。

4　越境するフラーンデレンの舞台芸術

　2000年2月、当時170万ユーロに膨れ上がっていた負債と改修中の劇場を残して退任したマレイネンに代わり、KVSの再生を託されたのは、大学卒業後1993年からKVSの制作現場で経験を積んだ、当時はまだ無名で29歳のヤン・ホーセンス（Jan Goossens）であった。組織代表の大胆な若返りが象徴するかのように、KVSは以降、大規模かつ大胆な改革を進め、試練を乗り越えていくことになる。

　歴史ある劇場の指揮を任されたホーセンスは、フラーンデレン政府による文化政策の影響も受けながら、前任のマレイネンと同様、「ブリュッセルの現実」と向き合い組織を都市空間に位置づける方針を取った。彼がKVSを率いていく上で意識したブリュッセルの現実とは、まず住民の9%がオランダ語世帯、

27）Pieter Van der Gheynst, *(Culturele) diversiteit in de Vlaamse podiumkunsten: Een kritische analyse van praktijk en beleid, masterproef*, Universiteit Antwerpen, 2005, p.35.

28）Hildegard De Vuyst, "Een Geschiedenis van KVS: Ouverture", *KVS Express* 2012, p. 6.

45-50%がフランス語世帯、残りの世帯では複数の言語が使用されるという言語面でのハイブリッド性、そして、ブリュッセルはGDPの3分の1を占めながら、失業率は20%におよび、30%が貧困ライン以下の生活を送っているという社会的現実である。このような現実に向き合っていく上でまず課題となったのが、観客の動員である。2001年の時点で、ブリュッセル市民の観客が占める割合は全体の4分の1にすぎないという状況[29]は、1990年代の改革を経てもなお、KVSはフラーンデレン地域のオランダ語話者のための劇場のままであることを示唆していた。

この課題を解決するため、KVSはモーレンベークを中心に広報活動に力を入れるとともに、劇場は敷居が高いと感じてきた人々が足を運びたいと思うような万人に開かれた魅力的なプログラム作りにより、新たな観客を獲得することを目指した[30]。同時に、「共通の過去は持たないが、共通の未来をともに作らなければいけない[31]」という観点から、レパートリーの再構築、制作陣の一新、社会プロジェクトの実施といった取り組みを通して、ブリュッセルにおける多文化共存のあり方を模索していった。

まず、KVSが伝統的に重視してきたレパートリーの再構築にあたっては、2001年から2004年にかけて、劇作家、演出家、監督や芸術家が集う勉強会を実施した。そこではフラーンデレンにおいて現代舞台芸術が隆盛を極めるなか、周縁的な位置に置かれつつあった19世紀から20世紀のフラーンデレン演劇文学の再読や、第二次世界大戦での対独協力や植民地支配といったベルギーやフラーンデレンの負の歴史に関する文献の研究が行われた[32]。そしてレパートリーの制作においては、新しい観客の動員だけでなく、伝統的な劇場のレパ

29）Jan Goossens, *op.cit.*, pp. 27-8.

30）An Van Dienderen "Virussen injecteren in vastgeroeste identiteiten", in An Van Dienderen et al. (Eds.) *Tracks. Artistieke praktijk in een diverse samenleving*, EPO, 2007, p. 22; KVS, 'Persbrief', 2004, p. 5.

31）KVS, "Persbrief", 2002; Jan Goossens, *op.cit.*, p. 26.

32）Karel Vanhaesebrouck, *op.cit.*, p. 468.

ートリーでは排除されてきたマイノリティが、客体としてではなく主体として
自己を表現できるような場を形成することも重視された[33]。KVSではこうし
た演劇レパートリーの再構築、アーティスト及び観客の多様化への対応や、ブ
リュッセルの言語事情に適した芸術様式としてダンスや音楽といった非言語の
芸術様式も積極的に導入した。

　上記のような方針の実践にあたり、KVSではプロジェクトそのものを動か
せるアーティストやクリエイターが必要となり、2006年にはブリュッセルを
拠点に活動するオランダ語系演劇グループ、ディトディト（Dito' Dito）を正式
にKVS専属の制作陣に迎えた。1984年に設立されたディトディトは、ブリュ
ッセルの住民やフランス語話者の俳優を巻き込み演劇活動を行い、KVSのよ
うな体制側の組織を批判する立場で演劇を通して社会的活動を行なうことで知
られる存在だった。彼らのノウハウを生かし、KVSはフランス語話者、ベル
ベル人のコミュニティや複数の出自を有する人々の集団といった「他の」コミ
ュニティとの共同制作や連携関係を構築し、芸術的表現の方向性を鮮明にして
いった[34]。

　また、KVSは新たな取り組みとして、継続的にブリュッセルの現実と向き
合うため、S.T.O.E.M.Pやグリーンライト（Green Light）といった、芸術文化を
通して社会問題の緩和や解決を図るプロジェクトを立ち上げた。S.T.O.E.M.P
は、もともと2000年にディトディトがブリュッセルの若い社会的弱者を支援
する団体からの要請を受け開始した、若年貧困層の舞台芸術参加を推進するプ
ロジェクトである。2003年から、ブリュッセルの青少年センターを通して参
加する17歳から22歳の若者が、プロの劇作家とワークショップを行い、若者
のオーラルヒストリーをもとに制作した作品を公演している。グリーンライト
はアフリカに出自を有するブリュッセルのアーティストとKVSが連携関係を
構築することを目的とするシンクタンクである。ヨーロッパのアフリカ系移民

---

33) An Van Dienderen, *op.cit.*, pp. 25-6.
34) *Ibid.* 2007, p. 17.

をテーマとする作品の制作、2005年以降は旧植民地であるコンゴでの公演ツアー、ワークショップやコンゴのアーティストをKVSに招聘しての公演も行なっている[35]。

図2 『フランデレンの聖女』のポスター

　こうして新たな取り組みを経て改革を推し進めたKVSのシーズンプログラムでは、ブリュッセルの移民社会を表象するような作品が多数見られる。例えば、2000年代には、ヘントを拠点に活動する演劇グループ、ユニオン・ススペクト（Union Suspecte）の作品が定期的に上演された。劇団主宰者でチュニジアにルーツを持つ移民2世、ショクリ・ベン・シカ（Chokri Ben Chikha）自身の人生経験をもとに制作された三部作が話題を集めた。2003年初演の『フランデレンの獅子（De Leeuw van Vlaanderen）』は、ヘンドリク・コンスィアンス（Hendrik Conscience）が1838年に発表し、かつてのフランデレン運動のバイブルであった同名小説をベースに、チュニジア人の父とベルギーで移民2世として生まれ育った息子の難しい親子関係を描いている。2005年に発表した『フランデレンの聖女（Onze Lieve Vrouw van Vlaanderen）』（図2）では、家族呼び寄せ政策で夫と暮らすためチュニジアからベルギーに渡ったショクリの生みの親ファティマと、ポーランドからの移民で積極的にショクリの面倒をみるマリア、二人の母性の静かな闘いを描いている。そして、2008年の『兄弟愛（Broeders van Liefde）』では、ショクリの兄弟関

35) Erwin Jans, "Congo tussen nostalgie en postkoloniale kramp", *Etcetera*, 2010/09/15. < https://e-tcetera.be/congo-tussen-nostalgie-en-postkoloniale-kramp/ >（アクセス日2019年5月3日）.

係を軸に、ベルギーで暮らす移民2世の若者が抱える葛藤が描かれている。

　近年では、小説家、コラムニストとしても活躍しているモロッコ系移民2世のフィルキー・エル・アッズージ（Firky El Azzouzi）が2016年からKVSの制作チームに加わり、ホーセンスの後任であるミハエル・デ・コック（Michael De Cock）の新しいプログラムを代表する作品の脚本に携わっている。例えば、エル・アッズージが共同脚本に参加し、国際的にも高い評価を得ている2016年初演の音楽劇『マルコムX（*Malcolm X*）』では、アメリカ合衆国で過激な黒人解放運動を主導したマルコムXの人間性に焦点をあて、物語の舞台を現代都市に移し、2016年3月にブリュッセルで起こった同時多発テロにも言及している。また、2018年には自身の小説家としての出世作でもある2014年発表の『夜のダリー（*Drarrie in de Nacht*）』を舞台化している。この作品では、自分たちを「ダリー（Drarrie）」と呼ぶ様々なバックグラウンドを持つ若者グループが、意図的にごろつきのように振る舞い、イスラム系の移民コミュニティで生きていくことに居心地の良さを感じるが、社会との反目から自ら武装、過激化し、やがて自滅の一途をたどる様子が描かれている。

　上記のような移民2世に代表される複数のアイデンティティを有するアーティストの手による作品は、彼らの背景が強調されることもなく、新生KVSにおいて典型的なレパートリーを構成するものとなりつつある。そしてこれらの作品は、先述した1990年代の「多文化型」のフェスティバルや改革直後に開始された社会参加の推進を目的とするプロジェクトとは性質が大きく異なる。「多文化型」のアプローチは文化的差異あるいはエスニシティの差異を見せることに重きが置かれ、西洋の規範に基づく異文化表象の形式をとる。また、プロジェクト型の事業では、社会的包摂が目的となるため、対象となる集団あるいは個人に対する主流社会への同化が求められる。他方、ユニオン・ススペクトやアッズージらの作品が扱う複合的なアイデンティティや帰属をめぐる問題は、移民自身が「フラーンデレン」の舞台で表現することにより、ブリュッセルにおける多文化共存のあり方に対話の機会をもたらすことをねらいとしている。

　このようにKVSはブリュッセルのマイノリティとの関わり方に変化を見せる一方で、ブリュッセルの演劇界に存在していた言語の制度的境界を越え、フ

ランス語系の演劇組織との関係構築も実現させている。2005年からはKVSの
カウンターパートとも言えるブリュッセルのテアトル・ナシオナル（Théâtre
National）と連携を開始し、毎年一定の期間、互いの作品を公演するフェスティ
バル型イベントの開催や、作品の共同制作も実施し、劇場の恒常的な多言語
化をもたらしている。このような言語への寛容な態度は、ブリュッセルという
都市に開かれた劇場への転換をわかりやすく示している。

　しかし、上記のようなジャンル・ルーツ・言語の枠を超え、社会との関わり
も意識し文化間の対話を促す姿勢は、文化政策の影響を受けるものでもあり、
KVSに限ってみられる現象ではない。それはフラーンデレンにおける旧国立
劇場の名称にも表れている。アントウェルペンでは古風だという評価を覆し、
改革や立場の中立性をアピールするため、1998年に「王立オランダ語劇場」か
ら「演劇の家」を意味する「トネールハウス（Toneelhuis）」へ改称している。ヘ
ントでも1999年に組織名を「オランダ語劇場ヘント」から「公共劇場ヘント
（Publiekstheater Gent）」に変更した。他方、KVSはあえて「王立」と「フラーン
デレン」というアイデンティティを残す道を選ぶことによって、都市の多様性
を舞台芸術に反映する過程で、「フラーンデレン性」に遍在する支配的な意味
に抵抗することに活動の意義を見出している[36]。それはホーセンスによる以下
の「フラーンデレン性」の再定義からも見て取れる[37]。

　　100年前のフラーンデレン人が経験してきたことをふまえて、我々は公的な
　　文化生活や対話の中で排除されてきた新たなマイノリティのコミュニティを
　　解放するための闘いに、少なからず貢献しようと試みた。ブリュッセルはグ
　　ローバル・サウスにあるいくつかの都市とつながりを持っているが、政治や
　　文化の制度ではそれが反映されない。そういった意味で、KVSは反フラーン

36）Michaël Bellon, "Hoe Vlaams is de KVS?", Brussel Deze Week, 2005/01/20. <https://
　　www.bruzz.be/uit/news/hoe-vlaams-de-kvs-2005-01-19>（アクセス日　2019年5月1
　　日）.

37）Jan Goossens, *op.cit.*, p. 8.

デレンの事業ではなく、むしろ、フラーンデレン運動の解放を真に受け継ぐ組織であるとみなしている。

　この発言からは、KVSがフラーンデレンのアイデンティティそのものを、多民族の現実やハイブリッド性をも視野に入れて捉え直したいという意志が見て取れる。KVSは言語的・文化的に多様な環境において「フラーンデレン人であること」が何を意味するのかを作品を通して観客に問題提起するというアプローチでブリュッセルと向き合い、「フラーンデレン性」を維持したままレパートリーを再構築し、新境地を切り開くことに成功したのである。

　上記のような改革を断行した結果、KVSは2004年には集客率を90%以上まで回復させ、財政難も乗り越えたが[38]、活動を通してあえて政治的問題に切り込むというアプローチは、当然万人に受け入れられているわけではない。例えば、改修が完了した劇場で初めて公演を行った2004年のシーズンには、フラーンデレン主義の活動家から、フランス語系のテアトル・ナシオナルやアフリカのアーティストとの共同事業の実施や舞台でフラーンデレンの旗が燃やされる演出がなされた作品があることから「多文化プログラムでは、フラーンデレン性を見出すことはかなり困難[39]」と批判されている。また、前述したユニオン・ススペクトの『フラーンデレンの聖女』初演日には、背景にフラーンデレンの旗を描いた過激な構図のポスターイメージ（図2）への反発から、ベルギーだけでなくフランスの保守派も巻き込む100人の公演反対デモを引き起こしている[40]。

　KVSはこのように時折政治的に物議をかもしながらも、汎ブリュッセルを見据えたフラーンデレン性の表象に挑み続けている。

38）KVS, *op.cit.*, 2004, p. 9.

39）Michaël Bellon, *op.cit.*, 2005.

40）An Van Dienderen, *op.cit.*, p. 25.

5 ブリュッセルの文化多様性と新たな歴史イメージの融合

前節で見たとおり、KVSは改革の過程で「フラーンデレン」のアイデンティティを残しながら、フラーンデレン人のための劇場からブリュッセル市民のための劇場へと大きく舵を切った。そして、多様な出自や社会的背景を有する市民が新しいフラーンデレンの舞台芸術を通して共通の未来をともに作ることを目指している。本節ではこの姿勢を反映し、フラーンデレンやベルギーの歴史の新たな側面に光をあてる作品のうち、新生KVSの代表作ともなっている2作品を取り上げ、現代ブリュッセルとの関係からどのような文化的意味をもたらしているのかを見てみたい。

5.1 『レオポルド2世の生涯と仕事』

KVSがフラーンデレン出身の劇作家のうち、過去に最も多くの作品を上演したのはフラーンデレンを代表する文豪ヒューホ・クラウス（Hugo Claus）である[41]。新生KVSでもその伝統は受け継がれているが、レパートリー作品として選ばれたのは従来繰り返し上演されてきた人気作品ではなく、クラウスの劇作家としてのキャリアの中でも異色作と言われる1969年発表の『レオポルド2世の生涯と仕事（*Het leven en werken van Leopold II*）』[42]である。

第2代ベルギー国王として、1865年から1909までベルギーを統治したレオポルド2世とベルギーの植民地支配の歴史を描いた『レオポルド2世の生涯と仕事』は、クラウスが発表した戯曲の中では最も政治色の濃い問題作として知られる。この作品は1970年にクラウス自ら監督し、オランダの劇場で初演した後、1972年にオランダで再演されたきり、KVSが取り上げるまで30年以上にわたり闇に葬られてきた。

ホーセンスは、同作品を「対話と相互性（reciprocity）を追求した作品[43]」で

41）Jolien Gijbels, *op.cit.*, 2013, p. 25.

42）Hugo Claus, *Het leven en de werken van Leopold II*, 1970, De Bezige Bij.

43）An Van Dienderen, *op.cit.*, p. 17.

あるとして、2002年、ベルギーで初めて上演を実現させた。以来、KVSで2018年までほぼ毎年上演されているだけでなく、フラーンデレン各地での巡回公演、2007年にはフランス語版を制作し、ベルギーのフランス語圏の劇場やブリュッセルのアフリカコミュニティとして知られるマトンゲでの公演も行なっている。また、この作品をきっかけに開始されたのが前述したグリーンライトプロジェクトであるが、その一環として2007年にはレオポルド2世自身は未踏の地に終わった、コンゴ民主共和国の首都キンシャサでの公演を成功させている[44]。

　ベルギー独立直後からレオポルド2世が崩御する1909年までの王室を舞台とするこの作品は、国王が人類平和をもたらすという熱意を諸大国に示してコンゴ自由国という広大な私領を手にした後、権力と利益を渇望し、奴隷貿易や虐殺といった非人道的行為を引き起こす強欲な君主として変貌していく様子を、容赦ない皮肉を交えて描いている。この作品の特徴は、レオポルド2世の公人としてのふるまいだけでなく、私人としての側面にも焦点を当てている点にある。劇中では両親から十分な愛情を受けずに育った幼少期や、初恋相手とのトラウマ、王妃や愛人との関係などを取り上げ、レオポルド2世が私生活での欲求不満を公的な空間における権力行使で満たそうとする。やがて名声を失い、周囲からも見放されたレオポルド2世は、公人としての苦悩と私人としての苦悩がない交ぜになり、空虚な権力を手にしたまま孤独な余生を過ごすことになる。カーニバルで観る人形劇のように、テンポ良くユーモアを交えたテクスト[45]は、レオポルド2世の幼稚さを際立たせ、作品全体の過激さを増幅させる効果をもたらしている。

　フラーンデレンではあまり注目されてこなかったベルギーの史実を掘り起こし、自国の君主の貪欲さや卑劣な側面を扱うこの作品について、クラウス自身はその評判の低さもあって長年明言を避けていたが、KVSで初演された2002

44）Erwin Jans, *op.cit.*

45）KVS, *KVS 2005-2006: Seizoenbrochure*, 2005, p. 6.

年にようやく自身の作品について口を開き、「これは私の作品の中で、最高の作品だ。なぜなら何百万人もの命を奪った愚か者を笑いものにする繊細な作品だからである。このような作品を生み出すのは困難を伴う行為であるが、あえてそれを試みたことを誇りに思っている[46]」と回顧している。

　では、KVSがこの作品をどう舞台化したのかを見てみたい。舞台版では、歴史的事実とクラウスの風刺的テキストの間の矛盾を表現するため、リアリズムから逸脱した演出が随所に見られる。例えば、舞台ではスポーツウェアやジーンズなど、カジュアルな衣装の登場人物が目立つが、レオポルド2世に至っては、全編にわたり肌着姿で舞台に立つ（図3の左から2番目）。また、コンゴを獲得するか思案する場面では、枢機卿に携帯電話を使って現地の状況を確認させ、コンゴ人の子役は、白人の役者が黒いインクを顔に塗って演じるといった演出も見られる。そして、人望を失い、政治と私生活の区別がつかなくなる劇の終盤で、原作ではレオポルド2世はアメリカの国鳥ハクトウワシに攻撃されて亡くなる設定であるが、舞台では唯一の理解者であるとして手を差し伸べてきたアメリカ（女性）にそそのかされて殺されるという脚色となっている。このように、舞台では露骨な人種差別や権力の亡者が抱える虚無感をユーモラスに描き、君主を嘲笑の対象とすることで、植民地支配の

図3　『レオポルド2世の生涯と仕事』の一場面　©Koen　Broos

46) Mark Schaevers, *Hugo Claus. Groepsportret. Een leven in citaten.* De Bezige Bij, 2004, pp. 217-218、傍点は原文ママ。

限界をも浮きぼりにしている。

　また、出演者の中で唯一の黒人の役者は、公演開始前は客席を掃除し、劇が始まると舞台に上がってボンゴボンゴという名の黒人役を演じる。ボンゴボンゴは指示を受けない限り直立不動で無言を貫き、時折奇妙な行動を起こす不気味な人物として舞台で存在感を示す。彼の存在を無視して進行する物語や、完全なる他者、未知なる生物を扱うかのような過剰な演出を通して感じさせる「違和感」を通して、舞台では対話が成立しない「他者」との共存社会を、暗に批判しているのである。

　KVSには2節で述べたとおり、1887年、レオポルド2世が劇場の竣工記念式典においてオランダ語で祝辞を述べたという歴史がある。だからこそ、新しいKVSは、ベルギーで一度も日の目を浴びずむしろ問題作として意図的に忘れられてきたとも言えるこの歴史劇を通して、劇場が持つ過去の栄光から自己を解放し、オープンなKVSを印象づけようとしていると言える。

5.2 『ジェンブルクス』

　『レオポルド2世の生涯と仕事』が、ベルギーが忘れようとしてきた歴史を取り上げた作品であるとすれば、『ジェンブルクス（*Gembloux*）』[47] は、ベルギーで起こった忘れられた歴史に着目した作品である。

　2003年、仮移転先のモーレンベークの劇場で初演を迎えたこの作品は、移民2世のアーティストとの共同作品で、フラーンデレン人の登場人物以外、全ての役がフランス語またはベルベル語を使用するというKVSの伝統を覆すスタイルを取る。そして、KVSに初めて多数のマグレブ系の市民やフランス語話者が来場し、当時の大きな課題となっていた新たな観客の獲得に成功するきっかけともなった作品でもある[48]。『レオポルド2世の生涯と仕事』と同様、こ

---

47)「ジャンブルー」と表記するのが最も原語の発音に近いが、舞台本編での発音（djembloeks）にならい、舞台名の和訳は「ジェンブルクス」とする。

48) KVS, *op.cit.*, 2004, p. 2.

の作品も今日に至るまでKVSで定期的に上演され、フラーンデレン、ワロニーの両地域での巡回公演も重ねている。

　ベルギー南部のナミュール州に位置する町ジャンブルー（Gembloux）をタイトルとする舞台『ジェンブルクス』は、連合軍に徴兵された狙撃手を主人公に、以下のような第二次世界大戦中に起こった事実をベースとする歴史劇である。

　1940年5月10日、ドイツ軍がベルギーに侵攻する最中、フランスはベルギーとの国境を守るために狙撃手を派兵した。フランス人ではなくモロッコ人で構成されるこの部隊は、祖国からマルセイユを経由し、アルデンヌ地方まで北上して、ブリュッセルとナミュールを結ぶ鉄道を前線とするジャンブルーにたどり着き、ドイツ兵と戦った。3日後、2,300人いたモロッコ人兵のうち、生き残ったのはわずか50人であった。ジャンブルー近郊の墓地には、フランス部隊として戦った何百人もの犠牲者が今なお眠っている。ベルギーにとってはフランス人、フランスにとっては都合の良い雇い兵、モロッコにとっては事実上の植民地支配者に忠実な配下であった彼らの存在は、ベルギー、フランス、モロッコ、いずれの国の歴史にも記録が残らず、60年以上忘れ去られた存在であった[49]。

　このような史実に基づき、KVSはベルベル人狙撃兵モクター（Moktar）を主人公に、彼が恵まれない境遇から抜け出すために志願兵となり、戦地ジャンブルーに至る旅路を、オリジナルの戯曲として制作した[50]。舞台では戦地でモクターがフラーンデレン人に命を救われ、その戦友とドイツの戦争捕虜収容所で再会を果たす。その後、祖国に帰還したモクターは、陽気にベルベル語版ラ・マルセイエーズを歌い、舞台は幕を閉じるというストーリーとなっている。

　二人芝居でこの作品の舞台に立つベン・ハミドゥ（Ben Hamidou）とサム・トゥザニ（Sam Touzani）は、ともにモロッコに出自を有する移民2世で、ブリ

---

49) Rud Vanden Nest "De nutteloze helden: Gembloux van Ben Hamidou en Sam Touzani (KVS/De Bottelarij)", *Etcetera*, 2004-06, jaargang 22, nummer 92, p. 46.

50) KVS, *op.cit.*, 2004.

図4 『ジェンブルクス』の一場面
©Patrick De Spiegelaere

ュッセルを拠点に活動する俳優である
だけでなく、本作品の制作にも携わっ
ている。二人は本業である俳優以外に
もモーレンベークに子供向けの演劇ス
タジオを作る活動や、社会的弱者の支
援に関わる団体とプロの芸術活動のネ
ットワーク作りを行うなど、社会的な
活動にも関わっており、KVSのパン
フレットでは、移民の若者のロールモ
デルとして紹介されている[51]。

　物語はこの二人がジーンズとジャケ
ット姿で観客に面と向かい、観客に直
接語りかけるスタイルで進行する（図
4）。トゥザニは主人公モクターを演じ
るのに対し、ハミドゥはモクターの
母親、幼馴染、地域のリーダー、将

軍、戦友など、主人公を取り巻く全ての登場人物を演じる。役は各登場人物の
アイデンティティをステレオタイプ化したしぐさ、アクセントや言語の違いで
演じ分けられており、作品全体に社会風刺的な演出効果をもたらしている。そ
して、第二次世界大戦下の悲劇的な出来事を題材にした作品であるにも拘わら
ず、登場人物はいずれも軽快な語りで、全編にわたりストーリーがコミカルに
展開するのが、この舞台の大きな特徴である。

　また、劇中、フランス語とオランダ語のセリフには相互の言語で字幕が付い
ているが、ベルベル語のセリフの一部には字幕が付けられていない。ベルベル
語がわかる観客はセリフのジョークを聞いて大笑いするが、ベルベル語がわか
らない観客は、その理由がわからず取り残され[52]、言語の寛容性の問題を突き

51）KVS, *op.cit.*, 2005, p. 2.

174　　第2部　移民をめぐる文化実践

つけられることになる。

　本作品は、KVSが1990年代に危機的状態に陥った後に経験したモーレンベークへの仮移転を通して、ブリュッセルの現実に直面したからこそ、移民2世のアーティストとの関係構築ならびに制作が実現した作品となっている。舞台でフラーンデレン人がベルベル人を助けるという展開は、KVSにおける新しい解放のディスコースをわかりやすく表現しており、ブリュッセルにおける「フラーンデレン」のアイデンティティ維持のあり方を示唆している。『ジェンブルクス』は、「世界共通の過去」とも言える第二次世界大戦を題材に、忘れ去られた過去から新たな共通の物語を作り出すという、まさにKVSが目指す多文化共存の姿を示す作品となっている。

6　まとめ

　以上、ブリュッセルにある一劇場の歴史を通して、ブリュッセルの文化的多様性と舞台芸術の関係を見てきた。1877年に言語、文化的に抑圧されているフラーンデレン人のための劇場として設立されたKVSは、第二次世界大戦後、従来の民族意識をアイデンティティ表象の根拠とすることに限界が生じ、フラーンデレンを取り巻く舞台芸術の環境も大きく変化したことから、1990年代以降、方針の転換を図ることとなった。それはブリュッセルの現実と向き合うというもので、KVSはブリュッセル市民のための劇場再建に向けて、運営方針の一新、社会性の強いプロジェクトの実施やレパートリーの再構築と、大掛かりな改革を行なった。特に劇場改修のため、偶然とは言えモーレンベークに拠点を一時的に移転させたことは、KVSがブリュッセルの現実と本格的に向き合う一つの大きな契機となったと言える。その結果、移民に対してだけでなく、設立時は敵対関係にあり、同じ都市にいながら交わることのなかったフランス語話者に対しても門戸を開くことにつながった。ブリュッセルの多言語・多民族・多文化といった「多元性」に対する姿勢が、劇場の改革の進展とともに

52）Rud Vanden Nest, *op.cit.*, 2004, p. 47.

に変化していったことからも分かる通り、KVSは徐々に多文化都市ブリュッセルにおける対話の場としての役割を見出していったのである。

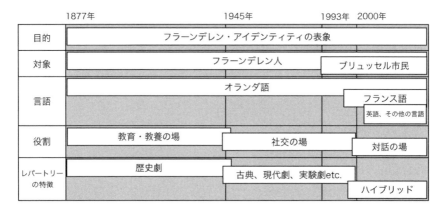

図5　KVSの歴史的変遷

　このように、KVSは、ブリュッセルを取り巻く政治、文化、社会に翻弄されながら時代の変化とともに大衆の教養の場、ブルジョワジーの社交の場、そして市民の対話の場へとその役割を変えてきたが（図5）、140年余りの間、舞台芸術を通じて「フラーンデレン」のアイデンティティを表象するという文化装置としての役割は不変であり、他の劇場と一線を画している。一見文化的多様性とは相容れない「フラーンデレン性」の追求は、今日のブリュッセルにおける抑圧からの解放というディスコースをもとにしたベルギーの歴史の掘り起こしや、出自の異なる民族が共生していく上での新たな「記憶の共有」につながっている。KVSは多文化都市ブリュッセルでフラーンデレンのアイデンティティを表象し続ける、というミッションを通して、劇場そのものの歴史を逆説的に用いた独自の文化間対話の場を築いていると言えよう。

第 **6** 章

ケナン・ゴルグンにおける表象と多層的アイデンティティ
──ベルギーのトルコ系移民二世作家──

岩本　和子

> 幻の国 pays-fantôme その地図を私は絶えず描き直さねばならない。
> 昨日のベルギー。
> 今日のトルコ。
> そして明日、我々はどこに行くのだろう？
> どの故郷を失いどの迷い路へ？ [1]

はじめに

　本章ではベルギーにおける移民出自作家の言語芸術、いわゆる「移民文学」に目を向けてみたい。フランスでは「1980 年代の後半ごろから節目というか波のようなものが訪れ、〈フランスのフランス人〉ではないフランス語作家たち、あるいは〈フランス文学〉とは一線を画している旧植民地の作家たちの創作活動がそれまでになく注目され始める」現象が起こった [2]。現在、移民系作家の活躍は顕著で、文学賞受賞やアカデミー入りが象徴するように彼らが「フラン

---

1) Kenan Görgün, *J'habite un pays-fantôme*, Couleur livres, 2014, p.9.
2) 星埜守之「フランス語文学/ フランコフォニー文学への招待」白百合女子大学言語・文学研究センター編『国境なき文学』芸林書房、2004 年、p.101.

ス文学」に取り込まれるシステムや思想とともに、「越境文学」としての研究も盛んである。また移民の長い歴史を持つケベックでは世界的に注目される数多くの移民系作家が「ケベック文学」の中心的存在となり、彼らの越境性に注目した「移動文学」研究が進んでいる。日本でも近年そういったフランスやケベック文学における作家や研究動向に大きな関心が寄せられている。

　ベルギーも本来多文化主義を尊重し、生地主義に基づく国籍取得の容易さもあって外国人や移民に対して寛容な移民大国である。そして昨今増加した移民・難民の存在も背景に、政治・経済や社会学系分野での研究は盛んである。しかし移民系作家に注目した「移民／移動文学」「越境文学」分野の研究はまだ少ないと思われる。その原因は、作家たちの知名度が低いという以上に「ベルギー文学」の存在自体の曖昧さにもあるだろう。文学において移動や越境が問題となる時、ベルギーではまず北のオランダ語と南のフランス語、さらに東のドイツ語との関係や、ラテン文化とゲルマン文化の相違や融合が問題となる。隣国と同じフランス語による言語芸術は、ゲルマン精神・北方性や独自の要素を意識的に取り入れつつ複雑な多層性を有してきた。またベルギーのもう一つの大言語であるオランダ語文学はとりあえず領域性を持つ「フラーンデレン文学」を形成し得るのに対し、ベルギー・フランス語文学の中心は常に、地理的にはフラーンデレン地方に位置しながら蘭仏両言語の併用地域であるブリュッセルであって、同じフランス語でも「ケベック文学」のような地域的名称を持ち得なかった。結果、「ベルギー性belgitude」の在り処を求めて「フランス語によるベルギー文学」か「ベルギーのフランス文学か」という問いの間で揺れ続けているのである[3]。「ベルギー文学」の枠組み自体が語られにくいのである。

　しかし現在、脱領域性や多層性をこそ自らのアイデンティティとし、国境を越えて自由に行き来し単に「フランス語で書く作家」を標榜する者も出てきて

---

3) ベルギーのフランス語文学に関する定義や歴史的変遷については、以下の拙著（特に「序章」）を参照していただければ幸いである。岩本和子『周縁の文学—ベルギーのフランス語文学にみるナショナリズムの変遷』松籟社、2007年。

いる（ジャン＝フィリップ・トゥーサン、アメリー・ノートンなど）。その姿勢をこそ「ベルギー性」と捉える傾向が昨今の研究者たちにはある[4]。こういった「越境性」は、ベルギー在住の外国人作家や移民作家のあり方にもつながるものであろう。そもそも「移民文学」は、「国民文学」に対して異質性、逸脱性、多層的アイデンティティという問題提起をする側面を持つと考えれば、それは「ベルギー性」の問題とも直接関係づけられるであろう。

　以上のような状況を踏まえて、ベルギーで現在活躍しているフランス語で書く移民系作家の作品を紹介・分析したいと考えた。選んだ作家はトルコ系移民二世のケナン・ゴルグン（Kenan Görgün、1977-）である。なぜ彼かという理由について、直接のきっかけは現在ベルギーのフランス語文学研究では中心的存在であるポール・アロン教授（ブリュッセル自由大学）から、読むべき現代作品としてこの作家の『反乱の広場』を勧められたことにあるが、同作家の他作品も読んでみると、それらがベルギーの「移民文学」の一つの典型でもありまた、現代的な芸術性を擁していると気づいたからである。

　ケナン・ゴルグンは2014年の1年間に移民・統合・多重アイデンティティの葛藤といった、いわゆる「移民文学」に典型的なテーマと取り組む一連のテクストを出版した。『アナトリア・ラプソディー（*Aanatolia Rhapsody*）』、『反乱の広場（*Rebellion Park*）』、『幻の国に住む（*J'habite un pays-fantôme*）』の3作である。翌2015年にはこの3作を集大成した演劇作品として『幻の国に住む（*J'habite un pays fantôme*）』をリエージュとブリュッセルで上演し、同年中に戯曲テクストも出版する。続いて2016年出版の小説『心の中のデリア（*Delia on my mind*）』

4）連邦制の進行とともに国家の存在そのものが揺らいでいるベルギーにあっては、文学研究においても「ベルギー性belgitude」（ここ）を問うのももはや時代遅れだとする傾向もある。そのような無国籍的な「越境する作家」が担うものとして、さらに進んで、「ベルギー」という領域性にこだわらない、あくまで概念としての「ベルギー的なるものbelgité」（どこでも）の用語が提唱されている。Cf. José Domingues de Almeida, *De la belgitude à la belgité — un débat qui fit date —*, P.I.E. Peter Lang, Bruxelles, 2013, p.18.

が「マルセル・ティリー文学賞」を受賞する[5]。また戯曲『幻の国に住む』に対しては、初演後3年以上経った2019年1月に、ワロニー＝ブリュッセル連合（FWB）議会の文学賞が授与される。フランス語フランス文学王立アカデミーのメンバーが審査員を務める、1975年に創設された権威ある賞で、主旨としては「FWBの精神を示し、その文化的遺産に貢献する、フランス語表現作家の作品を評価する」とある。ゴルグンの受賞理由は「ヨーロッパが直面している移民、統合、寛容などの諸問題と向き合ったことを特に評価した。また作家自身及び1950年代［ママ. 正しくは1970年代］のトルコ移民である両親の個別の来歴から様々な主題に切り込んだこと[6]」であった。

　ここで興味深い事実がある。正式に作家活動を開始、つまり初出版した2002年以降、初期には「移民作家」のレッテルを避け、自らの起源に彼自身は作品内で全く言及しなかった。しかし2014年以降、一転して移民の出自を前面に出す。するとその結果、ベルギー作家としての認知と賞賛を得たわけである。しかし文学賞は、移民出自の作家という新奇な異質性や他者性のみを評価したものでは決してないだろう。そのような古典的な「移民文学」が注目される時期はすでに過ぎている。テクストそのものの芸術性や現代的実験も重要な要素なのである。

　以下、まず第1節ではベルギーのいわゆる「移民文学」について、少ないながら先行研究を見ておく。そしてトルコ系移民二世作家としてのゴルグン自身の立ち位置を確認する。第2節以降は、この作家の初期作品から2014年以降の「移民文学」的テクストへの変化の意味を問いつつ、言語芸術としての現代性に注目して各作品を具体的に見ていきたい。

5）リエージュ市によってベルギーのフランス語文学を対象として毎年1名に授与される文学賞で、当地出身の作家マルセル・ティリー（Marcel Thiry, 1897-1977）の名を冠している。

6）« Le Prix du Parlement de la FWB pour Kenan Görgün », *Le Carnet et les Instants* (URL: https://le-carnet-et-les-instants.net/2019/01/23/kenan-gorgun-laureat-prix-parlement-fwb/, consulté 04/05/2019)

1　ベルギーのフランス語「移民文学」と「トルコ系移民二世作家」の意味

　ベルギーの「移民文学」研究は、少なくともフランス語圏においてはまだ数少ない。ただ、多くの外国人作家や旧植民地出身作家を擁するフランスにおいても、一つのジャンルとして本格的に意識されるのは1980年代になってからだった。社会科学分野に対して文学や比較文学分野での「移民migration」研究の遅れは夙に指摘されている[7]。自分の意志で亡命・移住し「書く」ことを選んだ人は例外として、労働移民として入国した親を持つ二世、三世が書き始める場合が多いためでもあろう。しかし移民自身の経験をその立場から描き、統計学的資料を補う文学作品は、逆にまた社会科学研究の貴重な資料にもなるという認識で、学際的研究の必要性が叫ばれていることも付加しておこう[8]。

　ベルギーでも移民に関する社会科学的研究はすでに数多くある。それらの成果もふまえたベルギーの「移民史」については本書序章（中條）を参照していただきたいが、ここでは、トルコ系移民に特に注目しつつ、ごく簡単に改めて確認しておこう[9]。1830年の建国後から20世紀初頭まではベルギーは「移民送出国」で、特にフランス北部への出稼ぎ労働者が多かった。第一次・第二次大戦中はオランダ、イギリス、フランスへの大量移住（避難）もあったが、その

7）Elien Declercq, « « Écriture migrante », « littérature migrante », « migration literature » : réflexion sur un concept aux contours imprécis », in *Revue de littérature comparée*, 2011/3 No339, Klincksieck, p.301.

8）*Ibid.*, p.302.

9）主に以下を参照した。Marco Martiniello et Andrea Rea, *Une Brève histoire de l'immigration en Belgique,* La Fédération Wallonie-Bruxelles, 2003./ *Belgique, terre d'immigration : statistique et évolution*, Itinera Institute Analyse, 15/05/2012 （URL: http://www.itineainstitute,org., consulté 27/09/2016）
　また次の論文では移民の芸術活動が都市活性化に果たす意味、都市計画・建築学・環境学などとの学際的研究の必要性への言及がある。Marco Martiniello, « Diversification artistique et politiques culturelles dans les villes multiculturelles », Sociologies, Dossiers, *Diversification artistique et politiques culturelles*, mis en ligne le 07 mars 2014 (URL: http://sociologies.revues.org/4595, consulté 27/09/2016)

間、経済発展と共にやがて受入れ国に転じていく。戦後は労働者不足を補うべく、政府間協定によってまずイタリアから（1956年8月のマルシネル炭鉱大火災をきっかけに停止）、スペイン、ギリシャ、ポルトガル、そして1964年には初のヨーロッパ外の国としてモロッコ、トルコと労働協定を結ぶ。その後もアフリカや東欧各国からの労働移民が続くが、やがて経済停滞により外国人労働者受け入れは停止、その結果として家族の呼び寄せによる移民の定住化が進み（フランス同様）、共存や統合の問題、移民教育政策などが重要課題になっていく。そのとき社会科学研究の対象としては、1964年に受け入れ始めたイスラム教国でありヨーロッパ域外からでは最も人口割合が多いモロッコとトルコからの移民の比較が主流となった[10]。旧フランス植民地モロッコは今でもアラビア語・フランス語両言語使用者が多く、言語の障壁が少ないためにフランスはもちろん、ベルギーへの移民も多い。社会的な成功を遂げて政治・経済・芸術諸分野で活躍する人も確かにいる。ただし若者が単身で安易に渡ってきてホスト社会の理想と現実に失望し、社会への不満が募るケースも多いようである。それに対してトルコ移民は、言語上の困難はあるが親族や同郷人同士の絆が強い。トルコ政府の支援が厚くメディアやネットワークでの情報交換もあり、統合に比較的成功した例だと言われている。ホスト国で生まれ教育を受ける世代

10）Georges Reniers, "On the History and Selectivity of Turkish and Moroccan Migration to Belgium", *International Migration,* Vol.37, Issue 4, pp.679-713. / « L'immigration turque et marocaine en Belgique: 50 ans d'histoire et constats d'intégration », *ANALYSE 2014,* publié avec le soutien de la Fédération Wallonie-Bruxelles. / *L'Islam et les musulmans en Belgique —Enjeux locaux & cadre de réflexions globaux*, Note de synthèse préparée par Hassan Bousetta, FNRS-Ulg & Brigitte Marechal, UCL, septembre 2003, pp.8-22.
ベルギーの旧植民地コンゴ民主共和国からの移民については、外交官・実業家・留学生などある程度高学歴・社会的高地位の人が多いためか、統合政策の文脈での研究は比較的少ないようである。参考までに以下の文献などがある。
Schoonvaere Quentin, *Étude de la migration congolaise et de son impact sur la présence congolaise en Belgique: Analyse des principales données démographiques,* 1er juin 2010, Groupe d'étude de Démographique Appliquée (UCL) & Centre pour l'égalité des chances et la lutte contre le racisme.

になると言語の障壁もなくなる。就職差別など社会的統合の問題が消えることはないが、同時に親たちの言語・文化との乖離の問題も強くなる。

　以上のような社会的状況を背景に、次にベルギーの「移民文学」とはどのようなものかを定義しておきたい。そのさい、3つの視点からの検討が必要になろう。

　1つ目は、ジャンルとしての「移民文学」についての問題である。例えば井上暁子は、ドイツのポーランド語文学に関してだが、「亡命作家や亡命文学からの差異化を特徴とする〈移民文学〉というジャンル」は「一つの文学制度として成立するかしないうちに消えてしまった」「今となっては存在しない」ジャンルと捉えている[11]。またフェダマイヤーはトルコ系移民作家エツカン・エツリを引用しつつ、ドイツのトルコ移民文学が1970年代に始まったとして三段階を区別し、「第三番目の段階では、すでに作家たちは民族誌的な視線を自分たちの両親や祖先の出身地域に注いでいる」という。若い世代の人々にとってドイツ語はもはや外国語でないことが多く、おそらくトルコ語の方が外国語に近い、そのような人々を移民文学として扱ってもいいものか、というのだ[12]。移民第一世代と第二第三（第四…）世代は必然的に異なり、「移民文学」と呼べるものは主に第二世代にのみ適用できるものかもしれない。これが定義に関する第1の視点である。

　ベルギー人研究者E.デクレールも同様の指摘をする。「実際第一世代と特に第二世代の移民たちの文学創造がたいてい2つのものの板挟みの体験を語るとすれば、第三世代の移民作家の作品は民族誌的なコノテーションを強く持つ」[13]。デクレールはさらに「移民文学」研究の対象となり得るものを

11）井上暁子「わたしの語り、わたしたちの語り—ドイツ連邦共和国において1980年代に書かれたポーランド語文学を通して—」土屋勝彦編『反響する文学』名古屋大学、人間文化研究叢書、風媒社、2011年、pp.181-182, 203。

12）レオポルト・フェダマイヤー（翻訳　夜陣素子）「異彩のダイヤモンド—E.S.エツダマの作品における異化効果」土屋勝彦編、同書、p.211。

13）Elien Declercq, *op.cit.*, p.307.

見定めるべく、ジャンルとしての名称確定を試みている。従来の「littérature migrante（移動文学［筆者試訳。以下同様］）」は前提として存在する「littérature nationale（国民文学）」との二項対立でのみ語ることになる。「littératures［issues de］l'immigration（移民［出自の］文学）」や「dites de l'immigration（いわゆる移民の）」も限定的である。「移民」を扱いながら移民でない作家もいる。そこで提案されるのが「littérature de migration（移動の文学）」、英語では「migration literature」である。「移民（出国・入国双方）による、移民にとっての、移民の姿や移動の過程について、一つの概念でカバーできる[14]」というのである。おそらくこの名称、この考え方が、本稿にとっても最も適切なものだと思われ、参考にしておきたい。

　第2点目は、ベルギーにおけるオランダ語文学とフランス語文学の存在[15]と、それぞれにおける「移民文学」の位置づけの差異である。そもそも1830年の独立から20世紀初頭まで「ベルギーの文学」は、表向きには「フランス語」の文学であった。19世紀後半に産業革命や都市市民社会、交通網の発達などを背景にしてパリへと向かったのは主にフランス語話者たちだったが、北部フラーンデレン地方の上層階級や知識人たちもフランス語使用者だった。オランダ語圏ヘント出身の象徴主義作家マーテルランクやローデンバックもフランス語で書き、そしてパリで活躍した人々であった。同時期に、貧しい北部フラーンデレン地方のオランダ語話者の労働者たちは南部ワロニー地方やフランス北部の炭鉱などへ仕事を求めて出かけていたのである。ここでは20世紀になって、オランダ語が公用語化され、やがて地域別一言語主義に基づいて教育や文学活動もオランダ語に一元化されていく。「フラーンデレン文学」の成立である。それに対してフランス語文学は冒頭で触れたように、地域的な枠組みを持ち得ず、また隣国フランスの文学との境界は曖昧なままになった。「移民文学」

---

14) *Ibid.*, p.310.

15) もちろん東部のドイツ語圏文学も当然存在し考慮すべきだろうが、ベルギーにおける人口比や文学的議論の重要性から、ここでは蘭仏の比較に留めておく。

の位置づけもやや異なっている。「オランダ語文学」においてはフラーンデレンでは移民文学や女性文学を「マイノリティ文学」（あるいは「多文化文学」「ポストコロニアル文学」）としてまとめて認識する傾向があるようだ[16]。一方、首都と南部のフランス語圏では制度的にも文学的にも隣国フランスとの共通性が強い。移民は政策的に統合されるべきものであり、基本的に一集団（＝「マイノリティ」）としては考えない。（ただし宗教に関しては徹底的な政教分離をとるフランスと、公認宗教の公的教育を行うベルギーでは異なっている。）そのため移民系作家の文学も一ジャンルとして認識されにくいのではないか。

　移民の主な出自もベルギーの南北で違いがある。トルコ移民はドイツに次いでオランダやフラーンデレン地方も重要な受入れ先となっている。一方フランスが受け入れる旧植民地国マグレブやブラックアフリカ諸国、アジア諸国など全世界からの移民のうち、現在は多くのマグレブ系移民がベルギーにもやって来る。フラーンデレン地方ではトルコ系に次いで多いが、それ以上にブリュッセルやワロニー地方で圧倒的に多く、とりわけモロッコ人が目立つ状況である[17]。

　3つ目の視点として挙げられるのは、ベルギーの移民系作家研究がフランスのそれに取り込まれて一体化し、それぞれの移民系作家が一緒に論じられる傾向である。マグレブ系作家に焦点を当てれば、例えばCh.ボンヌはレイラ・セバールを筆頭とする7人の女性作家を取り上げて作品分析を行っている[18]。その中の一人レイラ・ウアリはベルギー人だが、その国籍については全く問題にされない。他の作家同様「ブール（beur）」として、つまりアラブ系（特にマグ

16）井内千紗氏のご教示による。ただし「マイノリティ文学」の認識が強いのはオランダにおいてで、ベルギーのフラーンデレン文学（オランダ語文学）では、オランダほどには区別されていない、とのことである。

17）*L'Islam et les musulmans en Belgique —Enjeux locaux & cadre de réflexions globaux, op.cit.*, p.8.

18）Charles Bonne, « Romans féminins de l'immigration d'origine maghrébine en France et en Belgique », *Écarts d'identités*, No105, 2004, pp.29-33.

レブ系）移民の子としてフランスで生まれた二世の若者の典型として、論じられている。そして、女性作家たちによる自分語り、両親の故郷での失望（女性は特に伝統的習慣の強い束縛を感じることになる）、二重のアイデンティティ、さらには第二世代に顕著な多ジャンルでの活動（音楽や映画など）といった共通の傾向が指摘されるのである。

　ベルギー人のフランス語移民系作家を論じたものとしては、1992年に発表されたP.アロンの論文がある。主目的はこのジャンルの「制度化」、つまり一つの文学潮流としての定義づけの試みだった。イタリア系のG.サンタコーノ、マグレブ系のL.ウアリとA.セルギーニの、いずれも移民二世として自らの出自やテーマを扱った1980年代出版の小説に焦点が当てられる[19]。3小説とも、大戦間の労働者たちを描いた周縁的ジャンルとしての「プロレタリア文学」の流れを汲むとしつつ、さらに文学形式に注目して新たに「真実の語り（récit véridique）」という共通項を呈示する。具体的には、実際の個人的体験と民族集団の歴史との融合、複数の声による語り、父と息子あるいは2つの場所などの二重性、ルーツ探しと失望などである。ただここでも、ワロニー地方の鉱山労働者たちというベルギーの歴史的事実を背景としつつ、指摘されたテクストレベルでの「真実の語り」の特徴は、フランスにも共通するいわゆる「移民文学」の典型的なテーマとなるはずである。

　ベルギーのいわゆる「移民文学」に目を向けるにあたって、以上3つの留意点を挙げてみた。その中で、ケナン・ゴルグンはどのような位置にあるだろうか。まず両親がトルコから移住してきてベルギーで生まれた典型的な「移民二世」であり、二重のアイデンティティを強く持っているはずであること。フランス人作家とも共通する「移民文学」的特徴が特に自伝的テクストには見られ

---

19)　Paul Aron, « Le Roman des immigrés en Belgique francophone », in *Lettres de Belgique, En Hommages à Robert Frickx*, Janus, 1992. 言及される3作家とその小説は以下である。Leïla Houari, *Zeida de nulle part*, Paris, l'Harmattan, 1985. Girolamo Santacono, *Rue des Italiens*, Mons, Éditions du Cerisier, 1986. Ali Serghini, *La Nuit par défaut*, La Tour d'Aigues, Éditions de l'Aube, 1988.

るだろうこと。しかしベルギーにあっては、トルコ移民出自のオランダ語作家は現在フラーンデレンにおいて少なからずいるが、フランス語で書く作家はかなり珍しい存在で、その意味ではさらに複雑な言語文化的アイデンティティを抱えていることになる。

　ケナン・ゴルグンについて直接論じたものとして、ベルギーの現代フランス語作家4人を分析対象とした研究論文がある[20]。M.マディ（アルジェリア）、A.マンソ（トルコ）、K.ゴルグン（トルコ）、M.ウアルドゥラージュ（モロッコ）の4人の移民二世である。マグレブ・トルコ出自の作家が並んでいるが、論じられるのは出自による比較ではない。「ベルギー性（belgitude）についてのアイデンティティと文化に関する議論に引き続いて出てきた作家たちの世代」という共通性なのである。それは移民第一世代が移住という現実の中で蒙った困難や犠牲を語るものではもはやなく、「第二、第三世代は、より複雑で分類困難な（ブール（beur）文学や移動、移民文学によっても、もはや語れない）方法で、国民文学というアカデミックなステイタスに対する批判やアイデンティティの問題を提起する[21]」という。次の指摘も現在の移民子孫たちのアイデンティティを考える上で示唆的である。「＜統合＞された第三世代になっても自らは国籍の周縁にいること、さらにはフランス語での文学システムの周縁にいると感じることをやめないであろう[22]。」と。フランスとは差異化された、「ベルギー」におけるフランス語での移民系作家、そのあり方を探るヒントがここには書かれていると思われる。すでに「周縁」にあるベルギーのフランス語文学。複数の言語・文化間の葛藤を、出自と受入れ国だけでなく、受入れ国の中でも抱えていること。ゴルグンには、他の現代移民系作家との共通性ととも

20）José Dominiques de Almeida, « Le voyage révélateur dans la littérature de l'immigration de deuxième génération, Le cas des allers-retours interculturels d'écrivains belges d'origine marocaine et turque », *Cadernos de literatura Comparada,* No34 (06/2016), Instituto de Literatura Comparada Margarida Losa, p.146.

21）*Ibid.,* p.146.

22）*Ibid.,* p.154.

に、トルコ系移民二世のフランス語作家という特殊性もある。作品の現代性について、「ベルギー性belgitude」との関係も含めて、これから彼の作品を年代を追って具体的に分析していきたい。

2 「移民性」の拒否 (2002-2009)

　ケナン・ゴルグンは1977年にヘントで生まれた。父親はトルコのアナトリア山岳部の村の出身、イスラム教指導者イマームであった。生徒の1人と結婚し、兵役を経てオランダで仕事を見つけ、そして国境を越えてベルギーのヘントにたどり着いてから妻と長男（ケナンの兄）を呼び寄せたという、いわば当時の典型的な「経済移民」だった。やがて家族でブリュッセルに移住し、ケナンはフランス語の学校で教育を受ける。これだけでもすでに、トルコ（アナトリアという「アジア」）、フラーンデレン（オランダ語圏）、ブリュッセル（フランス語）、イスラム教とキリスト教世界といった、多層的な文化を担う生い立ちだったことがわかる。

　ブリュッセルに移ってからは、作家はいわゆる移民地区の環境で育っている。主にモロッコ人集住地区のモーレンベークに12年、ルーマニア人やモロッコ人の多いアンデルレヒトに13年、そしてトルコ人地区サン＝ジョッスに5年間である。両親はイスラム教実践者であった。15歳まで1冊の本も読まず、トラック運転手になるのが夢だったと言うが、まもなくフランス語で読むこと書くことの喜びを見出し（親族にはそのような傾向は全くなかったという）、作家兼教師ギュスターヴ・ロンジーの書き方講座を受講、17歳で高校を中退する。その後はカンヌ映画祭の記者など様々な文化的イベントの奉仕活動を行い、有名な俳優や音楽家と「ビールを飲んで」いたという[23]。その間、ベルギーのフランス語文学雑誌『マージナル (*Marginales*)』（1945年から4ヶ月ごとに発行）に2002年から短篇作品の投稿を始め、一方で2005年に小説『地獄は我々のもの (*L'enfer est à nous*)』を初出版、その後2009年までに6冊の小説を発表

---

23) 情報はゴルグンの諸著書の表紙やこの作家関連の諸サイトを参照しまとめた。

している。

　ゴルグンは「移民」の出自をあえて前面に出さずに単なる「フランス語作家」であろうと強く意識していた。そのことは後の『アナトリア・ラプソディー』中、次のエピソードでも明かされている。処女作出版に際して集まってきたジャーナリストたちにこう反応するのである。「私の本には関心がないと分かり、幻想から覚めた。彼らの関心は、私がトルコ出自で、明らかにその最初のフランス語作家だということだった。何と見事な〈統合〉の見本か、何と洗練されたエキゾチズムか！と。彼らは私に、トルコ人であり作家であるとはどんなことかを語らせたがった。とりわけ、トルコ人たちとベルギーについてどう思うか、と。私たちは統合されたのか、それとも〈ゲットー化した〉のか？ヨーロッパとはいずれにしても、愛憎合わせもつものなのか、愛かそれとも憎しみなのか？私はその何人かとは会うのを断った。(…)何より、私は作家であること、フランス語が私の言語であること、を証明したいのだ[24]」。

　その上、小説つまりフィクションへのこだわりもあった。「現実がフィクションを超えるときでも、フィクションだけが現実を照らし出す力を持つのだ。エッセイストでもジャーナリストでもなく、その時まで私は〈作家〉に留まろうと努めていた。今後、それはもはや単なる願望ではなく、義務となる[25]」。これはベルギー人たちが無意識にせよ移民を「他者化」してしまうことへの違和感の表明でもある。「シャルリ事件や同時多発テロ事件の実行犯のことを報じるとき、論じるとき、可能な限り他者化した表現が用いられる。〈アルカイダ系〉〈ISテロリスト〉といった言い方がされ、フランス人とは無関係な「外敵」のような異化がなされる。彼らがフランス人、フランス市民であることや、生いたちの環境や経験にはあまりふれない。ただ、そのルーツが外にあることを示したいのか、〈アルジェリア系〉〈モロッコ系〉〈マリ系〉という付加が成され

---

24) Kenan Görgün, *Anatolia Rhapsody*, Vents d'ailleurs, 2014, pp.44-45.（以下、本書からの引用は本文中に［AR：ページ数］で記す。）

25) Kenan Görgün, *Rebellion Park*, Vents d'ailleurs, 2014, p.146.（以下、本書からの引用は本文中に［RP：ページ数］で記す）

ることは多い[26]」といった、宮島喬が指摘するフランスの状況がそのままベルギーにも当てはまるのだ。「ベルギー人」として共存・共生していても「不確かな根拠の下に〈彼ら〉化、〈他者〉化し、排除または交わらぬ並行関係に追いやろうとする[27]」のである。

　ゴルグンはまた、おそらくそれ以上に「移民」たち自身が陥りやすい、自分たち自身による「他者化」も危惧している。つまりステレオタイプ化に自分たちが加担してしまうことである。その一例としてナビル・ベン・ヤディル監督のコメディ映画《男爵たち（Les Barons)》〈2009年〉を例に挙げている。ブリュッセルに住むマグレブ出身青年たちの日常を描くもので、ベルギーでは大評判だった。しかしゴルグンは言う。「もしベルギー人がこれを撮っていたら、人種差別だとして叩かれるだろう。だがカメラの向こうにいるのは〈息子たち〉なので絶賛するのだ。作品の質などどうでもよい。——それが〈私たち〉のことを語っていれば。」[AR:p.51]　映画作品といえば、2001年に興行成績一位だった《ジブラルタルを越えて（Au-delà de Gibraltar)》は評価している。ブリュッセルで高等教育を受けて育ったモロッコ系移民二世の青年の眼を通し、多くの資格を持ちながら就職に苦労し、伝統と現代社会との間で葛藤するさまなどが描かれるもので、ゴルグンもインタビューに協力して自分の父親のことを語ったという。

　彼の初期小説は3人称であれ1人称であれ、確かに語り手も登場人物も決してトルコ人ではなく、舞台もベルギーとは限らない。最近のインタビューでも、初期の小説では「トルコ」や「トルコ系ベルギー人」という言葉は一度も使わなかった、と作家自身が断言している[28]。ただ実際にテクストを読むと、少なくとも民族、人種、アイデンティティといった問題が常にテーマになって

26）宮島喬『フランスを問う—国民、市民、移民』人文書院、2017年、p.9。

27）同書、p.241。

28）Kenan Görgün — Les fantômes de Kenen, entretien à la Maison de la Francité, avec Kenan Görgün, dîner animé par Rony Demaeseneer, Mercredi 9 novembre 2016 à 20h.（URL: https://www.youtube.com/watch?v=Zkk_G8_N3uA, consulté 04/05/2019).

いて、それらが作家の強い関心事ではあったことがわかる。例えば『マージナル』誌への第1回投稿短篇作品[29]では、語り手の「私」は敵対する2つの民族をどちらも自分自身のアイデンティティとして語る。「私はイスラエル人である。なぜなのかどのようにしてかはわからない。(…) 私はパレスチナ人である。なぜなのかどのようにしてなのかいつからなのかはわからない。」投稿の第13作[30]は3人称の語りによる短篇で、アフリカ人の父とケイジャンの母を持つミュージシャンが白人女性と恋をするが差別と貧困のなかで死んでいく物語である。自身も音楽、特にロックをやりたかったというゴルグンは、ラジオのディスクジョッキーのトークを模した文体で、読者(＝聴き手)に軽快なリズムで語りかけている。また例えば長篇小説『パトリオット・アクト(*Patriot Act*)』[31]はアメリカが舞台の探偵小説かSF小説風の(表紙の記載はThrillerとなっているが)、殺人や最先端IT技術、FBIなども絡む波乱万丈の物語なのだが、タイトルの"Patriot Act"とは、2001年にアメリカ議会で承認された法律で、対テロリスト戦争や国家安全のために市民生活を監視するべく今後開発されるあらゆる技術を使えるようにするというものである。「9.11」後の対イスラム(テロリスト)対策を暗示するようで、やはり民族・宗教的対立のテーマが根底にはあると思われる。

ところが、2009年以降、執筆活動がぷっつりと途絶える。「個人的な危機的状態」に苦しんでいたというが、自らのアイデンティティに関する悩みと無関係ではなかったと考えられる。「ベルギー人」としてトルコとは無関係な他者や他民族を語ること。それは結局自分の存在の一部を消し去ることではなかったか。苦悩の原因を推測させるものに、その間の2010年に彼らが脚本制作・監督した21分ほどのテレビ短篇ドラマ《ヤデル(*Yadel*)》[32]があった。ベルギ

---

29) Kenan Görgün, « Demande à la poussière », *Marginales* No246, Eds.Ker, 2002.

30) Kenan Görgün, « DemoCrasy Blues », *Marginales* No265-266, 2007

31) Kenan Görgün, *Patriot Act*, Éditions First, 2009.

32) *Yadel* by Kenan Görgün(Cf.turkish subtitled version URL: http://vimeo.com/49739191, consulté 04/05/2019).

ーに住むトルコ移民二世のヤデルが、自分の生まれる3年前に亡くなった同名の「兄」の影を内面に抱え込み、自己の二重のアイデンティティと自己存在の不安に付き纏われる。映像の詩的な美しさと共に、作家自身に重ねられるヤデルの苦悩が胸に迫ってくる物語である。2014年までの5年間、ゴルグンは各地を旅し、結婚をし、そして妻と共に2013年から2015年にトルコに「移住」する。そうすることで消せなかった自分の民族的根源を「内側から」確認することになるのである。

3　『アナトリア・ラプソディー』（2014）と二重のアイデンティティ

　2014年を境に、ゴルグンは一転してトルコ出自という自己のアイデンティティに係るテクストを一気に創出し始める。明らかな一大転機だった。その第1作が『アナトリア・ラプソディー』である。内容だけでなくテクスト形式も変化し、分類不可能なハイブリッド的なものになる。事実に基づいた1人称の自伝的テクスト、人々に直接語りかける音楽的なリズムを伴った叙事詩、哲学的な思索、様々な要素が混じり合う。そして、自己を語りつつ民族や人類全体の歴史、離郷、移民、移動を語る、壮大な時間性を抱え込むものになっていく。「語り」の方法のメタフィクション的な特徴も顕著である。

　まずタイトルに注目する。両親の故郷アナトリアの村はトルコ共和国のアジア側で、トルクメン族、クルド族、ハンガリー民族起源といった民族複合の場である。古代から近辺にはアラブ人、アルメニア人、ギリシャ人も住み、多文明の重層性を担っている。「アナトリア」はそれを象徴する言葉なのである。また「ラプソディー」は「狂詩曲」とも訳されるが、本来は古代ギリシャのラプソードスが街々を渡り歩きホメロスなどの叙事詩断片を歌ったことから来ている。リラの伴奏で吟唱する吟遊詩人たちの詩だったのである。古代ギリシャという遠い祖先の記憶の上に、テクストは抒情詩的な、アナトリアでの伝統的な次の語りから始まる。

　　　<Bir varmis, bir yokmus…>（Il était une fois, il n'était plus.）

追記されたフランス語訳によれば、「昔あるところにおりました。昔あるところにもうおりませんでした。」といった意味になる。存在するものはいつでも消え去ると解し得るメッセージは、このテクストの性格をすでに暗示しているようでもある。各章の冒頭にも叙事詩的な数行がイタリック体で書かれている。数例を引用するが、繰り返されるのは自己のアイデンティティへの疑いである。それがテクスト全体を貫く象徴的なテーマだとわかる。

> この世に生まれて以来、私は二重の存在 double だ。
> 家族の離郷による二重性、勘違いによる二重性だ。[AR:p.27]
> この世に生まれて以来、私は謎 énigme そのものだ。[AR:p.55]
> この世に生まれて以来、私は突然変異体 mutant だ。[AR:p.97]
> この世に生まれて以来、私は罠 piège だ。[AR:p.125]

「勘違いによる」というのは、ヘントの産院での出産時にあった、実際のエピソードを指す。言葉もわからずパニック状態の母が、それまで父と約束していたオズギュル（Özgür）という名の代わりに看護婦にとっさに「Kenan」と叫んでしまい、そのまま登録されたのだという。以来作家は、親族間では Özgür、公的には Kenan を名乗って人生を送ることになる。トルコ人とベルギー人、トルコ語とフランス語、コーランと聖書などの複数文化間の葛藤が様々な出来事を通して語られるが、2つの名前という自己存在の根源的な苦しみも抱えていたのである。

　「語り」の方法を見てみよう。基本的に1人称の自伝的テクストなのだが、その中には「私」の誕生以前の父と母、祖父母たちの物語も入り込む。両親の出会い、結婚、3歳年上の兄の誕生、父の手紙を父方の親族たちの家で待つ母、呼び寄せられた母たちのベルギー到着初日の日常生活、そして「私」の誕生のエピソード。その後は休暇でのアナトリアへの帰省、ヘントに集結している親族たちとの出会いなどが「私」の思索と混じり合って、時間を往復しつつ嵌め込まれていく。多様な視点と声が響き合っていることがわかる。そしてテクスト全体は、冒頭と各章初めの詩によって、母がいつも語ってくれていた昔話の

ような「声」に包み込まれている。奇妙なのは、父と母の名がどこにも書かれていないことだ。兄については名前はおろかその姿も全く描かれない（本当にいたのだろうか？）。ヘントの叔父（名は「X」と書かれる）の妻とその息子だけはスザンヌ（Suzanne）とビリー（Billy）と名指されるのは、トルコ人ではないために固有名が与えられたのだろうか。また、父や母への呼びかけが《 tu 》という単数形からいつの間にか《 vous 》という複数形になっているのにも注意を引かれる（pp.62-68 など）。さらに「父」も複数形になっていく。「私はこの本を書く。なぜなら私たちの父たち nos pères がもう語るべき言葉をもたないから。」［AR:p.71］

　要するに、個人の物語がいつのまにか民族集団の普遍的な物語となっていく。そのための様々な「語り」の操作が行われているのである。このテクストを書きつつ、「私」は移民の子孫という消せない事実を認識しそれを受け入れていく。しかし故郷は親族たちの名前同様もはや失われた幻でしかないかもしれない。それは次の一節が物語っている。

　　　私はこの磁器の壺だ——落下のあとの。我々という他者、移民は、この壊れた芸術作品だ。落下、我々の場合、それは第一世代の移住だ。異国の地に足を置いたとたんに、我々の祖先たちは壊れてしまうのだ。［AR:pp.143-144］

　テクストには、さらに大きな仕掛けがある。故郷の遠い過去の想い出だけを語っていると見えた『アナトリア・ラプソディー』が、実は「今、トルコで」書かれているということである。それが最終部で初めて明かされる。

　　　今、私は二度目の離郷を体験している。両親が体験したそれの、ネガにして補完である。ベルギーからトルコへ、ブリュッセルからイスタンブールへ。私は思い切って挑戦する。すべてを失うか、すべてを手にするかの危険を冒して、そこに身を投じる。（…）両親が成したことを私も成せるか確かめねばならない［AR:p.130］。

　　　（…）すべてが私の中ではまだ現在進行中だ。《妻とともにイスタンブール

に着いてから、8か月が過ぎた》と書きたかった。しかしそれはまだ、無理のようだ（…）。」［AR:p.131］

「語り手」は今、トルコから語っている。それは、もはや存在しないとわかっている故郷＝起源への帰還ではなく、父親と逆向きの新たな「移住」を経験することであった。つまりベルギーからトルコへ「移住」し、そこから振り返ってベルギーを見るという視線がテクスト全体を支えているのである。そしてイスタンブールに着いて2か月後に暴動が起こったことが告げられる。テクストはそのまま「三部作」の第2部とされる次の『反乱の広場』につながっていく。

4 『反乱の広場』（2014）と内側から語る複数の「トルコ」

「トルコ」を内側から語ること。トルコ人として。ベルギーからやって来た「移民」として。それが前作では隠れた、そして本作では明示された「語り手」のスタンスである。精神的危機を乗り越えるため、妻と共にトルコに移住した直後に暴動が起こったのは全くの偶然だったようである。しかしその只中で行動したことが、自分の中の「トルコ」を語り始める大きな要因になったことは間違いない。

2013年5月27日、イスタンブール中心部にあるゲジ公園の再開発計画反対を訴えるわずか4人の抗議運動が行われたのが、暴動の発端である。賛同する民衆のデモ参加者がやがて千人規模になり、隣接するタクシム広場にテントを張っての座り込みもあった。5月31日にはそれを解散させるべく機動隊が装甲車を出し催涙ガスや放水砲を使い、多くのけが人や逮捕者が出る事態となった。その後建設計画は一部変更されるが事態は鎮静化せず、強権主義的な独裁者と批判されていたイスラム派のエルドアン首相（当時）に対する反政権デモへと発展し、他都市へも運動が広がることになった。2013年のトルコ反政府運動として知られる事件である。

ゴルグンはデモやタクシム広場の座り込みに参加する。催涙ガスを浴び逮捕されそうにもなる。その体験を「現場」から日々書き綴ったテクストが『反乱の広場』である。テクストの形式は日記、あるいはルポルタージュのようでも

ある。日付や時間の記載と共に、「今この場所から」書いていることが時おり
示される。「運動の発端　6月1日、15時、タクシム広場」[PR:p.27]で始まり、
記述はしばしば次のように現在形である。

　　すぐ足元で破裂した催涙弾のいくつもの煙で目が見えなくなり、私はギリ
　　シャ風のレストランに駆け込んで目のやけどの手当てをする。夜は更けてお
　　り、治安隊との追っかけごっこをして数時間になる。ロボコップのつなぎを
　　着た警官たちには苛立ちが見えて、それが私には恐ろしい、実際。」[PR:p.35]

「語り」の方法はこのテクストでも多様である。「私」は行動と報告の合間にも、
絶えず自己の居場所やアイデンティティについての思考を重ねる。

　　［故郷の村の出身者が］異郷のトルコ人になるには、得な交換をしたと証明せ
　　ねばならなかった。心の底では喪失感にとらわれて不安だったから。自分の
　　アイデンティティの拠り所となる縁や特別な関係を失うのではないかと。こ
　　の不安、〈無宗教の土地〉で何年も過ごした後の「私は誰か」という問いは、
　　永久に自らを揺るぎない者にはしてくれない。自分が完全にベルギー人では
　　ないと事あるごとに思い知らされるベルギーにおいても、細かいことで事あ
　　るごとに違いを思い知らされるトルコにおいても。[PR:p.55]

ゴルグン自身、イスタンブールでの2年間でトルコ語を学び直したと後に明か
すが、自分のトルコ語の奇妙さに気づいている。それを話題にする箇所ではト
ルコ人たちを「vous あなたたち」と呼んで、おそらく自らを象徴的に異質な者
と見做しているようなのである。

　　私のトルコ語の話しことばはあなたたちに話しかける時と自分自身に話し
　　かけるときで違っている。私の中にはベルギーがあり、イスタンブールがあ
　　り、それから私の中には祖先のアナトリアの埃っぽい小道がある。母はヴェ
　　ールをかぶった女性だ。一日に5回お祈りをする。[PR:p.42]

時には子供時代のアナトリアへの帰省やベルギーでの生活など過去の回想に入り込むこともあれば、現代社会、例えばインターネットなどについての考察を展開する。次のトルコ移民たちへの直接の呼びかけは公開書状のようでもある。

　　　外国で暮らすトルコ人の友人たちに告ぐ。君たちの中にはとても貴重な想い出を共有している者もいる。トルコを揺るがす事件を遠くから見ることと現場で生きることとは別々のことだ。時間ごと、日夜ごと、我々の生は根源から引き離され、予想以上のスケールで苦しく複雑な現実の中に投げ出されている。[PR:p.108]

今、まさに目の前でかつての（親たちの）「トルコ」が壊れ失われていく、その変化をも「私」は受けとめていくのである。

　『反乱の広場』の「語り」の多様性は別の形でも現れる。「催涙弾への返答」と題する章を設けて、機動隊員の1人である10代の若者へのインタビューを行い、その若者の言葉で語らせるのである。普通の少年が、対峙する同じ現場で何を考えどんな日常を送っているか。さらには、「エルドアン首相との対談」の章では聞き手もエルドアン自身（の内面の声）であり、その思考を直接呈示する。トルコ人反乱者としての「私」だけでなく、様々な「トルコ人」たちの声を並置するのである。それはまた、曖昧で多層的な自らのアイデンティティをすべて引き受けようとする、作家の意識を具現化する試みでもあろう。現在の、現実のトルコと対峙したことで作家は認識する。自分にとってのトルコは「ここ」にだけあるのではなく、ベルギーあるいはどこにでもあるかもしれないもの、どこにもないがどこにでもあるものではないか、ということである。

5　『幻の国に住む』（2014）と「どこにもない国」

　ゴルグンは、3部作となるはずの3冊目として『デモクレイジー・ブルース（DemoCrasy Blues）』の2016年出版を予告していたが、東洋と西洋の関係についての「内的ビジョン」（想像的イメージ）がテーマだという著作は現時点でま

だ出ていない。『マージナル』誌に2007年に掲載された短篇とタイトルが同じ
で、アメリカの混血ミュージシャンの悲劇だったものを、自分のアイデンティ
ティと関わらせてどう語るのか興味を惹く。3部作は未完のまま、次の執筆は
「3部作の対になるもの」と明言された哲学的・詩的な掌編『幻の国に住む』で
あった。2014年という出版年からわかるように、これもトルコ在住中に書か
れたことになる。1人称による「私」の思考は他の2つのテクストと「語り」の
メタレベルにおいて有機的につながっている。ここで象徴的に呈示されるのが
「私は幻の国に住んでいる」という概念で、その意味するところはテクスト内
で繰り返し表現される。数例を見ておこう。

> Pays-fantôme。ここを未だに彷徨っている人々の亡霊たち。彼らは自分がもは
> やいないことを知らないからだ。失われた村々、手に入れるべき街々の、角
> 膜で捉えられた震える影たち[33]。
> 私にはもう確固たるものは何もない。私は自分自身にとって見知らぬ者にな
> った。Pays-fantôme——私はずっと、何よりまず、それを私の中に抱えてい
> る。[PPh:p.14]
> Le pays-fantôme、私はその運び手である。いつも、様々な世界、言語、場所、
> 価値体系の間を通過中だ。分散する、様々な地獄と天国に向かって這い上が
> りながら。[PPh:p.15]

« fantôme » という単語はすでに『アナトリア・ラプソディー』中で2回使われ
ていた。一つ目は父がかつてオランダからヘントに辿り着いたときに3か月間
住んだ家のことだった。この廃屋をのちに作家が訪ねてみると、崩れた屋根と
腐食した壁の、文字通り幽霊屋敷である。ここは「私」自身の誕生の場でもあ
った。「私が生まれることになるヘント。事実上はフラーンデレン人だが、フ

---

33) Kenan Görgün, *J'habite un pays-fantôme*, Couleur livres, 2014, p.11.（以下、本書から
の引用は本文中に［PPh:ページ数］で記す。）

ランス語話者として生きる私の。」[AR:p.69] しかしそれだけでなく、これまで
ヘントにやって来たトルコ人移民たちのすべてを堆積した時間と共に受け入
れる、眼に見えない象徴的な「場」としても示される。「この幻の［亡霊の］家
(cette maison fantôme) は、今では一つの大陸ほどの規模になり、何百万もの
人々を受け入れている。」[AR:p.71] というように。最終部では « pays fantôme »
というもっと普遍的な「場」としてこの言葉は使われる。「生きたものすべてと
共に生き、終わったものすべての中で死に、私は幻の国に住んでいる (j'habite
un pays fantôme)。 私はその地図を絶えず描かねばならない。永遠に、休むこ
となく。」[AR:p.150] 『幻の国』はこのように、自己の根源的「場」に関する前
作来の探求を受け継いだものである。

　この本には後書きとして、ゴルグンと演出家ダニエル・シモンとの対談が掲
載されている。ここでも作家は、個人的体験を普遍的な「移民」現象全体に繋
げようとする意図を強調する。「離郷 (exil) が私にとって何を意味するのか理
解するには、私の個人的な移民の話、つまり私ひとりのトルコ－ベルギー、ベ
ルギー－トルコの話を越えるべきだと気づきました。それでこのような方法
をとったのです。伝承だけでなく、民族集団の解体を語るということです[34]。」
個人の［小文字の］物語 (histoire) を集団的な［大文字の］歴史 (Histoire) とし
ても語ること、それは移民文学の典型的特徴の一つである。ゴルグン自身もそ
のことは意識している。その上で彼は、自らの根源やアイデンティティを現実
の「場」に求めることをもはやしない。歴史とは、「私」が語り続けること、書
き続けること、「地図を描き続けること」でしか継承できない「記憶」であり、
そもそもそうしなければ存在しえない。作家とはその歴史の「創造者」だと認
識するのである。対談ではこう続けている。「〈記憶がすべて消し去られても、
私は個々の人間であり、個々の人間は私だ。〉これは、私が人生で書いた中で
最も重要な言葉の一つです[35]。」

---

34) « Entretien de l'auteur avec Daniel Simon (postface) », in Kenan Görgün, *J'habite un pays-fantôme, op.cit.*, p.57.

35) *Ibid.*, p.60.

その言葉は翌年2015年に『マージナル』に投稿する短編の中心テーマになる。かつての投稿作品のようなフィクションではなく、トルコ人移民や自己を次のように1人称で直接語る。

> 私はイスラム教徒の家で育った。かつてイマームだった者の息子で、父はベルギーに移民して、生徒たちにコーランを教えている。(...) 私は個々の人間で、個々の人間は私だ。私はこれで、私はあれだ！　私はシャルリーだ――ところでシャルリーとはまだ一人の人間だろうか？　(...) ユダヤ人でも、キリスト教徒でも、イスラム教徒でも、無神論者でも、フランス人でも、ベルギー人でも、黒人でも、白人でも、異性愛者でも、同性愛者でも、それはどうでもいい[36]。

メッセージは、信仰の自由を含め全てを受け入れる寛容の精神、自分もこのすべてであろうとする作家の意志そのものであろう。

6　演劇作品『幻の国に住む』（2015）とパフォーマンス

　2014年に出版された3つの著作をもとに、翌年演劇作品が創作・上演される。タイトルは前作とほぼ同じ『幻の国に住む[37]』である。トルコへの「移住」の経験や思索を経てたどり着いた一つの答えが、象徴的に表象される。演出は先の対談相手のダニエル・シモン、フランス語圏のリエージュ劇場とブリュッセルのピュブリック劇場での上演で、COCOF（ブリュッセル首都圏地域フランス語文化活動支援機関）やサン＝ジョッス自治体の助成を受けている。自身の著

---

36) Kenan Görgün, « Je suis chaque homme », *Marginales* No291, 2015.

37) 上演後に出版された次のシナリオテクストを参照した。Kenan Görgün, *Texte-scène J'habite un pays fantôme*, Traverse, Bruxelles, 2015. この本は市場に出回ってないようで直接出版元から送っていただいた。演出のDaniel Simon氏の手書きメッセージが添えられていた。（以下、本書からの引用は本文中に［t-sPPh: ページ数］で記す。）

作を自身で翻案し、新たに演劇というパフォーマンス芸術に取り組んだことも重要だが、何より注目すべきは、ゴルグン自身が主役の1人「ケナン」を演じたことだろう。劇場という現実の「場」で観客と直接向き合い、自らの身体と声を使って表現したのである。その意味は大きい。

　登場人物は、ブリュッセルにいるトルコ移民二世の兄弟「ケナン」と「オトマーヌ」の2人。舞台上には椅子に座った「父」の人形、タイプライター、本作品のもととなったゴルグンの本3冊が置かれている。冒頭、ケナンとオトマーヌが母の巨大な胎盤を表すものから出てくる。中で滞在許可証を見つけた二人は、それを奪い合って破ってしまい「サン・パピエ」（滞在許可証無し＝アイデンティティ無し）となる。トルコ民族の歴史をたどる羊皮紙文書も出てくる。やがて2人は自分たちの存在、そして沈黙したままの父の存在を疑い始める。確かめるには「父」の起源まで遡るべきだと考えトルコの村に向かう。しかし祖父や人々はおらず、村は死に絶えている。イスタンブールで見つけた祖父は記憶を失い亡霊のようになって、昔の歌を口ずさむだけである。喪失感と共に2人がブリュッセルに戻ると、「父」は亡くなっている。父の遺したカセットテープの録音を見つけるが、それも予想とは異なるものだった。

　兄弟のもう1人「オトマーヌ」を演じたのは、前述のテレビドラマ《ヤデル》で主役を演じた俳優オトマーヌ・ムメン（Othmane Moumen）で、モロッコ移民の出自である。トルコ人ではない彼の出演は、この公演が1964年のモロッコ・トルコ移民受け入れ開始50周年記念に合わせた企画だったことに関係するのだろう[38]。そしてこの作品は2人の「息子たち」の個人的物語を、トルコ民族に限らず移民・難民や移動する人たちの普遍的な物語として呈示するというメッセージにもなるだろう。次の台詞も多くの移民たちに共通する状況を語っている。

---

38) 移民受入れ開始後の節目の年の一つとして、2014-15年にはモロッコとトルコ関連を中心に「移民」をテーマとして芸術イベントや特に演劇上演もベルギーでは盛んに行われた（フラーンデレンでも多くのイベントが実施されたことを井内千紗氏にご教示いただいた。）

Othmane［以下O］：父が僕たちに話してくれた国は、もう存在しない。何も残っていない。亡霊（fantômes）しかいないよね、父さん。ここに数年いて金を稼いで、それから国へ戻って土地と家畜の代金を払えると思っていたんだね？　でも時間の罠にかかってしまった！　帰国しても結局その代償は飛行機代よりも高くつく！　そのあとは、自分に残ったものは何かわかってるね？　終わりのない追放...動けない追放だ！　父さん？　何も言わないの？［t-s PPh:p.61］

　タイトルに掲げられた「幻の国」という表現は、実は劇中ではいちども出てこないが、唯一、上記引用箇所で使われる«fantômes»という単語はやはり重要で、民族の離散や記憶、存在の危うさなどを象徴するキーワードとなっている。一方ケナンが主張するのは、旅はある場所からある場所までで完結するものではなく、移民はいったん外に出れば「行き先」はないということである。「もはや旅などはない。移動（déplacements）あるのみ！」［t-s PPh:p.58］

　「幻の国」は前作のタイトルではpays-fantômeと表記されていたが、今回の戯曲作品ではpays fantômeでハイフンがないことが気になっている。それについての言及が今のところ見つからず推測になるが、ハイフンで繋いだ「国」と「幻」は同格つまり、追い求めた祖国が幻の国であったという意味ではないか。それに対してハイフンなしでは、「国」「幻」それぞれが「私」の住むところともとれ、まさに「ここ」でも「祖国」でもあり、また行く先々のすべてでもあり、さらに私自身が「幻として」生きる国ともとれる。祖国喪失の失望から、移動する「私」が創り出していく「国」への未来志向の現れだという解釈をしておこう。

　この作品のもう一つ重要な要素は、兄弟の対照によって象徴される移民二世たちのアイデンティティの二重性である。「ケナン」はベルギー人ないしヨーロッパ人として多様性・複数性を受け入れ、自分をイマームでも司祭でも無神論者でもあると考える。一方「オトマーヌ」は両親の文化、伝統、国の価値観や信条を尊重し継承者たらんと望んでいる。舞台衣装も2人の対比を視覚的に表す。ケナンはヨーロッパの若者一般のラフな服装、オトマーヌはやや伝統的な

服、そして父（人形）は彼の世代のトルコ伝統衣装である。他にも対比の表現は散見される。例えば次の台詞が示すのは、民族の歴史（敷物で表象される）や習慣（トルコ娘と結婚して家を継ぐ）が自己の原点であり守るべきものとするオトマーヌに対し、ケナンにとっての原点とはタイプライター［で打つこと］でしかない、つまり自らが創り出すものだということだ。

O：見ろ。覚えてるかい？〈歴史の敷物〉だ。父さんのために学校で修繕したんだ... (...) 過去、僕らの伝統、僕らの文化！　僕ら！（彼は〈歴史の敷物〉を指さす）原典がなければ、僕らは無だ。（ケナンはタイプライターを指さす）
Kenan（以下K）：原点がなければ、僕らは無だ！［t-s PPh:pp.16,20］
O：イスタンブール！　僕らの場所だ！　僕らの家だ！　(...) 僕は結婚するよ！　ああ、僕らのところの男たちみなと同じようにね。［t-s PPh:pp.12, 14］

宗教に対する態度も対照的である。「O：（ケーキの皿を2人で手に取る）一つめの皿の下には《モスク》と書いたラベルが貼ってある。2つめは《教会》、3つめは《シナゴーグ》だ。」［t-s PPh:p.30］　オトマーヌは《教会》ケーキに怖気づくが、ケナンの方は3つそれぞれを味わいながら食べ尽くし、こう言う。「僕は、自分が誰なのかと自問するそのたびごとに存在する者だ。」［t-s PPh:p.32］
　しかし時には2人の登場人物の境界が曖昧になる。オトマーヌがイスラム式の礼拝をし、ケナンが酒を飲んで酔っている場面のト書きには、「（すぐに、ケナンとオトマーヌの身体言語はほぼ同一になる）」［t-s PPh: p.34］とある。そして2人が同時に跪く動作、座って上半身を前に倒す動作、頭を左右に揺らす動作が続く。台詞が対句のようになる場面もある。「K：そんなに悪いか、変化って？　O：そんなに悪いか、安定って？　K：(...) 世界は、そこから出ていけないような円陣ではない！　O：大地はそこから出ていけない円陣である。［下線は原文イタリック］」［t-s PPh: pp.39, 40］もしかすると2人は同一人物の分身ではないだろうか。実はその可能性を、作者自身が対談で示唆しているのだ。「ところで本当に2人の登場人物がいるのだろうか、それとも1人の精神分裂病者がいるだけのでは、とね[39]。」観客がその疑いを持つように、舞台の動作

や台詞は意図的に仕組まれていることになる。

　ここで思い返したい。ゴルグンは人生において、複数の名前、複数の民族、複数の言語といった幾重ものアイデンティティを意識してきた。舞台ではそのうちの一つの「ケナン」を自身で引き受け、そして「トルコ人」アイデンティティの自己はオトマーヌという分身に引き受けさせたのではないか。複数の自己を同時に、ここにも、あそこにも、どこにでも、可視化して存在させることができるのが演劇舞台であろう。ゴルグンは同じ対談の中でこうも示唆している。「全体を通して少し特異なのは、創造者−創造物（被造物）の関係があることです。私が舞台上にあるすべての創造者なのは当然ですが、その「私」が突然、彼［オトマーヌ］は私の創造物であり、父さえも私の創造物だと断言します。もちろん私の相方は同意しません[40]」。つまり舞台は、登場人物である「作家ケナン」が「いま、ここで」創造しつつあるもので、自分探しの実験室になっているというのである。「ケナン」が「作品」のタイプを打っている場面を見ると、「K：［オトマーヌに向かって］(...) 僕が君を生地の中に編み込み、そこから夢が創られるんだ！　君は、僕が考えていることを聞いてもらうために僕が創り出した操り人形でしかない！ (...) O：君は作者か、ちがう？」［t-c PPh: pp.12, 14］書くという創造行為、つまりケナンがタイプライターで打つことを続けない限り、オトマーヌも舞台上のものもすべて消え去る。あるいは存在しないことになるのである。父の存在はもっと危うい。「K：パパ？（ケナンは、自分の書いたものを確かめる）僕の書いたものの中に、父の痕跡がない！（「父」は人形である）」［t-s PPh:p.11］ケナン自身の疑念の投影が、人形として表象された「父」なのである。

　「母」の存在はどうだろうか？舞台の開始を告げる「初めに胎盤があった」というオフの声は、新約聖書の冒頭（ヨハネによる福音書）、つまり世界の原初

39) « Rencontre avec Kenan Görgün », par Sophie Piret pour le Théâtre de Liège, septembre 2015, in *Cahier pédagogique — J'habite un pays fantôme* (Kenan Görgün // Daniel Simon), 2016, p.2.

40) *Ibid.*

を告げる言葉とつながるのではないか。その声はまた母の象徴なのではない
か。胎盤から出てきたケナンがこう叫ぶからだ。「K：私は起源だ！　今から
存在するすべてのものは、私から発するものでしかない。」[t-s PPh:p.9]。そし
て「K：僕が君の母だ！」[t-s PPh:p.10]。人形としてそこにずっといる「父」と
は対照的に、「母」は決して姿を見せないが、創造者としてのケナンと一体化
しているようである。「K：（タイプライターを指さして）ここに君のママがい
る！」[t-s PPh:p.11] さらに最後の父の埋葬場面では「女」の歌声が響くが、そ
れもまた「母」の象徴として、冒頭の声と呼応するかのようだ。つまり舞台上
の世界全体が見えない「母」に支えられているのである。

　書き続けなければ存在できないのは世界の歴史も、そして「母」に支えら
れた「作者ケナン」自身も、である。「K：歴史は人間の決断から生じる。」[t-s
PPh:p.18]「K：人はそれぞれ、2回生まれて死ぬ。生物的な誕生 (…)。もう一
つの誕生は…（オトマーヌと父を同時に見つめて）自分自身の決断だ。」[t-s
PPh:p.20]

　世界を創り出すというケナンの行為は、演劇のもう一つの空間をも巻き込ん
でいく。現実の観客席である。「K：お前が生まれたのはここだ！（観客席を指
さす）」と、ベルギー生まれで移民出自というゴルグン自身の「現実」を、いき
なり観客に突きつけるのである。そして目の前の人々に直接呼びかけもする。
「K：そこの、外の世界にはすべてがある！（彼は観客をじっと眺める）(…)ベ
ルギー人がいる。トルコ人… モロッコ人… イタリア人… それに… 眠っている
奴も！」[t-s PPh:p.27] 舞台と現実世界は一体化し、名指された人々は「いま、
ここに」存在することを改めて認識する。その「存在」を創出するのも「ケナ
ン」の言葉である。

　作家ゴルグンはこの作品において自身が俳優として演じた。それは自己のア
イデンティティ探求を、創造行為の意味の探求と重ねつつ、作品世界と現実世
界を跨いで実践することにほかならなかった。

7　『心の中のデリア』（2016）とジャンルの越境

　ゴルグンはテレビドラマや演劇の脚本も手がけ、自ら舞台で演じ、メタテク

スト的な様々な試みをしてきた。それが自身の移民出自のアイデンティティ探求の手段にもなっていたと思われる。最後に、その後出版された『心の中のデリア（*Delia on my mind*）』を見ておきたい。これは前述のテレビドラマ《ヤデル》を「小説」テクストに置き換えたもので、よくある原作のドラマ化とは逆方向の翻案でもあるが、その「語り」は単純ではない。

　ストーリーは基本的にドラマと重なる。ヤデルが1人称で語る、誕生前に亡くなった同名の「兄」（＝トルコ、父、伝統）との決別の物語である。デリアという名の女性との愛を創り出す物語でもあるのだが、彼女はやがて消え去る。デリアは誰なのか、実在するのか、ヤデル自身も誰なのか、本当に存在しているのかどうか、あらゆるものの存在も、現実と非現実の境界も曖昧になっていく。ここでは「言葉」とりわけ「名前」が存在の象徴として非常に重要な意味を担っていることに気づく。例えば兄と「私」とデリアの名前は互いに混じり合い、そして「故郷喪失者」の象徴になる。

　　［Yadelの意味とは］つまり …« Dersine...De-ra-cine. » Yadel とは、根無し草、離郷した者。自分の土地から遠く離れ、起源から遠く離れて[41]。
　　Yadel-Delya-Delia（…）このすべてを僕が創り出したと彼女は察するだろうか？ …デリアとは、僕の狂気からの名前なのだろうか？ ［D:pp.167-168］

　やがてこれらの光景は、演劇舞台上の出来事ではないかとも示唆される。「このすべては演出でしかないのだろうか？」［D:p.187］と。何よりも問題なのは「ヤデル。ケナン・ゴルグンとの共著」という、この小説の表紙に書かれた著者名である。しかも「ヤデル」の文字の方が大きい。その「事情」は小説内で次のように説明される。「私」は気づくとデリアと共に舞台上にいる。

---

41) Yadel avec Kenan Görgün, *Delia on my mind*, maelstrÖm reEvolution, 2015, p.163.（以下、本書からの引用は本文中に［D:ページ数］で記す。）

デリアは舞台上で私の傍らにいる。奇跡のデリア、彼女が誰であろうと、彼女が何であろうと。そして客席に、ダニエル・シモンの子供っぽい顔がある。そして――隣に座って彼に小声で話しかけている男の方に時おり体を屈めていた。その男には今気づいたところだ。髪型は違っていたが、『アナトリア・ラプソディー』の表紙裏の著者紹介に添えられた写真と同じ顔だった。シモンに話しているときも、そのケナン・ゴルグンは私から目を離さなかった。[D:p.191]

　　　　[その後、2人は話を交わし始める。]

　「いつから書いてるの？」と彼［ゴルグン］が私［ヤデル］に尋ねた。「実際には書いてるというか、タイプで叩いています。(...) 私の母は文字が読めません。父はそうではないですが。」(...)「僕たちの父親はいつも［母が読めないことを］怒ってるね。」[D:p.195]

　ヤデルとゴルグンの生い立ちの共通性、「僕」がいつの間にか「僕たち」となっていること。ここまでくれば「ヤデル」とはまたしても「ゴルグン」の分身であり、架空の人物ではないかと思えてくる。小説内でも「2人」は一緒に書き始める。「こうしてケナン・ゴルグンと私は一緒に書き始めた。嘘もすべて受け入れて、私たちの様々な生の物語を。」[D:p.198] そして「このページで、我々はデリアと共に愛し合う」と書かれたページを挟み、最終部に「穏やかなる猟犬の群れ」と題する「合作」と称した詩が掲載される。詩の最後には「ケナン・ゴルグンが書き始め、ヤデルが書き終わる」と署名される。

　『心の中のデリア』という不思議なテクストは「小説」と銘打ちながら、実に多くのメタテクスト的な、さらにはジャンル越境的な戯れを行っているようだ。ヤデルという「非存在」が、「現実」の演出家シモンや作家ゴルグンと交流し、彼らを「他者」として描き出す。デリアはフィクション中のさらなるフィクション、つまり舞台上の存在にすぎないのかもしれない。ヤデル自身は、テレビドラマでヤデルを演じた俳優オトマーヌと重ねてもいいだろう。その姿を借りることで存在できるかもしれない。あるいは『幻の国に住む』でゴルグンの分身としての役を演じたオトマーヌのさらに分身であってもいいかもしれな

い。小説、自伝的テクスト、民族的叙事詩、そして演劇、テレビ。つまり作家がこれまで行ってきた創作行為のいっさいが、多層的なアイデンティティと共にこの一つのテクストの中に含まれているのである。

おわりに

　ベルギーで活躍するトルコ系移民二世作家ケナン・ゴルグンの作品を追ってみた。単に「ベルギーのフランス語作家」であろうとした初期には、作家は作品に自己を投影することなく、仮の「語り手」によるテクストの背後に身をひそめていた。しかしトルコというもう一つの民族的アイデンティティとの葛藤は消えることがなく、精神的な「危機」を越えて2014年以降、トルコに身を置きつつ1人称で混淆的文体のテクストを書き始める。自己の多層的アイデンティティをそのまま受入れて、異郷性、異質性を意識的に取り込むようになったのである。逆説的にもそれが「ベルギーのフランス語文学」として制度的に、つまり「正統」に認知されることになった。しかしそのことは、異質な「他者」に新たな注目が集まった結果ととるべきではない。諸作品を見てきて確認できたのは、それらが創造行為そのものの意味を問う、そしてジャンルの枠を越える、優れて現代的な言語芸術であるということだ。作家としての創造行為こそが、両親の、トルコ民族の、さらには諸民族にも通じる普遍的な移動という出来事の記憶を留め、その歴史を「存在させる」のである。ゴルグンの言葉によれば、どこにもない「幻の国」を自らの内に抱えて移動し続け、その地図を書き直し続けることで、至る所にそれを「存在させること」、そしてそのつど選び取る存在が自己のアイデンティティであること。これらを表象するために、彼は様々な語りやメタフィクション的実験を行うのである。

　そういった試みが、彼の創造において次第に多様化していった。改めて2014年以降の作品を振り返れば、まず基本的に1人称で語りつつ、そこに複数的・集団的な声を織り込んでいった。次にはトルコという「場」の内側から「私」自身の声や、立場の異なるトルコ人たちの声を聞かせた。また作家は自分の多層的アイデンティティをすべて受入れ、舞台では二重の自己を兄弟としての分身に振り分け、書くという創造行為こそが登場人物たちや作家自身をも

存在させることを象徴的に演じてみせた。次の小説ではついに作家自身の存在を客体化し、架空の「作者」が現実の作家や演出家や俳優を登場人物として描き出すという逆転の構図を実践して見せた。「自己」をめぐる創造が次第に脱中心化、脱領域化の傾向を強めていった軌跡が辿れたのではないだろうか。井上はドイツにおけるポーランド語文学が「間テクスト性とパフォーマンス性を特徴とするメタフィクション文学の時代へ」文学史的に至っていると指摘し「移民による一人称の語りを、特定の集団の表象や言説へ回収することなく、様々な集団を脱中心化する可能性を秘めた文学表現として分析することは、今日の移民文学研究に求められる課題の一つであろう[42]。」と示唆する。ゴルグンもベルギーにおいてそのような研究対象となり得る作家ではないかと考える。

　ベルギーのフランス語文学が追究してきた「ベルギー性belgitude」がすでに多層的、越境的性格を擁するものであると冒頭で言った。「ベルギー人作家」であることは、アイデンティティの曖昧さをそのまま引き受けることでもあるだろう。移民系作家たち、そしてとりわけゴルグンのテクストは、そのような「ベルギー性」との親和性をも確かに持っている。また、いまだに領域性の可能性にしがみつく「ベルギー性」（ここ）の概念よりもさらに進んで、無国籍的な「越境する作家」が担う「ベルギー的なるものbelgité」（どこでも）なる概念を当て嵌めることのできる作家ではないだろうか[43]。

　補足として、ゴルグンの著作のパラテクスト的な側面を二つ指摘しておきたい。一つは作品タイトルに多用されている英語についてである。筆者は初め、仏・蘭語を超える中立的な言語の選択、あるいは国籍を超えた普遍性の選択といったいかにも「ベルギー」らしい意図を見て（見ようとして）いた。ところが答えは意外にも、音楽や映画からの自由な連想、間テクスト的なものだとわかって驚いた。「英語の歌のメロディや言葉の響きが大好きで、文体だって影響を受けているんだ。*Rebellion Park*は*Punishment Park*［1971年アメリカ映画：

42）井上暁子、前掲書、pp.203-204 。
43）これら2つの概念については改めて注3を参照してほしい。

筆者注] から、*Delia on my mind* は *Jennifer on my mind* [1971年アメリカのブラックコメディー映画]、そして *Anatolia Rhapsody* は少しだけ《ボヘミアン・ラプソディー》かな[44]」と。この作家はいとも軽やかに国も言語もジャンルも越境して行き来しているのだと、改めて納得した。

　もう一つ、出版社の問題にも言及しておきたい。従来、地理的に近いベルギーはもちろん世界のフランス語圏の作家は、絶対的中心地パリの出版社から刊行するのが主流である。広い活躍の場、またより広い認知と市場を獲得するためにもそれは必要であった。実は文学賞を受賞した『幻の国に住む』（エセー、戯曲とも）、『心の中のデリア』はブリュッセルの出版社から出版されている。また彼の著作のオランダ語翻訳はまだ一冊もないらしい。彼の認知はまだ限定的であるということになる。しかしまた、本章で言及した『パトリオット・アクト』『アナトリア・ラプソディー』『反乱の広場』はじめいくつかの作品はすでにパリで出版されている。受賞をきっかけにメディアへの露出が明らかに増えている。ここからフランスへ、より広い世界へ進出する可能性は、従来のベルギー作家たちが辿ってきたように、十分あると思われる。

　最後に、ベルギーのいわゆる移民作家全体に改めて視線を向けておこう。フランス語の作家については、フランス中心である「移民文学」研究の対象としてはまだ数少ないが、前述のレイラ・ウアリなどの女性作家をはじめ、言語、国境、ジャンルなどを越え、社会的な活動を含めて活躍する移民二世・三世の作家たちはすでに存在する。彼らの活動や作品についての紹介・研究は今後進めていくべきことだろう。本章では触れることができなかったが、オランダ語「フラーンデレン文学」における移民作家の存在との関係や比較も文学の「ベルギー性」を探るには必要であろう。繰り返すがベルギー文化は蘭・仏そしてドイツ語も媒介としてすでに多層的である。そこに移民出身者たちの芸術活動、文化的営み、また生活そのものが、さらに多層性、つまり豊かさをもたらしてくれるに違いない。その時彼らは「ベルギー人であること」「ベルギー性」にし

44）Kenan Görgün — Les fantômes de Kenen, entretien à la Maison de la Francité, *op.cit.*

がみつく必要はもはやないのである。移民出自としてのアイデンティティを隠すことも、逆に武器として使うこともせず、例えば一人の「フランス語作家」として、自己や民族、そして普遍的な人々を語るのだ。その作品はやがてさらに広いフランス語圏の世界へ、そして言語の境界も越えて、ジャンルも越えて、「世界文学」として多方向へ広がっていく可能性もあるだろう。それら全てが「今、ここ」を絶えず描き直していくのである。

謝辞
本研究はJSPS科研費18K00478の助成を受けたものです。

第7章

ダルデンヌ兄弟の映画と移民たち

吉村　和明

はじめに

　2015年に刊行された『国境を超える　現代ヨーロッパ映画250』は、副題に「移民・辺境・マイノリティ」とあるが、話題の中心は「移民」であり、ヨーロッパ映画が「移民」をどう捉えてきたか知るために、きわめて有益な資料を提供してくれる。この本の編著者の一人夏目深雪が、他の編著者たち（野崎歓、渋谷哲也、金子遊）との冒頭の座談会「移民映画の20年、10本」のなかで、次のように述べるくだりがある。

> 　私はこの本を作った動機の一つにダルデンヌ兄弟の存在が強くありました。移民を撮ることを目的に映画を撮り始め、その後もコンスタントに撮る監督——そういう監督が登場するヨーロッパという磁場を考えたかったということです[1]。

ジャン＝ピエール（Jean-Pierre Dardenne, 1951-）とリュック（Luc Dardenne,

---

1) 夏目深雪、座談会「移民映画の20年、10本」、『国境を超える　現代ヨーロッパ映画250』、河出書房新社、2015、p.35。

1954-）のダルデンヌ兄弟は、ドキュメンタリー映画から出発してのちに劇場映画を撮り始め、今にいたっている。『イゴールの約束 *La Promesse*』（1996）以降、製作したすべての作品がカンヌ映画祭に選出され、パルム・ドール賞も二度受賞した。文字通りベルギーを代表する映画監督である。そのダルデンヌ兄弟がほんとうに「移民を撮ることを目的に映画を撮り始め」たかどうかは措いておこう。ともかく移民たちの現存が彼らのフィルムに強く刻印されていることは紛れもない事実だ。「この本を作った動機の一つにダルデンヌ兄弟の存在が強くありました」というのもうなずけない話ではない。

　夏目深雪は、この本のいわば「各論」の部分でダルデンヌ兄弟の映画を論じながら、『ロゼッタ *Rosetta*』（1999）に触れて、その日本公開時のパンフレットの次のくだりを引用する。

　　——〈…〉移民にこだわる理由は何ですか？
　（リュック・ダルデンヌ）「社会の際にいる人々に関心があるのです。社会の中心がどう機能しているかは端にいる人々を見れば、よくわかる。国家や社会環境を知るためには、その社会が外国人にどういう態度を取っているかを見ればいい[2]。」

まず確認しておく、『ロゼッタ』はいわゆる「移民映画」ではない。たしかに「ロゼッタ」という名前そのものはイタリアふうだが[3]、映画のなかに彼女が移民であることを示す情報はまったくない。リュック・ダルデンヌが、彼の著

---

[2] 金原由佳「エミリーの瞳が、青から黒に変わっていった」リュック＆ジャン＝ピエール・ダルデンヌ監督来日インタヴュー、『ロゼッタ』日本公開時のパンフレット、p.12。

[3] たまたまイタリア人作家 Rosetta Loy の小説を読んでいたリュック・ダルデンヌの妻エマニュエルの示唆によるものだという。Luc Dardenne, *Au dos de nos images 1991-2005, suivi de «Le Fils», «L'Enfant» et «Le Silence de Lorna» par Jean-Pierre et Luc Dardenne,* Seuil, «points», 2008, p.45.（以下 *Au dos de nos images* と略する。）

作『われわれのイメージの背後に』のなかに、「彼女〔ロゼッタ〕の過去、歴史、行動を説明する情報は出さないことにしよう」と記すとおりだし[4]、さらに脚本を書くにあたって留意すべきことが列挙された箇所で、ロゼッタという登場人物の説明として記されているのは以下のようなことのみである、「仕事、居場所、生存、承認を求める17歳の若い女性[5]。」ジャン＝ピエールとリュック・ダルデンヌはもっぱら「こちらでの、あちらでの〈…〉あるがままのロゼッタを見せ」ようとするだけだ[6]。それ以上でも以下でもないのだ。

　ただ、それはそれとして、上のリュック・ダルデンヌの言葉は、彼がジョルジュ・ディディ＝ユベルマン『ホタルたちが生き延びること』（Georges Didi-Huberman, *La Survivance des lucioles*, 1975）に触れて記した次のような言葉、「（ほかのときには）わたしは、社会の周辺に生きる人々、外国人たち、正当な場を得ていない人々、社会的脱落者たち、屈辱を受けた人々のことを考える。ジャン＝ピエールとわたしはこういう人々を映画に撮ることが好きだ」を思い起こさせるし、そうであってみれば「移民」が彼らの（社会的、映画的）関心のなかに大きな位置を占めることになんのふしぎもない。

　以下、彼らのフィルモグラフィーのなかでとりわけ「移民」が大きな役割を果たす二作品、『イゴールの約束』と『ロルナの祈り *Le Silence de Lorna*』（2008）を中心に[7]、彼らがどれほど濃やかな配慮をもって移民たちの現存に向きあっているか、検証していく。

---

4)　*Au dos de nos images,* p.73.

5)　*Au dos de nos images,* p.86.

6)　*Au dos de nos images,* p.74.

7)　『午後8時の訪問者 *La Fille inconnue*』（2017）をこれに加えるべきだが、紙幅の制限もあり、このフィルムについては、最後に簡単に触れるだけにとどめておきたい。

1 『イゴールの約束』

1.1 『君たちを想う』から『イゴールの約束』へ

ダルデンヌ兄弟と移民について考えるときまっさきに思い浮かぶのは、いうまでもなく先に触れた『イゴールの約束』だろう。この映画は1996年のカンヌ映画祭の「監督週間」で上映され、彼らの名前を一躍世界に知らしめることになった。

すでに述べたように、この映画はダルデンヌ兄弟の文字通りのデビュー作ではない。ドキュメンタリー映画を撮りつづけたあと、彼らは『ファルシュ *Falsch*』(1987)、『君たちを想う *Je pense à vous*』(1992) という二本の長編劇映画を撮っている。年齢も40代半ば、すでに中堅の映画監督と言ってもよかった。にもかかわらず、彼ら自身の認識でも『イゴールの約束』はそれまで自分たちが撮ってきた映画と——とりわけ『君たちを想う』と——決定的に違うなにかがあった。リュック・ダルデンヌ自身も、この映画の撮影が始まって二週間ほど経ったころ、「たぶんわれわれは、ずっと前から探し求めていたなにかを発見しつつあるのではないか。最初の映画を撮っているという印象がわれわれにはある」と記しているほどなのだ[8]。

『君たちを想う』も、以後ダルデンヌ兄弟が撮るほとんどすべての映画の舞台となるリエージュ近郊の小都市スランの物語である。スランは、かつては鉄鋼業の中心地として栄えていたが、70年代になって製鉄所が閉鎖されるとすっかりさびれてしまう。『君たちを想う』はそのような衰退の時を生きるある家族の別離と再会の物語である。

白煙をあげて操業を続ける巨大な製鉄所の遠景ショットからこの映画は幕を開ける。たしかに印象的な風景ではある。だがこれは、カメラがいきなり現実そのものに切りこんで、息づまるような鋭利なイメージの流れに観客を巻きこんでいく——「物たちの穴（ケツ）に入りこまねばならない」と彼ら自身がいう[9]、アグレッシブで神経的な方法で撮られた——『イゴールの約束』以降のダルデン

---

8) *Au dos de nos images*, p.55.

ヌ映画とはずいぶん違う。やや甘い人工的な音楽がずっと鳴り続けて、それが
うるさく感じられもする[10]。監督みずからが認めるように、この「美的に粉飾
された」風景が、「フィルムを押しつぶし」ているかのようである[11]。

　勤めていた製鉄所が閉鎖されて居場所がなくなり、喪失感にさいなまれるま
まに妻と息子を捨てて姿を消してしまう男（ファブリス）が主人公である。妻
のセリーヌは夫の裏切りにもかかわらず必死に彼を探し、ついに売春宿で自堕
落な生活を送る彼を見つけだす。セリーヌは彼をとがめることはせずに帰還を
促し、たしかにそれはダルデンヌ兄弟に親しい「和解」の場面を構成しはする。
しかしそれはたんなる物語上の山場の一つというにすぎず、そのままとってつ
けたようなラストシーンへとつながっていく。カーニバルの「ジル」たちの行
進[12]とそれを見物するたくさんの人々のなかでの家族の再会のシーン。息子
がまず父親のすがたを目にとめて「パパ」と小さく叫び、彼に抱きつく。それ
を見て妻も夫の存在に気づく。切り返しを多用した、ダルデンヌ兄弟らしから
ぬ（といまとなっては思えてしまう）メロドラマ的な演出である。

　『カイエ・デュ・シネマ』のインタビュアーの要約によれば、この映画の製

---

9)『ロゼッタ』についての『カイエ・デュ・シネマ』誌のインタビューのなかで、お
　たがいにいつもこう言いあっているのだとジャン＝ピエールは言う。それを受
　けてリュックも「なかに入りこんでいる、解説にならないようにしているんだ」、
　「われわれは自分たちがしていることを眺める視点をもたない、なかに入ってい
　る」と付け加える。«««Il faut être dans le cul des choses». Entretien avec Luc et Jean-
　Pierre Dardenne», *Cahiers du cinéma,* n°539, 1999, p.51.

10) 音楽を担当したのはヴィム・メルテンス（Wim Mertens）。この名の売れたベ
　ルギーの作曲家とは、対話がまったくなかったという。Emmanuel Burdeau,
　«L'Offensive des Dardenne», *Cahiers du cinéma,* n°506, 1996, p.46.

11) Madeleine Mairlot, *Il était une fois... Rosetta,* Édition du Céfal, 2005, p.58.

12) マルディ・グラの日に、大きな羽飾りで頭を覆い、コメディア・デラルテふうの
　同じ衣装を身にまとった人々が行列を作り、音楽に合わせて街路を練り歩いて、
　沿道の見物客にオレンジを投げ与える風習がある。彼らのことを「ジル」と呼ぶ。
　ベルギーのバンシュ市のものが知られている。

作は、「制約の経験」そのものであり、「『国際的な名声を享受する』映画人たちとの波乱含みの出会い」であった[13]。とはいえ、彼らにとっては躓きの石以外の何物でもなかったこの失敗の体験こそが、今日われわれの知るダルデンヌ兄弟を生んだのでもあった。「『君たちを想う』の悪い体験」のあと、のちに『イゴールの約束』となる映画を準備しながら、リュック・ダルデンヌはジャン＝ピエールと長いあいだ話しあった結果として、今後自分たちがどう映画を作っていくかについて、次のようにまとめている。

　　低予算、すべて（物語、美術、衣装、照明、スタッフ、俳優）についての単
　　純さ。自分たちのスタッフ、自分たちの俳優をもつ。ほんとうにわれわれと
　　仕事をしたいと願い、そのプロ根性でわれわれの邪魔をしない俳優たち。わ
　　れわれの意思に反して、すでに知られている、認知されていることに導いて
　　いこうとしない、無名の人たち。いまもかわらず支配的である気取り、わざ
　　とらしさに逆らって。貧しく、単純に、ごまかしなしに思考すること[14]。

『イゴールの約束』という、周到に準備され、隅々まで配慮が行き届いたあのようなフィルムが、ここに記されたさまざまな条件についていっさい妥協のない徹底ぶりで完成にまでいたったことに、いまさらながら驚きと敬意を禁じえない。不法移民の現実も、たしかにそのようなダルデンヌ兄弟の映画づくりを通して映像化されたがゆえに、先に触れた「欧州で移民を撮る映画監督」といった受容にもつながっていくことになったのだった。

　その『イゴールの約束』の冒頭。黒地に赤い活字が次々に映しだされるだけのそっけないタイトルロールのあいだ、音楽ではなく機械音のようなものが鳴り続けている。車のエンジンがかかる音も聞こえる。すでにこの時点で、この

13）Emmanuel Burdeau, «L'Offensive des Dardenne», *Cahiers du cinéma*, n°506, 1996,
　　p.45-46.
14）*Au dos de nos images*, p.14.

フィルムが現実と地続きであることが感じられる、とそこに自動車の修理工場で働く少年イゴールの姿が視界に入ってくる。カメラは自在な動きで彼の行動を追う——突然の故障のために修理工場に車を乗り入れてきた老婦人にてきぱきと対応し、そのいっぽうで座席に置きっ放しの彼女の財布を盗み取り、財布がなくなったことに気づいてあわてふためく老婦人にいい加減な嘘を言ってごまかすそのふるまいを、リズミカルに映しだしていく。

　『君たちを想う』では、巨大な製鉄所の重厚な遠景ショットのあと、製鉄所に沿って移動する車の視点から壁の背後のむき出しの骨組みが移動撮影で映しだされ、そのままカメラがパンすると、車の上に置かれた、きれいなリボンで結ばれた木の枝がフレームインしてくる。さらにハンドルを握る父親（ファブリス）と後部座席から身を乗りだして彼と楽しげに会話する息子の姿が映りこんでくる。ヨルゴス・アルヴァニティス（Yorgos Arvanitis）による流麗なカメラワークだが[15]、このように人工的に練りあげられた自己完結的な「映像美」は、先に見た『イゴールの約束』のぶっきらぼうで荒々しい——「物たちの穴（ケツ）に入りこむ」——冒頭の場面と明らかに違っている。この違いについては、リュック・ダルデンヌによる次のような明快な説明がある。『ロゼッタ』についてのインタビューで、「カメラは登場人物のあとを追っていくのか、それとも登場人物がしようとしていることを知っていて、前もってフレームのなかにそれを書きこむのか」と問われたさいの、リュックの答えである。

　　『イゴールの約束』のとき、われわれは、フレームというものが、俳優あるいは女優の身体に応じて決定づけられることに気がついた。『イゴールの約束』以前は［…］登場人物たちは、あらかじめ存在する空間のなかにやってくる

---

15) ヨルゴス・アルヴァニティスはテオ・アンゲロプロス（Theo Angelopoulos）の名カメラマンだが、彼について『カイエ・デュ・シネマ』のエマニュエル・ビュルドー（Emmanuel Burdeau）は、監督と距離を置き、「壮麗なトラックショットを撮ることだけを考えていた」と皮肉っている。Emmanuel Burdeau, «L'Offensive des Dardenne», *Cahiers du cinéma,* n°506, 1996, p.46.

にすぎなかった。いまではわれわれは、空間が、それを満たすものによって形づくられるようになるべく努めている[16]。

じっさいある瞬間に空間を切りとったフレームは、イゴールの身体の運動にしたがって不断に変容を重ね、たえず新しい局面を示しながら一つの流れを構成していく。先に見た場面のあと、イゴールは盗んだ財布から金だけ抜き取ってそれを修理工場の裏庭に埋め、工場に戻って主人から溶接の技術を教わる。とそこに画面の外から車の鋭いクラクションの音が響き、彼は早退への小言を耳に外に出ていく。カットが変わり、マイクロバスの運転席のロジェ（イゴールの父親）に急かされながらそこに乗りこむ、といった具合である。このような一連の映像の流れにすでにダルデンヌ兄弟独特の映画的スタイルが際立ち、それは『イゴールの約束』から『ロゼッタ』へ、さらに『息子のまなざし Le Flis』（2002）へと、いっそう徹底され、研ぎ澄まされていくことになるだろう。

1.2 美的粉飾の拒否

　ロジェは密入国した移民たちを劣悪な環境の住まいに押しこめて家賃を搾りとり、さらに彼らを不法に働かせて息子と自分が住む予定の家（「ホワイト・ハウス」と呼ばれている）を建てている。セルビア、クロアチア、ルーマニア、マグレブなど移民たちの出身はさまざまで、そのなかにブルキナファソから夫のアミドゥを訪ねてきたアシータとまだ乳飲み子のティーガがいる。イゴールはいささかのやましさもなくてきぱきと父親を手伝い、有能な助手ぶりを発揮する。

　「このフィルムの興味の一つは、不法移民たちがたどるリアルな流通経路を示すことにあるだろう。」リュック・ダルデンヌは、『イゴールの約束』が公開される4年ほど前、まだ『地下室の窓 Le Soupirail』という仮タイトルしかなか

---

16) « «Il faut être dans le cul des choses». Entretien avec Luc et Jean-Pierre Dardenne», *Cahiers du cinéma,* n°539, p.52.

ったころ、すでにこのように記していた。たしかに彼らの映像が搾取される不法移民の生々しい現実を映しだしていることはまちがいない。しかしここでただちに付け加えておかねばならないのは、そのような「不法移民の生々しい現実」を描くことそれじたい──そういう問題に「ついての視点をもつこと[17]」──がこの映画の目的ではないということだ。ある雑誌のインタビューに答えてジャン゠ピエール・ダルデンヌが言うように、『イゴールの約束』は「たしかに現実的なものと関係をもつ映画だ。しかし必要なのは、現実的なものが登場人物たちを、そして彼らがおこなうことを通して現れてくるということだ。そうでなければ現実的なものは彼らを押しつぶしてしまっただろうし、彼らはそこから立ち直ることはできなかっただろう[18]。」

　こうしてわれわれが目にするのは、登場人物たちの身ぶりにしたがって縦横に動きまわるカメラが作りだす空間的な布置であり、それは絶えず更新され、重く澱むことがない。ロジェとイゴールが移民たちを住まわせている建物に入って階段を登っていく。イゴールがそのまま上に登っていったあと、ロジェは次々に部屋を訪ねて家賃をとり、同時にごまかしがないかどうか目を光らせる、ロジェの下っ端（スパイ？）のような役目を果たすマグレブ出身の初老の男、男の買春客を連れこんでいたアラブ系の若い男、部屋に同国人を引き入れて家賃をごまかすルーマニア人たちなど。リュック・ダルデンヌは『われわれのイメージの背後に』のなかで、オランダの映画監督ヨーハン・ヴァン・デル・クーケン（Johan Van Der Keuken）の「映画とは一つのことば^{ランガージュ}ではなく一つの状態だ」という言葉を肯定的に引用してさらに付け加える、「〔重要なのは〕われわれのフィルムのなかに（このうえなお映画を作っていくとしての話だが）、時代の現実のざらざらした、ありのままの、予測しえない、張りつめた状態〈…〉を移し替えることだ[19]」。『イゴールの約束』でわれわれが目にするの

---

17) « «Il faut être dans le cul des choses». Entretien avec Luc et Jean-Pierre Dardenne», *Cahiers du cinéma*, n°539, 1999, p.51.

18) *Les Inrockuptibles*, n°75, 16 octobre 1996, p.21.

19) *Au dos de nos images*, p.11.

は、まさしくリュックのいう「時代の現実のざらざらした、ありのままの、予測しえない、張りつめた状態」であるように感じられる。だがそれがそうしたものでありえたのは、ダルデンヌ兄弟の映画が登場人物たちを正当化もせず、告発もせず、「時代の現実」にドラマ的な粉飾を施して「社会的告発」といったある種の枠づけのなかに落としこむことを頑として拒んだからにほかならない[20]。

　リュック・ダルデンヌは別のところで、「記録されたものとして呈示された資料を、都合の悪いところは演出で隠してドラマ的に粉飾する」ドキュメンタリー映画にたいする嫌悪をあらわにする。「現実をドラマ的に粉飾することは現実をステレオタイプのなかに溶けこませてしまうことだ」、こうも彼は書いていて[21]、逆に言えばそうしないように細心の注意を払うこと、さらにリュックの別の言い方を借りれば「美的粉飾の拒否をできるかぎり徹底させること[22]」こそが、こうして彼とジャン゠ピエールのもっとも基本的な撮影の方法となる。

1.3　イゴール、ロジェ、アシータ

　先に見たように、ジャン゠ピエール・ダルデンヌは「現実的なものが登場人物たちを、そして彼らがおこなうことを通して現れてくる」ことが必要なのだと言っていた。だが、たしかに「美的粉飾の徹底した拒否」がその根底にあるのだとしても、彼らの映像があれほどのリアリティをもってわれわれに迫って

---

20)『ある子供 *L'Enfant*』(2005) について、彼らの映画を「社会派映画」と規定し、主人公のブリュノのとった行動をその社会的決定要因に還元するジャーナリストがいた。彼にたいする最良の返答は、別の機会にジャン゠ピエールが言ったこと——「彼らの映画を「社会派映画」というのは、『罪と罰』がなによりも19世紀ロシアの学生生活の社会的条件についての小説だ、というに等しい」——だとリュック・ダルデンヌは記している。Luc Dardenne, *Au dos de nos images* II, 2005-2015, Seuil, 2015, p.12.（以下 *Au dos de nos images* II と略する。）

21)　*Au dos de nos images*, p.47.

22)　*Au dos de nos images*, p.18.

くるためには、それだけでは不十分だ。ジャン＝ピエールの言っていることを
リュックは少し別の言葉でこう言い表している、「現実が示すことを本質的に
表現するような登場人物間のさまざまな関係を、作りださねばならない[23]。」

　「現実が示すことを本質的に表現するような登場人物間のさまざまな関係」、
これを『イゴールの約束』に即して見てみよう。「あなたたちにとって物語の出
発点となったのはなんだったのですか？」という『リベラシオン』紙の問いに
たいして、ジャン＝ピエールとリュックは「口を揃えて」こう答えている、「あ
る〈三角形〉から出発したんだ[24]」。

　彼らのいう〈三角形〉とは、そのあとすぐジャン＝ピエールが言葉を継いで
説明するように「息子、父、そして異国の女が形づくる」もの、つまりイゴー
ルとロジェ、そしてアシータとの関係を表している。まずイゴールとロジェに
ついて言えば、映画の冒頭からわれわれは二人のいわば共棲的関係を何度とな
く目にすることになるだろう。ロジェはイゴールに自分と同じ指輪をプレゼン
トし、イゴールが「ありがとう、パパ」と礼を言うと、自分をロジェと呼べ、
と返す。リュックが言うように「ロジェにとって、イゴールは助手であり、息
子ではない」、さらにRoger / Igorというこれら二つの名前は、ほとんどアナグ
ラムでさえある。マイクロバスの運転席での二人の息のあったやりとり、歌声
酒場でのマイクの前で頬を寄せあっての熱唱が示すように、二人の関係は親密
であると同時に内閉的で、それゆえにイゴールを完璧なまでに拘束する。修理
工見習いの仕事と友だちと手作りするゴーカートだけがわずかな風穴だが、い
つでもロジェの言いつけのほうがそれより優先される。「〔ロジェとイゴールと
いう〕父と息子は、まったくありきたりな悪をなす一つの小さな機械だ。」しか
しさらに続けてジャン＝ピエールが言うように「ある重大な問題が彼らの現実
にぶつかってくる。」「ある重大な問題」、それは言うまでもなくブルキナファ
ソからの移民アミドゥの思いがけない死と、彼が死に際にイゴールに委託する

---

23) *Au dos de nos images*, p.18.
24) Olivier Séguret, *Libération,* 16 octobre 1996.

「約束」のことである[25]。こうして、なおジャン＝ピエールの説明にしたがうなら、「『イゴールの約束』とは、いかにして息子がある異国の女のなかに男として自分を認識するようになるか、そしてそれゆえに父を「裏切る」ようになるかを語る物語である[26]。」じじつアミドゥとの約束という倫理的契機は、ロジェとの共棲的関係のなかに閉じこめられたイゴールの生に、まったく別の次元を開くだろう。彼にとってそれはなにより、ロジェとの関係を断ち切るかどうかの選択を迫る、アシータという一人の「他者」の出現を意味していた。

　たしかにイゴールは、当初からアシータにある特別の興味を抱いて、アフリカから着いてすぐシュミーズ姿で荷物の整理をする彼女を、壁の穴から覗き見したりしていた。このイゴールのアシータへの興味がどんな類いのものなのかはさして重要ではない。重要なのは「息子は彼〔父〕と同一である。女は言語以外は異なる者〔＝外国人〕である」という関係性のなかで、「いかにして彼は同一者にたいして〈他者〉を選ぶようになるか」という問題であり、さらにはいかにしてそれを「善意の感情、安易なモラルに陥ることなく」語るかという問題であった[27]。

1.4　果たされた「約束」

　アミドゥの死後、事実を知らぬまま彼の帰還を待ち続けるアシータを厄介払いしようとして、ロジェはケルンからアミドゥの名前で偽の電報を打つ。アシ

---

25) 労働監察官が不法労働の有無を調べにきたとき、アミドゥは誤って建築の足場から落ちて瀕死の状態になる。「妻〔アシータ〕と息子のことを頼む、約束してくれ」と頼む彼に、イゴールは「わかった、約束する」と答える。ロジェは不法労働が露見することを恐れて、アミドゥを病院に連れていかず、そのままコンクリート用の砂利のなかに埋めてしまう。

26) Olivier Séguret, *Libération,* 16 octobre 1996.

27) 『カイエ・デュ・シネマ』誌のインタビュアーにたいするリュック・ダルデンヌの返答。Emmanuel Burdeau, «L'offensive des Dardenne», *Cahiers du cinéma,* n°506, 1996, p.46.

ータをケルンまで送り、そのまま娼婦として売り飛ばそうという算段である。だがこれがロジェにたいするイゴールの決定的反逆のきっかけとなった。彼はアシータとティーガを乗せたマイクロバスに乗りこみ、ロジェを置き去りにして、そのまま走りだしてしまうのである。そのあとに、この映画でもっとも強い印象を残すシーンの一つが出現する。

イゴールは、週末で人がいないことを利用して、見習いとして技術を習っている修理工場の奥の部屋にアシータ親子をかくまう。彼はそこで真実を告げる勇気をもてぬまま、叔父がいるというイタリアのカラーラに行くようにアシータに勧める。だが夫の生存を告げる占いに一縷の望みをかける彼女は承知しない。二人は言い争い、アシータがイゴールに「出ていけ」と言う。すると彼は抑えきれない涙とともに突然彼女の胸に飛びこみ、むしゃぶりついたまま離れようとしないのである。この思いがけない身ぶりについて、脚本にも「保護を求めるように」と書かれているが[28]、ロジェの追跡に怯えながら、アシータと赤ん坊の安全を図ろうと気丈にふるまっていたイゴールの緊張が一挙にほどけ、この映画のなかで初めて、子どもらしい気弱さや不安、やるせなさがむき出しになる感動的な瞬間である。イゴールは涙をため、何度もアシータのほうを見やりながら部屋を出ていく。「同一者」から離れて「他者」につくという選択が、15歳の少年にとってたやすいものではなかったことが見てとれる。

ところでこの場面は、われわれにもう一つのし・が・み・つ・き・の場面、『少年と自転車 Le Gamin au vélo』（2011）の冒頭、主人公の少年シリルが施設から脱走して逃げこんだ診療室で、たまたまその場にいたにすぎないサマンタに突然しがみつくあの場面を思いださせる。リュック・ダルデンヌは、シリルはなぜほかの誰でもなくサマンタにしがみついたのかと問われても答えることができない、サマンタにもできない、ただこのような身ぶりがあり、それが彼女に向けられた救助の訴えであるかぎり、彼女はそれに答えないわけにはいかなかった

28）Luc et Jean-Pierre Dardenne, *Rosetta* suivi de *La Promesse*, Petite bibliothèque des Cahiers du cinéma, 1999, p.117.

のだと記す、彼女は「他者に責任を負う者」として名指されたのだと[29]。イゴールについても同じことが言えるだろう。アシータへの「しがみつき」が、彼にとって「他者」の選択だったとしたら、アシータのほうでもイゴールにたいしてある種の責任が生じるということである。そしてその責任はまた友愛ということでもある。この選択がアシータにとっても容易でなかったことは、先の「しがみつき」の場面のあと、熱を出して苦しむティーガを病院に連れていこうと路上で車を止めようとするが誰も気遣ってはくれず、にもかかわらずイゴールの助力の申し出は頑なに拒否して、半狂乱になって「自分の母親のヴァギナに帰れ！　あんたがこの子を死なせようとしているんだ！　下がれ！　下がれ！」などと悪態をつくところからも察しられる[30]。

　さらにこのイゴールの「しがみつき」の場面にかんして、もう一つ注意しておきたいことがある。このあとイゴールが、彼らの居場所を見つけだしたロジェと工場のアトリエで直接「対決」する場面が出てくる。これら二つの場面の連関、あるいは対比ということである。ロジェはアシータに頭をなにかで殴られて気を失い、そのあいだに足を鎖でつながれて、そこを動くことができない。そんな状態のなか「家もなにも全部おまえのためだ。おまえのことしか考えていない。おまえはわたしの息子なんだから」などと言いつのり、「鎖を外してくれ」と懇願する。だがイゴールはためらうように何度となく彼に目をやりながら、しかししまいに「黙れ、黙れ… 黙れ！」とどなって、そのまま彼を見捨ててしまうのである。このロジェとの「対決」は、それまで自分を縛ってきた強い絆の切断にほかならず、そのかぎりにおいて、さきほどのアシータへの「しがみつき」と表裏をなしている。イゴールにはもう後戻りはできないということだ。

　薄い冬の光のなか、白い息を吐きながらムーズ川にかかる橋を渡っていく、荷物を抱えたイゴールと赤ん坊を背負ったアシータ。カメラは少し引き気味に

29）*Au dos de nos images* II, p.125-126.

30）Luc et Jean-Pierre Dardenne, *Rosetta* suivi de *La Promesse*, p.119.

二人の歩行をとらえる。そして駅に着いて二人がプラットフォームへの階段を登っていくとき（アシータは結局カラーラ行きを受け入れたのだ）、ようやくイゴールは「アミドゥは死んだ」と背中越しにアシータに真実を告げる。階段を降り、イゴールのそばを通り過ぎたところでじっと彼を見つめるアシータ。ゆっくりと振り向いて彼女に視線を返すイゴール。このときその目にあるのは涙ではない。アシータを見返す強いまなざしだ。こうして最後の決定的な「対面」の場面——「フィルムのすべては、ようやくこの対面にまでたどり着くための一つの試みと見なすことができる」とリュック・ダルデンヌが言う[31]、その場面——が成就することになる[32]。こうしてついにアミドゥとの「約束」は果たされたのだった。

　以上、『イゴールの約束』に即して、ダルデンヌ兄弟の映画で移民がどう描かれているか見てきた。ここであらためて確認しておかねばならない、不法移民の搾取といった時代の現実がこの映画に書きこまれるのだとしても、それは彼らのいう「父-息子-異国の女という三角形」という映画の骨格がまずあり、そのうえでそうしたことがかかわってくるということである。「不法移民の実態はわれわれの企画に適していた。しかし企画のほうが先にあった」と、あるインタビューでリュック・ダルデンヌの言うとおりである[33]。
　『息子のまなざし』の企画を進めながら、さらにリュック・ダルデンヌは記している、「こんにち人間らしくあるとはどういう意味をもつのか？『イゴールの約束』、『ロゼッタ』、そしてこの新しい脚本〔『息子のまなざし』〕でもま

31）*Au dos de nos images*, p.56.
32）イゴールとアシータがおたがいを見合う場面で、先に目をそらすのはつねにイゴールのほうだと、リュック・ダルデンヌは言う。「イゴールはアシータの視線を見ることができない、なぜなら彼はそこに自分が応えることのできない道徳的命令を予感するからである。」そしてリュックは付け加える、「ただし最後の場面だけはそうではない。」*Au dos de nos images*, p.57.
33）Olivier Séguret, *Libération,* 16 octobre 1996.

た、われわれはこの問いの領域、議論の場のなかにいる。」ダルデンヌ兄弟の映画の根底にこういう倫理的な問いがあることはたしかだ。しかし重要なのは、リュックが続けて言うように「どうしたら人間らしくありうるのか」といった問いかけを「一般的なレベルで」ではなく、「こんにち社会が作りだす具体的かつ極限的な状況のなかに」置いて考えるということである[34]。それこそが彼らの映画の本質的様態であることは、いまさらいうまでもない。

2 『ロルナの祈り』

2.1 アイデアの発端

『ロルナの祈り』はヒロインがアルバニア出身の移民であるという意味で、たしかに「移民映画」以外のなにものでもない。アルバニアからやってきた若い女性ロルナは、麻薬中毒のクロディと擬装結婚してベルギー国籍を得る。彼女の偽装結婚の相手が麻薬中毒者なのは、結婚が成立したあと、薬物の過剰摂取によって彼を死なせるためだ。未亡人となった彼女はさらにあるロシア人と二度目の擬装結婚をして彼にベルギー国籍をもたらし、このロシア人から高額の報酬を受けとることになっている。これこそがこの詐欺的企ての最終的な目的なのだ。彼女を動かしているのは、このお金で同じアルバニア人の恋人ソコルとともにリエージュの町にカフェ＝レストランをもちたいという、実現の手段のあこぎさを不問に付せば、なんら責められるべき筋合いのないまっとうな夢である。（ソコルはいわゆる「原発ジプシー」で、彼のほうも危険を冒して実入りのいい仕事を引きうけ、資金作りに協力している。）こうした二重の偽装結婚という詐欺的企てのシナリオを書き、それを操っているのは、タクシー運転手のファビオである。ロルナは当初は、自分の夢をかなえるために、彼の指示にしたがって忠実に役を演じようとする。

『ロルナの祈り』のアイデアの発端は2002年12月ごろ、ダルデンヌ兄弟が『息子のまなざし』の次の企画を立てつつあったころにまで遡る。ホームレス

34）*Au dos de nos images*, p.110.

支援や住人による共同作業などを推進するある「街頭活動家」の女性から聞いたという次のような話がそれだ（2002/12/13）[35]。彼女の兄（弟）はヘロイン中毒だったが、その彼にアルバニア人娼婦との偽装結婚の話がもちかけられた。娼婦が結婚によってベルギー国籍を取得するためだ。報酬は（現在の貨幣に換算して）5000ユーロほど。まず前金が支払われ、残りは数ヶ月後、二人が離婚するときに支払われることになっていた。けれどもその金が支払われることはない。ヘロイン中毒のその男が過剰摂取によって殺されてしまうからだ。『ロルナの祈り』の骨格となるストーリーがすでにここにあることがわかる。この話はそれから三年近く経ち、2005年9月24日になって、ようやくふたたび話題にのぼるが、そのあとも「貧しい界隈の医者という登場人物」（2005/12/08）、『ある週末』という仮タイトルの「解雇された女性の物語」（2006/01/13）、日本で耳にしたという東京郊外の一人の少年の物語（2006/01/22）などといったアイデアが並行的に検討されていく。1月28日にはこの最後の物語にかんして「シリル」という主人公の名前も決まり、むしろしばらくは、のちに『少年と自転車』という映画作品に結実することになるこの企画が進められるだろう。しかし4月10日に彼らは「アルバニア人女性が麻薬中毒者と偽装結婚する話に戻る。」そして21日には「ロルナ」という名前が初めて現れ、こうして映画の構想が徐々に固まっていく。

　物語のコンテクストを形づくるさまざまなことがら、マフィアのネットワーク、不法移民、偽装結婚による組織的な詐欺などについても、ダルデンヌ兄弟はある知り合いの刑事から具体的な情報を得て、話を組み立てていった。彼らはあくまで「現代の登場人物」として、ロルナがそういう関係性のなかに組みこまれることを望むのだ。しかしジャン＝ピエールはこうも付け加えている。「彼女はどんなばあいであっても、だれの代弁もしない。ただうまくやろうとするだけだ[36]。」じっさい少なくとも当初、詐欺的結婚の成就だけを願う彼女

---

35) *Au dos de nos images*, p.140.

36) Serge Kaganski, «La Promesse de l'ombre», *Les Inrockuptibles*, n°665, 26 août 2008, p.43.

のふるまいは人間的とはいえず、一人の人間の苦しみに関心を示すことはない。「彼女が移民だからといって、そういうことに理解を示してはいけない」とリュックはいう、ただし「自分が移民であるとき、ひとはほんとうに不安定だ」とも[37]。だがあるとき彼女に決定的な転機が訪れる。どんなふうにか、以下に詳しくみてみることにしよう。

2.2　謎めいたロルナ

　フィルムの冒頭、ロルナとクロディの共同生活が描かれ、そのなかでクロディは、麻薬の呪縛から逃れるために身も世もあらぬ切迫ぶりでロルナの手助けを懇願する。そして彼のその必死の企ては、まさにロルナへのすさまじいばかりのしがみつきとなって現れるのだ。ここでクロディの立ち位置がイゴールのそれに重なり、シリルのそれにつながっているのは明らかだ。しかし『イゴールの約束』は、アシータという存在の特別な重要性は疑いえないにしても、あくまでもイゴールの「自立」の物語であった。『少年と自転車』はシリルの物語であると同時にサマンタの物語でもあり、二人は登場人物としていわば同等の重みをもつ。だが少なくとも冒頭、シリルの「しがみつき」の場面を挟んで、サマンタが彼の自転車をもって施設を訪れ、シリルが週末の里親を彼女に頼む場面までは、カメラはひたすら、施設の職員の手をすり抜けて逃げまわる彼の必死の逃走を追いかけている。いっぽう『ロルナの祈り』では、たしかにげっそりとやつれたクロディがあられもなくロルナにすがりついて「助けてくれ」と叫ぶすがたはあまりに痛々しい[38]。にもかかわらず、カメラはここではしがみつくという身ぶりに密着するのではなく、しがみつかれるロルナにも注意を払い、少し距離をとってできごとを眺めている。このようなできごとへのアプローチは、ロルナという登場人物をどう造形するかという映画表現上の問題と

37）Serge Kaganski, «La Promesse de l'ombre», *Les Inrockuptibles*, n°665, 26 août 2008, p.43.
38）クロディを演じるジェレミー・レニエ（Jérémie Régnier）の演技は鬼気迫るもので、彼はこの役を演じるために15キロの減量をあえておこない、しかも撮影のあいだずっとその状態を保っていたのだった。

深くかかわっている。

　リュック・ダルデンヌはそのことをこう言い表す、「ロルナを眺めるために
は、彼女の動きにとらわれてはならない、彼女のエネルギーを模倣してはなら
ない、ある距離を保たねばならない、それゆえあまり彼女といっしょに動かな
いようにしなければならない[39]。」

　ところでこれは、彼らのフィルモグラフィーにおいて女性——といっても
17歳の少女だが——を主人公に据えた最初の映画である『ロゼッタ』との大き
な違いであった。「ロゼッタの頭のなかにいたように、彼女〔ロルナ〕の頭のな
かにいようとしてはならない、彼女を眺めることだ。おそらく彼女のためら
い、決断、立ち向かうことの恐怖、精神的な落ちこみをもっと外に出す必要が
ある[40]。」こうリュック・ダルデンヌは記すのである。

　その『ロゼッタ』の冒頭場面。一人の少女が肩をいからせ、硬く表情をこわ
ばらせて、廊下を曲がり、乱暴に扉を閉め、機械のあいだをぬって決然と早足
で進んでゆく。全身にみなぎる怒り。手持ちカメラが至近距離のまま、必死で
彼女のあとを追う。突然解雇を告げられ、なぜ自分はやめなくてはならないの
かと、執拗に食いさがる少女＝ロゼッタ。試用期間が終わっただけだといっ
て、説得を試みる責任者の男。しかしロゼッタは納得しない。暴れまわるロゼ
ッタに、男はおとなしくしないと警察を呼ぶぞと脅すが、彼女はその鼻面を殴
りつけ、廊下に出て、トイレに逃げこむ。警官に戸を破られ、抵抗もむなし
く、トイレから引きずりだされるロゼッタ…　息を呑むような、ごつごつした
激しい映像のリズムだ。そしてこの間、カメラは彼女からほぼ一瞬たりとも離
れることはない[41]。「われわれのカメラは、彼女が安らぐことをけっして許さ
ないだろう」とリュック・ダルデンヌも言うとおりである[42]。

39）*Au dos de nos images* II, p.86.

40）*Au dos de nos images* II, p.67.

41）吉村和明「フレームの外にある希望－『ロゼッタ』のために－」、『みすず』469号、
　　2000年4月、p.29。

42）*Au dos de nos images*, p.87.

だが『ロルナの祈り』の撮影スタイルは『ロゼッタ』でのこのようなカメラの徹底した張りつきとは違っている。カメラはここではヒロインに張りつくのではなく、ある距離をとりながら寄り添い、先に記したような彼女のためらいや気持ちの揺れを、共感をこめつつ静かに眺めているかのようだ。そしてこうした撮影スタイルの変化は、撮影機材の選択にも影響をおよぼしている。ダルデンヌ兄弟はそれまでスーパー16ミリという手持ちの軽量な撮影機を使い、融通無碍な動きや対象への極度の密着、狭い場所での複雑な撮影などをおこなってきた。そして彼らはこの映画で初めて35ミリの撮影機での撮影を試みたのだった。「このフィルムでは、いつもあなたたちがそうしているよりも、落ち着いたフレーミングが見られますね」というあるジャーナリストの質問に答えて、リュックとジャン＝ピエールは次のように言う。

　（リュック）カメラは肩にかついではいたけれど、動きは少なく、支えも使ってより安定させていた。それに35ミリの撮影機は〔16ミリよりも〕重たいので、より緩慢で激しさの少ない動きを作りだすことができた。
　（ジャン＝ピエール）距離をとって〔ロルナという〕この娘を見たかった、カメラがより多くのことを記録するようにしたかった。少し外側にいて、いろいろ観察しながら、この娘がどんな人間なのか知ろうとしたいと思ったんだ[43]。

じっさいジャン＝ピエールによれば「ロルナはとても神秘的で、謎めいた複雑な人物」である[44]。彼女がある行為を始めようとするとき、しばしば「沈黙」が画面を支配する[45]、たとえば、クロディとの離婚を早めるために——そうすれば彼の死を避けることができると彼女は考えたのだ——、夫からの殴打の証

43）Serge Kaganski, «La Promesse de l'ombre», *Les Inrockuptibles*, n°665, 26 août 2008, p.43.
44）『ロルナの祈り』、日本公開時のパンフレット掲載のインタビュー。
45）『ロルナの祈り』の原題は *Le Silence de Lorna* で直訳すれば「ロルナの沈黙」。

232　　第2部　移民をめぐる文化実践

拠とするべく柱に激しく腕を打ちつけてあざを作ろうとする、その前の長い
沈思の時など。リュック・ダルデンヌはみずから「ロルナ、君はだれ？」と問
わずにはいられない。そしてこの問いこそを、彼らのカメラは担うだろうとい
う。「ロルナ、君はだれ？」、この問いは「この謎めいた、罪を犯した、涙にく
れる女性を観察するわれわれのまなざしがたえずつぶやき続けるだろう…[46]。」

2.3 他者の発見

たしかに当初ロルナは、クロディが殺されることを黙認し、その訴えに耳を
かそうともしなかった。だが彼のいわば命がけの懇願に、その命を奪うことに
次第に耐えられなくなる。言い換えれば、ロルナの目に、クロディという存在
が徐々にあるはっきりした輪郭をもって立ち現れるようになるのである。この
ことをリュック・ダルデンヌは端的に「ロルナによる他者の発見」と言い表し
ている。「ロルナによる他者の発見。他者、ロルナにたいするクロディが本質
的にそうである哀れな者。」しかし続けてリュックが記すように、とりあえず
「ロルナは彼のためにいかなるまなざしも、いかなる言葉ももっていない。彼
女にあるのは、巧妙な企みがしかるべく成功するために必要な嘘のまなざしと
言葉だけだ[47]。」そんなロルナが、どうしたら彼のためのまなざし、彼のため
の言葉をもつようになりうるのか？どうしたら彼女が「哀れな者」クロディに、
友愛の手を差し伸べるときがやってくるのか？

この問いに答えはない。ロルナはここでも沈黙を守る。しかしわれわれはそ
のようなときがやってくることを知っている。クロディが離婚によってロルナ
に見捨てられる絶望から、ふたたび麻薬に手を出そうとして売人を呼び、ロル
ナがそれをなんとしても食い止めようとして揉みあいながら激しく争う場面、
やおら彼女が服を脱ぎ捨ててクロディを狂おしく抱擁し、彼のほうもとまどい
ながらそれに応えて次第に昂ぶっていくあのすばらしく迫真的な場面がそれ

46）*Au dos de nos images* II, p.71-72.
47）*Au dos de nos images* II, p.34.

だ[48]。「裸の身体が突然そこにある、単純にある、戦略もなく、術策とも無縁に、ただそこにある。ただそれが世界にやってきただけのことだとでも言うかのように。世界より前に[49]。」クロディの必死のし̇が̇み̇つ̇き̇に、このときロルナはようやく、「他者に責任を負う者」として、文字通り全身全霊を賭して思いがけない応えを返すのである。

こうしてロルナとクロディのあいだに、おたがいを「他者」として認めあう関係が築かれることになる。二人が愛を交わしたその翌日、いったん別れの言葉を交わしたあと、自転車で去ろうとするクロディをふたたび走って追いかけていきながら、ロルナの顔に自然な笑みがこぼれる場面は、この映画でもっとも美しい瞬間の一つだろう。

ところが驚くべきことに、そのすぐあとの場面、一転して鈍い光の差す沈んだ空気のアパルトマンで、われわれが目にするのは、クロディの衣服を整理しながら、彼に着せてやる服やズボンを選んでいるロルナのすがたである。観客はなんの説明もなしに、クロディがやはり予定通り（そしてロルナの知らぬまま）薬物の過剰摂取で殺害されたことを、唐突に知らされるのだ。リュック・ダルデンヌの言うようにこのクロディ殺害の場面の「省略」が「この映画の賭け」であることはまちがいない[50]。しかしこの「省略」のおかげで、映画の後半、クロディの不在が——ということはつまりもはや罪の償いようのないロルナの孤独が——いっそう強く印象づけられることになった[51]。

クロディの無惨な死…　ファビオが操る陰謀的企てのなかに、「他者」として認知されたクロディがしめるべき場所は存在していない。この企てのなかで身体＝金銭という等式から逸脱する者は、単純に排除される以外にないのだ。ところでいまとなってはロルナの望まぬこの無惨な死こそが、『イゴールの約束』

---

48) 字義通りの意味では、いまにいたるまでダルデンヌ兄弟の映画で唯一のラブシーンである。

49) *Au dos de nos images* II, p.88.

50) *Au dos de nos images* II, p.89.

のばあいと同じように——ただしイゴールのように最終的な「和解」にたどり着く可能性を奪われたまま——、彼女が陰謀の網の目から抜けだす契機を形づくることになる。「陰謀のなかにとどまるのか、そこから抜けだすのか、それこそがロルナの問題である[52]。」

「気にすんなよ… ヤク中は自分の命よりヤクのほうが大事なんだ、どっちにしろまた手を出してただろうし、遅かれ早かれ死んでいたさ。」クロディの死にショックを受けるロルナをなぐさめてソコルはそう言う[53]。しかし彼女にはもうそんなふうに考えることはできない。「クロディの殺害はなされ、そのあとロルナにはすでに起こってしまったことをどうすることもできない[54]。」彼女の目はクロディという「他者」の存在、というかその抹消によって、すでに真実へと開かれている。とはいいながら、先述の会話のあと、ソコルと外出して二人のカフェ＝レストランのためにある物件の購入を決めたロルナは、いっときは気持ちが満たされ、そのあと入ったカフェで踊りを踊りながら、ソコルに屈託のない笑顔を見せたりする。そしてこの場面に、ロルナが第二の偽装結婚の相手であるロシア人に紹介される場面が続いていく。こうして彼女は、当初から自分を支配していたファビオの詐欺的企てのなかで役を演じ、そこから利益を得ることを諦めることができない。むしろそちらのほうに気持ちがだん

51）ロルナとクロディのアパルトマンという閉じられた場において、「同じ空間に二つの身体が共存していることからは、愛の物語が生まれねばならないだろう」、リュック・ダルデンヌはこのように記す。*Au dos de nos images* II, p.32. だがそのいっぽうで彼は、「ロルナとクロディのアパルトマンは、来るべき殺人の閉じられた空間として現れる。〈…〉ある閉鎖的空間のなかで二つの身体を見ることが不可避的に殺人の可能性を生じさせるかのように、すべては進行する」とも書いている。*Au dos de nos images* II, p.50. このように愛と殺人の可能性が背中合わせに存在していることが、「幻想の子供」（想像妊娠）をめぐる映画後半の劇的展開を可能にしたのだとも言える。

52）*Au dos de nos images* II, p.69.

53）*Au dos de nos images*, p.382.

54）*Au dos de nos images* II, p.40.

だん傾いていこうとすらするまさにそのとき、もう一つの思いがけないできごとが介入してくる。妊娠の兆候である。

2.4　幻想の子供

　ロルナは初めは人工中絶を望んで、産婦人科医の診察を受けさえする。ところが診察の途中で彼女は突然医師（男性）に保護を求めるかのように抱きつき──まさにイゴールがアシータにそうしたように──、涙にかきくれながら中絶はしないと言うのである。コソボ出身の女優アルタ・ドブロシ（Arta Dobroshi）が繊細に表現するこうしたロルナの複雑な気持ちの揺れを、カメラは先に記したように静かな共感をもって濃やかに映しだしていく。第二の偽装結婚の相手であるロシア人にも無理やり出産を認めさせようとするロルナ。ところがじっさいはこれがいわゆる「想像妊娠」であることがわかる。彼女はなぜ自分のなかにクロディの子供が宿されていると思ったのか？ リュック・ダルデンヌによる説明は、クロディの死を許してしまったことへの後悔、罪の意識ということだ。

　　罪、殺人にたいする一種の許し、もう一度クロディを殺さない一つのやり方でもある。〈…〉それは幻の妊娠、彼女の罪の意識から生まれた子供だ、この子供が生まれていたら、彼女は自分の犯した過ちを贖うことができたかもしれない、だがこの子供は実在しないのだ[55]。

たしかに「罪の意識」は『ロルナの祈り』の大きなテーマにちがいない。「ロルナは罪を犯した女だ」、リュック・ダルデンヌはこう断言している[56]。だがこの「幻想の子供」が「彼女の罪の意識から生まれた子供」であったとしても、そ

55）*Au dos de nos images* II, p.36.
56）さらに続けてリュックは言う、「われわれの登場人物たちはみな罪を犯した人間だ。」*Au dos de nos images* II, p.38.

れはただ彼女にある精神的な負荷を背負わせるだけではない。重要なのは、それが「愛の子供」でもあるということだ。「罪の意識から生まれたこの奇妙な子供は、クロディの生を延長し、ロルナはこのクロディの生に責任を負う[57]。」こうして彼女の罪の意識は、彼女にとって「人間性にいたる唯一の出口」となるのである[58]、たとえそのために「狂気」という代償を払わねばならなかったとしても[59]。

　ロシア人との偽装結婚の話がご破算になり、ロルナは表面上はアルバニアに送り返されることになる。しかしファビオの企みをあまりに知りすぎている彼女が生きていられるはずがない。映画の最後のシークエンスは、ロルナが、自分（と彼女が存在すると信じているおなかの子供）が殺されようとしていることを察知して、森に逃げこむところから始まる。彼女は森のなかで狩猟用の小屋を見つけ、火を起こすために枯れ木を集めに外に出る。鳥の声がする。「聞こえる？」とおなかの子供に話しかけるロルナ。

　　あなたは生きるのよ…　あなたを殺させはしない…　絶対に…　あなたのお
　　父さんを死なせてしまった…　あなたは生きるの…[60]

そして彼女は狩小屋で火を起こしたあとで横になり、おなかに手を当ててそこにいる（はずの）「幻想の子供」にさらに語りかける。『ロゼッタ』のラスト近く、少女がトレーラーハウスのなかで横になり、痛むおなかに手をやる場面が思い

57）*Au dos de nos images* II, p.39.

58）*Au dos de nos images* II, p.67.

59）リュック・ダルデンヌはこのロルナの「狂気」について、「「聖性」の形式としての狂気？〔ロルナは〕ロベルト・ロッセリーニ (Roberto Rossellini)『ヨーロッパ51年 *Europa '51*』のイレーネの妹？」と問うている。*Au dos de nos images* II, p.41. ブルジョワ階級の規範を超えた貧者や弱者への過度の加担によって精神病院に閉じこめられてしまうロッセリーニの映画作品のヒロインと、ロルナの類縁性ということである。

60）*Au dos de nos images*, p.407.

だされる。ロルナのこの身ぶりは、ロゼッタのそれをそのまま反復している。ただしロゼッタは自殺するためにガス栓をあけ、そのまま横になっていた、それにたいしてロルナがそうするのは「あす」のため、つまり彼女と彼女の「幻想の子供」が生きるためだ[61]。

> あすの朝、また出発しよう… 食べ物と飲み物を探そう… どこかの家で頼んでみよう… わたしたちに恵んでくれるひとがだれかきっといる… ゆっくりお眠り…[62]

こうして彼女は、困窮する自分とおなかの子供に救いの手を差し伸べてくれるひとがかならずいると信じている、いまや世界を信じ、生を肯定することができているのだ。これは一つの信念であって、たんなる幻想ではない。そしてそうしたことが可能になったのは、まさしく彼女がこの「幻想の子供」の存在を（たとえある種の狂気によってであっても）信じえているからにほかならない。

2.5 狂った希望

2005年2月8日、『ある子供』の編集作業が進められるなか、リュック・ダルデンヌは、次の映画では「絶望におちいるありとあらゆる理由をもちながら、すべてが可能だと信じ続けるある若い女性」を、たぶん主人公にしたいと記していたのだった。

> いわば一人の信じる女ということだ、たとえ神が死んだのだとしても。〈…〉神を信じない一人の女が、どうしたらすべてが可能だと信じることができる

---

61)「ロゼッタあるいは誕生。彼女の腹痛は、自分の子供を見いだすことのない出産の引きつりだ」とリュック・ダルデンヌは記している。*Au dos de nos images*, p.91.幻想でもなんでも、ともかく「自分の子供」をもちえただけ、「引きつり」しかなかったロゼッタよりも、ロルナは「あす」に近づいたと言えるだろうか。

62）*Au dos de nos images*, p.408.

のか？　この狂った希望はどこから来るのか？　彼女は一風変わっている、流れに逆らっている。虚構の登場人物はつねに風に逆らって飛翔する[63]。

ロルナはまさに「風に逆らって飛翔する」ヒロインとして生まれてきたのである。リュックはまたその「狂った希望」が「どこから来るのか」と問うていて、この問いは開かれたままだが、これにかんして「（世界を）信じる」という身ぶりが、現代映画にふさわしいものだ（「世界への信頼を取り戻すこと、それこそが現代映画の力である[64]」）というジル・ドゥルーズ（Gilles Deleuze）の言葉を最後に参照しておきたい。

「現代的な事態とは、われわれがもはやこの世界を信じていないということだ」とドゥルーズはいう、「われわれは、自分に起きるできごとさえも、愛や死でも、まるでそれらがわれわれに半分しかかかわりがないかのように、信じていない[65]。」ところでこのような事態のなかで、「引き裂かれるのは、人間と世界の絆である。ならば、この絆こそが信じるということの対象とならなければならない。それは信croyanceにおいてしか取り戻すことのできない不可能なものである[66]。」

つまり「人間と世界の絆」は決定的に引き裂かれていて、もはや修復することができない。それゆえ、その「絆」を「取り戻す」ためには「信」というある種思いきった転倒ないしは飛躍が必要になるということだ。ただドゥルーズが繰り返し強調するように、「信はもはや別の世界、あるいは変化した世界に向けられるのではない」、それは「この世界」そのものに向けられている[67]。そ

63）*Au dos de nos images*, p.180.

64）G. Deleuze, *Cinéma 2, L'IMAGE-TEMPS*, Les éditions du Minuit, 1985, p.223. ジル・ドゥルーズ『シネマ2＊時間イメージ』、宇野邦一/石原陽一郎/江澤健一郎/大原理志/岡村民夫訳、法政大学出版会、2006年、p.240（以下、ドゥルーズの引用は、文脈に合わせて、訳語を一部改変させていただいた）。

65）ジル・ドゥルーズ『シネマ2＊時間イメージ』、p.239-240。

66）ジル・ドゥルーズ『シネマ2＊時間イメージ』、p.240。

67）ジル・ドゥルーズ『シネマ2＊時間イメージ』、p.240。

して彼のいう「人間と世界の絆、愛あるいは生を信じること」は、三浦哲哉が記すとおり「反動的なファンタジー」ではない[68]。そんな甘い話ではないのだ。そのことは、ドゥルーズのいうこの「信」が「不可能なこと」、「それでも思考される以外にありえない思考不可能なもの」へのそれであることからもうかがうことができる[69]。そうであれば、彼のいうこの「微妙な出口」が、ある場合には狂気という代償を払って初めて得られるものであってもなんらふしぎではないだろう。

　ドゥルーズの以上の提言は、一見ありえないことのようにも思える。「こんなことをいえば、馬鹿者たちは笑いだすだろう」と彼自身もいう。だが信じる必要があるのは、ほかでもない「馬鹿者たちがその一部をなしている」この世界そのものなのだ[70]。「映画を作るのはわれわれではなく、世界が悪い映画のようにわれわれの前に出現する[71]」、彼はまたこんなふうにも言っている。現実のロルナたちは――そして彼女たちとともにわれわれ自身もまた――この「悪い映画」のような世界に群れつどう。ロルナの「狂気」は、この「悪い映画」のような世界の「日常的な凡庸さの恒久的な状態」にたいする、逆説的な希望の手立てにほかならない。

3　おわりに

　ダルデンヌ兄弟の映画で移民が物語の重要な鍵を握る作品として、もう一つ『午後8時の訪問者』(2017) がある。しかしこれについて詳述する余裕はもはやないので、エピローグ的にある場面について簡単に触れるだけにとどめて、拙論の締めくくりとしたい。

　若い女医ジェニーはある晩、診療時間を1時間あまりすぎて鳴らされた診療

---

68) 三浦哲哉『映画とは何か』、筑摩書房、2014年、p.149。
69) ジル・ドゥルーズ『シネマ2＊時間イメージ』、p.237。
70) ジル・ドゥルーズ『シネマ2＊時間イメージ』、p.242。
71) ジル・ドゥルーズ『シネマ2＊時間イメージ』、p.240。

所の呼び鈴に応えなかった。翌日近くで身元不明の少女の変死体が見つかり、防犯カメラの映像から、ジェニーが応答しなかったのはこのアフリカ系の少女だとわかる。ジェニーは罪悪感にさいなまれ（彼女もダルデンヌ兄弟のヒロインらしく、やはり「罪を犯した登場人物」ということだ）、数々の妨害や拒絶に遭いながら、少女の身元調べを進めていく。

　映画の終わり近く、一人の黒人女性が診療所を訪ねてくる。ジェニーが調査の過程で立ち寄ったサイバーカフェのカウンターにいた彼女は、死んだ少女が自分の妹で、自分の愛人から売春を強要されていたことを打ち明ける。ジェニーが訪ねてきてくれたおかげで本当のことを言う勇気が出た、そのお礼を言いたくて来たのだという。彼女の帰り際にジェニーが訊ねる、「抱擁させてもらってもいい？」そして二人はじっと抱きあったままでいる。いささかぎこちない、しかし強い思いにあふれたこの抱擁、これも、この「悪い映画」のような世界への「信」がささやかに現れでる、不可能な瞬間のひとつであるに違いない[72]。

---

72) このように二人が強く抱きあうことについて、そしてそのあと大柄なジェニーが身を屈めるようにしながらちいさな老婆の腕をとって診療室に導いていくことについて、そこには「人種や年齢や職業などさまざまな差異を超えて、接触という行為を通じて支え合う二つの体」が映しだされていると、小野正嗣が指摘している。小野正嗣「靴を脱ぐこと、現実に触れること－ダルデンヌ兄弟をめぐって」、『すばる』2017年5月号、p.95。

第**8**章

ベルギーにおける音楽公演と異文化の影響

正木　裕子

はじめに

　筆者とベルギーとの縁は声楽家としてフランスのロマン派オペラの研修のために、音楽大学、大学院に相当する高等教育機関である王立ブリュッセル音楽院声楽科に留学したことであった。演奏活動、その後同院の声楽科講師として長年にわたり教育活動を行った双方の業績により、筆者はワロニー＝ブリュッセル連合から芸術高等教育者認証を授与されている。演奏活動においては、レパートリーが広がり、現代音楽演奏グループのメンバーとしてアルスムジカその他の音楽祭で数々の作品初演、および現代音楽の演奏を行った。創作活動の中で日本、チベット、サルジニア、セネガルの伝統音楽の要素を取り入れた楽曲を初演する機会もあった。それらの音楽は、西洋クラシック音楽の概念と比較すると、当然のことながら、理論も演奏法も大きく異なるものであった。この発見は筆者のその後の音楽人生において大きな影響を及ぼしたと言える。

　各国の音楽にはもとより優劣があるはずはない。本章ではベルギーという多民族共存社会において異文化音楽が、排斥されるものではなく、むしろ演奏家それぞれの個性として尊重されていることに注目する。外国人演奏家に対して懐の深い国ベルギーの音楽公演を考察対象とし、演奏家、そして音楽大学における教育者としての立場から近年のベルギー国内の演奏会とその会場を取り巻

く環境における「異文化」のあり方をまとめておきたい。

　まずは、本題に入る前にベルギーがとりわけ1980年代以降、西洋古典だけ
でない音楽の多様性を意識して音楽教育を積極的に行っていることがわかる一
例として、ベルギーフランス語共同体政府 (現在の通称はワロニー＝ブリュッ
セル連合) 音楽審議会主催のシンポジウム「音楽教育の中におけるもう一つの
音楽の位置」[1] の講演内容を紹介したい。これは2012年3月9日と10日の2日
間にわたりベルギー王立ブリュッセル音楽院 (フランス語系) 校内で開催され
た、音楽学習についての国際シンポジウムである。プログラムの前文には次の
ように書かれている。

　　現在、ベルギーの音楽学生にとって、非クラシック音楽は普段耳にする幅
　広い音楽の中で重要な位置を占めている。それは音楽アカデミーと呼ばれる
　定時制社会芸術教育機関に学ぶ児童生徒や社会人音楽愛好家の大多数が聴い
　ているだけではなく、職業クラシック演奏家を養成するための音楽大学の学
　生たちにとっても、多かれ少なかれ同様な傾向である。世界の色々な国の音
　楽、フランスやアングロサクソンの流行歌、ロック、ラップ、R＆B、ジャ
　ズ、あるいは街の中で演奏される様々な音楽はいやおうなしに私たちの耳に
　浸透してくる。ラジオ、コンサート、CD、そしてさらに私たちがそれを好む
　と好まざるとにかかわらず、一方的に流れてくる映画、コマーシャルソング、
　インターネット、テレビ、ビデオゲームなどの様々なメディアを通した音楽
　を知らないうちに聞き覚えさせられている。
　　この社会現象は決して新しいものではない。しかし、この数年来、特に顕

---

1) « Journées internationales de Réflexion sur les Apprentissages de la Musique: La
　place des autres musiques dans la pédagogie », organisées par le Conseil de la musique
　(GRiAM) et le Conservatoire royal de Bruxelles, en partenariat avec IMEP, Cefedem
　Ile de France, Association des directeurs d'académies de Bruxelles-Capitale, ULB,
　Conservatoire de Liège, Université de Paris VIII, AEMS (Association de l'Enseignement
　Musical Subventionné francophone de Belgique), SBAM

著な現象としてしばしば話題にとりあげられている。音楽の発生した国によって、また社会的な評価や分類方法によって、非クラシック音楽と呼ばれたり、現代の音楽と呼ばれたり、ある伝統に照らして軽音楽と呼ばれたり、音楽の分類にはいくつも異なった呼称がある。しかしながら、用語の議論を超えて、音楽の種類はきわめて多様で、しかもそれぞれがとても活動的である。音楽を学ぶ子どもたち、つまり＜見習いミュージシャン＞たちの日常の文化的背景の中で、非クラシック音楽はあまりにもその影響力が強いので、音楽学習の分野でその存在を無視することが出来ない。特に、教育の現場において特定の分野が採用されて以来、ジャズ、現在の増幅音楽（フランスのMAA）、ワールドミュージックさえも学ぶことが可能になってきている。それゆえ、みなさんには音楽教育において、他の音楽の場との関与を広く反映させていただきたい。

このシンポジウムはベルギー国内の音楽教育者を対象にして行われたもので、音楽大学教授、演奏家、作曲家、研究者による講演が行われ、参加者の多くは「アカデミー」と呼ばれる定時制中等芸術教育機関で指導を行っている教諭であった。「音楽の多様性」についての基調講演に続き5つの講演と4つのアトリエが二回ずつ、さらに演奏も行われた。ベルギーの現在の音楽志向を象徴するシンポジウムであった。現在の音楽教育の中で、西洋音楽以外のリズムや音階を取り入れた楽曲の導入は児童生徒に対してすこぶる好評であり、教育現場を活性化する鍵となることを教育者たちが再認識する機会ともなった。

1 ベルギーの音楽事情、公演、聴衆の多様性

1.1 ベルギーの音楽公演を取り囲む環境

ベルギーの音楽愛好家は、ごく日常的に、伝統的な西洋芸術音楽[2]だけでなく、世界中の国に起源をもつ多様な音楽を身近に聴く環境に恵まれている印象

---

2) ヨーロッパで生まれたクラシック音楽。以下、西洋芸術音楽を省略して西洋音楽と記す。

を筆者は抱いている。現在ベルギーの首都ブリュッセルは欧州連合の拠点都市であり、欧州連合加盟国の大小の関連文化事業が音楽を含めて盛んに行われている。文化イベントとしては「ユーロパリア」[3] などが恒例である。また、2014年のモロッコ移民50年記念事業（1964-2014 50ans d'immigration marocaine）や2016年の日本・ベルギー友好150周年事業（150 years of Friendship between Japan & Belgium）など、欧州連合加盟国以外の国に関連する記念行事も多い。このような公的諸事業が多国籍の音楽を紹介する機会を増やしている。

　現在、行政から補助を受けて運営されているベルギー国内の演奏会場の年間プログラムを閲覧すると、ワールドミュージックの自主企画としての多国籍音楽公演も数多く組み込まれている。更に裾野を広げているのは、個々の国の出身者が民間レベルで行う演奏会である。これらの音楽公演は、クラシック、ポップス、ジャズなどのジャンルにかかわらず、個性豊かで偏ることがない。表1は2018年秋〜2019年夏のシーズンにおける諸音楽ジャンルでの代表的な演奏会を筆者なりに選んでみたもので、入場料も示している。公共演奏会場での公演の最低入場料は10ユーロ程度を設定している場合が多い。無料の演奏会もある。

　ベルギーが多様な文化を受け入れるのはごく最近からの現象ではない。王立モネ劇場を拠点に「20世紀バレエ団」を結成したフランス人のバレエ振付家モーリス・ベジャール（Maurice Béjart 1927-2007）は自身の回顧録[4] でブリュッセルについてこう語っている。

　1959年にバレエ団「バレエ・テアトル・ド・パリ」（Ballet théâtre de Paris）で

3）1969年に始まった総合的文化祭。2019年までの50年間で26回を数え、毎回一つの国をテーマとして取り上げている。音楽だけでなく、演劇、絵画、映画、文学、舞台芸術の公演や展示もある。ベルギー連邦政府、欧州共同体の補助金及び企業の協賛によって開催されている。

4）Maurice Béjart, *Les rêves en mouvement*, INA/RADIO FRANCE, 2000
　CD 1.f 2 Le Métier (Les après-midi de France Culture 30 janvier 1978)

[表1] 2018-2019年の各会場の年間プログラムより、音楽公演と入場料の例

	ブリュッセル首都圏地域内				
公立演奏会場の自主公演	期日	ジャンル	会場	演奏曲、共催、フェスティバル	入場料€
	2019/ 2/22	ラップ音楽	エスパースマグ		5
	2019/ 2/22	オーケストラ	PBA 大ホール	ベートーヴェン、シュニッケ他	10~46
	2019/ 4/ 5	モロッコ音楽	PBA Mホール	ムッセム共催	18
	2019/ 4/16	バルカン音楽	PBA 大ホール	バルカントラフィックファミリーコンサート	11~15
	2019/ 5/25	ジャズ	フラジェ	ブリュッセルジャズウイークエンド	無料
	2019/ 6/ 5	現代音楽	カーイシアター	イクトゥス、コレギウムヘント	27~30
	2019/ 6/11	オペラ	モネ劇場	リムスキーコルサコフ サルタン皇帝	10~129
	ブリュッセル首都圏地域外				
	2018/10/18	マケドニア音楽	ディナン文化センター	吹奏楽	13~18
	2019/ 5/18	ピアノ協奏曲	ブリュッヘコンセルトヘボー	ブタペストフェスティバル2019	30~68

	ブリュッセル首都圏地域内				
民間事業公演	2018/11/21	室内楽	フラジェ	移民救済チャリティコンサート	26~41
	2019/ 5/ 9	アメリカ音楽	アンシアンベルジック	フォーク音楽	15
	2019/ 5/ 4	ラップ音楽	ヘイゼルパレ12	人気歌手"ソプラノ"	40~47
	2019/ 5/19	メソポタミア音楽	アートベース	トリオ	7~12.5
	ブリュッセル首都圏地域外				
	2019/ 4/18	ブラジル音楽	ザンクトヴィット市ドイツ語圏カルチャーセンター	女性ヴォーカル	10~20

　巡回公演を行っていた当時、ブリュッセルで"春の祭典"を上演する話を持ち掛けられた。それをきっかけとしてブリュッセルには仮の住まいとして滞在する予定であったが、結果的にそれが大変長く続いたことになる。ブリュッセルに私が来たとき、大変開放的に受け入れられたと感じている。とてもリラックスしていて、それでいて大変国際的でもあった。片やフランスはといえば、まるで閉じられた温室のようなものであったからだ。ブリュッセルには、国際的なものの見方があった。それで、私はすぐにここでバレエ団を作りたいと思った。皆、承知してくれた。そしてすぐに集まってきたのは、18、19ヶ国の様々な国出身のダンサーたちであった。ここでは、国や人種や、大陸の違いを区別して重要視するという考え方は存在しなかったのだ。

彼の言葉は、すでに1960年代には外国から訪れた者がもたらす文化に対して、ベルギーが他国と比較してもかなり開放的であったということの証言の一つとなるだろう。実際モネ劇場で働く人々は非常に多国籍である。多くの外国人音楽家が積極的に採用されている。EU圏外外国人のベルギーでの就業許可も、この機関では滞りなく与えられる。舞台上での稽古、オーケストラリハーサル、楽屋では、あたかも公用語であるかのようにフランス語以外にドイツ語、イタリア語、英語、オランダ語が活発に飛び交っている。それぞれが自分の文化的背景を守りながら地元の人々と共存することが可能であることは国際都市ブリュッセルの大きなメリットである。世界有数の国籍の見本市ともいわれるように、ブリュッセルは2019年にパリやロンドンを超えて184もの[5]国籍数の市民が居住しており、ドバイに次いで世界で二番目に多国籍な都市となった。ブリュッセル市の規模がパリやロンドンに比較して小さいことを考えると、その国際性は大きな特質と考えてよいだろう。

　一方、国際社会がグローバル化し人の往来が活発になることが原因で、移民、テロ、疫病の蔓延など様々な問題が発生することももちろんある。本章の意図は、ベルギーの国際性を手放しに称賛するものではない。

　2015年以降、ヨーロッパ全体に、中東やアフリカからの移民が押し寄せ、欧州移民危機とも呼ばれる事態が発生している。外国からの移民流入が原因で発生している様々な社会問題は、確かに存在し、それを無視することはできない。地方都市では例えば北部オランダ語圏のアントウェルペンで、2013年1

5）この統計はワロニー＝ブリュッセル共同体政府ブリュッセルプロモーション顧問、ニコラ・ヴァン・ド・ヴェルド（Nicolas Van De Velde）氏へのインタビューによる（2019年2月27日）。ブリュッセル、モーレンベーク区に2019年10月12日に開設される移民博物館（Migratie Museum Migration）のキャッチフレーズも「ブリュッセル、184の国籍、それと同じ数の歴史を共有する街」（Bruxelles, 184 nationalités, et autant d'histoires à partager）と示している。出典はhttp://www.migratiemuseummigration.be（最終閲覧日2019年10月10日）

月、フラーンデレンの中道右派政党である新フラームス同盟（Nieuw-Vlaamse Alliantie, N-VA）の党首が首長に就任した。アントウェルペン州の一部の政治家による移民排斥的言動はしばしば報道でも取り上げられる。特に2018年12月10日のモロッコで開催された通称「国連移民協定」[6]への調印に関してN-VAが強固に反対した。それでも、このアントウェルペン州においても行政からの補助金を受けて開催される異国の音楽を広く紹介する音楽祭は存在しており、本論3節で紹介する。

　また、南部フランス語圏の地方都市に目を向けると、ナミュール州の基礎自治体の一つ、ウエピオン（Wepion）[7]という人口6500人ほどの街の文化センター（Centre Culturel La Marlagne）では1990年に公演用ホールが完成した[8]。4ヘクタールにわたるブナの森に囲まれたこのセンターの立派な建物の周りには、商店も何もない。このようないわゆる辺境地における文化センターは、日本の地方でも例がある。どちらも公費を使って建築されたホールという点では共通である。ただ異なっている点は施設の運営方針と自主文化事業の内容であろう。日本の地方都市の文化センターの多くは、自然災害時の地域避難所として機能させるための運営を行っていたり、法律で定められた設備の設置やメンテナンスを行うために多忙を極めている。一方、ベルギーの地方の文化センターの特徴としては、管理者の多くが元俳優や音楽家など舞台芸術に精通する人材であり、定期的な人事異動がない。彼らは自身の経験をもとに、長期的な視点で、一般の西洋音楽や演劇だけではなく、異国の音楽文化を紹介する画期的な公演を自主事業として毎年バランスよく取り入れている。

6）「安全で秩序ある正規移住のグローバル・コンパクト」（The Global Compact for Safe, Orderly and Regular Migration）、「マラケシュ協定」とも呼ばれる。この時の会合に出席した後シャルル・ミシェル首相（Charles Michel）は辞任した。

7）イチゴの露地栽培で有名である

8）出典 http://www.lamarlagne.cfwb.be/index.php?id=5196#c12626
　Fédération Wallonie-Bruxelles　Naissance du Centre culturel Marcel Hitchter-La Marlagne（最終閲覧日：2019年10月5日）

会場への交通手段が整っていることも、公演の重要な一要素である。ウエピオンのようなベルギーの田園地帯では、主に自家用車に頼らざるを得ない[9]ため、文化センターには通常十分なスペースの駐車場がある。演奏会に限らず、地方での生活活動一般が車に依存しているためでもある。一方、都市部では特に近年、公共交通網の整備に力を入れている。2007年よりブリュッセル、ヘント、ルーヴェンなどで週末の市内深夜バスが運行されるようになった[10]。

　以上のように、ベルギーではブリュッセル首都圏地域だけでなく多くの地域で、様々な演奏を聴く機会が設けられており、そこには他国由来の音楽も多い。一般市民がそれらを享受することが可能な環境なのである。

1.2　一般聴衆の趣向について

　音楽について、マスコミによる宣伝、興業成績、聴衆動員数、といった外的要因によってのみ大衆に評価されるような傾向はベルギーではほとんどない。例えば2017年には、「ユーロパリア」でインドネシアが取り上げられ、伝統楽器ガムランの一連の演奏会が大規模且つ何度も開かれた。公演主催者は趣向を凝らして個性的な公演広報の印刷物を作成した。クラシックに特化したラジオ放送、雑誌、情報誌、インターネット上のイベント案内、そのほか様々な広告媒体が街中で広報活動をした。しかし、これらの情報はいずれも、興味を持った聴衆が自らの意志ですすんで手に入れるものであった。派手な宣伝につられて多くの市民が一斉にインドネシアの楽器であるガムランに興味を持ち、一過性の流行楽器になるような現象などは起こらなかった。ただ、このガムラン公演は愛好家の間では静かに深く浸透し、大きな影響を確実にもたらしたのである。

　いわゆる「消費型」音楽への嗜好度合いは低い。音楽愛好家が個々人で、そ

9）この文化センターは最寄りのバス停まで3.1kmの距離がある。
10）週末の深夜公共交通の運行は、音楽公演の聴衆への便利を図るだけでなく、環境
　保護、街の活性化、更に飲酒運転による重大交通事故防止の点でも大いに貢献し
　ている。

の音楽内容が好きかどうかという判断の基準を明確に持ち合わせていることが理由であろう。そのためにも、演奏会での演目は大衆に媚びる楽曲である必要はないという認識がある。そしてさらに、ベルギーの音楽愛好家たちは多様な国の音楽に対しても耳が肥えていくのである。聴衆が自らの意思や感性によって楽曲を認識し評価する、成熟した音楽観念という土台があることは重要である。それが多様な国の音楽が受け入れられる大きな要因だからである。

1.3　音楽趣向の多様性と公演の細分化の問題

　既述のとおり音楽における趣向の多様性、すなわち表現の自由や異なる個性を尊重することが、ベルギー国民が大切にする気風であった。異なる文化や価値観を持つ者の表現に対して非常に寛容な国民性により、それぞれの個人が表現の自由を享受できる。音楽の趣味に関して基本的に他人に干渉しない。

　しかしそれはまた、他人の音楽的趣向に対する関心は薄い、むしろ無関心であるという面も抱える。それを反映して、音楽公演は細分化され、個々の規模が小さくなる現状もある。演奏家、聴衆ともに"我が道"を求めて細分化されて行くために、音楽傾向についてのベルギー全体でのまとまった象徴的イメージや典型を見出すことが困難なのである。このような多様性こそ、ベルギー人の特徴であると、開き直ってもいるのだが。

　また自由と個性の主張の強さは、時にわがまま、あるいは極端な個人主義になってしまうこともある。ベルギーではこの"大らかな価値観"が社会生活の様々な場面で発生する[11]。自由の尺度は万人にとって同じではない。協調性や他者との融合、また他者への礼儀を尊重すべきだと考える者は、極度の自由な気風には違和感を持つこともあるだろう。

11）実例として、バスの中で大声で延々と携帯電話の通話を続ける乗客はしばしばみ
　　うけられる。また団体で一斉に行動することも慣れていない。例えば、遠足の学
　　童たちが指導者と共に乗車する手際が悪く、異常に時間がかかり列車が遅れた筆
　　者の経験もある。

2 「移民」による音楽

2.1 「移民」が音楽を通して異国に同化する方法

「今日、西洋音楽の西洋という言葉は、西ヨーロッパとアメリカ諸国の音楽の体系が世界の文明における諸体系の一つにすぎないという認識を反映したものである。」と、ドナルド・ジェイ・グラウト（Donald Jay Graut 1902-1987）は語っている[12]。

　政治的国境は音楽体系的国境と同一ではない。例えばロシア人であるチャイコフスキー（Pyotr Ilyich Tchaikovsky 1840-1893）のバレエ音楽の作曲様式は、ロマン派と分類される西洋音楽の一形式をとっている。片やフランスの一部であっても地中海コルシカ島の伝統的男性多声合唱は独特のメリスマ唱法[13]を用いており「西洋音楽」の伝統的唱法や発声法とは異なっている。また、自国の民族主義的な音楽を作曲して「国民楽派」として知られるチェコのボヘミア地方出身のドボルザーク（Antonín Dvořák 1841-1904）とスメタナ（Bedřich Smetana 1824-1884）の作品は、それでも西洋音楽ロマン派の形式を示している一方、同じチェコのモラビア地方出身のヤナーチェク（Leoš Janáček 1854-1928）の作風は徹底して民族主義的で、伝統的な西洋音楽の作曲技法に全く従っていない。

　グラウトが言うように、世界には芸術音楽の体系が数多く存在しており、「西洋音楽」はそのごく一部にすぎない。多国籍の移民が生活しているベルギーには、世界の様々な芸術音楽体系の縮図があると言える。

　それらがベルギーにおける西洋音楽と統合していく過程を考えるに当たって、西洋音楽と伝統音楽との関係から、筆者なりに大きく次のように分類することをここで試みた。

　A　西洋音楽の形式を基本とするクラシック音楽と固有の民族伝統音楽が並行して発展している国の場合

12）ドナルド・ジェイ・グラウト（服部幸三、戸口幸筰共訳）『西洋音楽史』音楽之友社、1960、p.17（序文）

13）一つの音を細かい声の動きで装飾する唱法。

B　西洋音楽の形式を取り入れず、固有の伝統音楽のみが発展している国の
　　場合

C　「折衷型」：上記2つを合わせた形で、西洋音楽の技法を用いて固有の民
　　族伝統音楽を新しいものに発展させている国の場合

　この分類によって、異国の音楽家たちが潜在的に持っていた旋律、和声、リ
ズムや演奏表現上の技法がベルギーの既存の音楽の中に、その特徴を生かしつ
つも、思いのほか違和感なく溶け込んでいく経過が明らかになるように思われ
る。またその反対に、「移民」としてベルギーで活動する場合の音楽的「個性」
や「統合の諸要素」の性質も考察できるのではないだろうか。

　そこで以下は、ベルギー国内への移民人口の多い[14]ルーマニアとモロッコ
の音楽と音楽家をそれぞれA、Bの典型的事例として見ていきたい。さらにC
の例としてレバノンを取り上げ、その特異性について述べることにする[15]。

2.2　ルーマニアにおける西洋音楽／民族伝統音楽

　ルーマニアは極めて多様な音楽文明を持つ国である。この国は東南ヨーロッ
パに位置し、ローマ人を祖先とし、その後スラブ系民族が移住、さらにハプス
ブルク帝国とオスマン帝国の支配を受け非常に興味深い文化的多様性を生み出
した。ルーマニアの伝統音楽は、国内のそれぞれの地域で民族に由来する特徴

14）Eurostatの統計発表、Statistiques sur la migration et la population migrante（2018年3
　　月）によると、ベルギー国内での外国籍の移民のうち人口が多い第一位はフラン
　　ス、第二位はオランダ、第三位はイタリア、第四位はモロッコ、第五位はルーマ
　　ニアである。

15）日本に関しては、伝統的な邦楽と明治以降に導入された西洋音楽の形式を基本と
　　するクラシック音楽が別々に発展しているという点でA「ルーマニア型」であろ
　　う。ベルギーに居住する日本人の音楽家のほとんどは西洋音楽の演奏家である。
　　セネガルやインドネシア出身の音楽家がベルギーで演奏する音楽は西洋音楽の形
　　式を全く取っておらず、クロスオーバー的な演奏形態で発展しているB「モロッ
　　コ型」である。C「レバノン型」はその中間である。もちろんこれらは主な方向性
　　であって、個々の作品についての差異はある。

第8章　ベルギーにおける音楽公演と異文化の影響　**253**

をもち続けて発展している。

　現在ベルギーにおいて、ルーマニア移民の人口は増加し続けている。

　ルーマニアの音楽家は、優れた西洋音楽の演奏家として国外でも高い評価と地位を築いてきた。そして移住先の国の音楽水準の向上に貢献もしてきた。ルーマニアと西洋音楽との関わりについて具体的に見ていこう。筆者は2018年11月にベルギー在住のヴァイオリニスト堀米ゆずこ氏[16]にルーマニアの音楽と音楽家について意見を伺った。同氏によれば、ヴァイオリン演奏の分野においては、ルーマニアのヴァイオリン曲や演奏家がかなり以前から西ヨーロッパへ流入していたという。そう言われてみると、筆者にはヴァイオリニストのローラ・ボベスコ（Lola Bobesco 1921-2003）[17]の名前が真っ先に思い浮かんだ。彼女はベルギーで過去に活躍したルーマニア出身の有名音楽家でベルギー王立ブリュッセル音楽院で教授を務めた。1958年にワロニー室内管弦楽団を結成し、ベルギーの音楽史にも名を残している。ルーマニアでは、彼女が生まれる以前からヴァイオリンでの芸術音楽が演奏され、愛好されてきた歴史がある。そして彼女は幼少時から天才的な演奏家として活動の場をすぐに外国へと広げていた。

　声楽分野に関しては次のような逸話が思いだされる。ルーマニア革命さなかの1989年頃、王立ブリュッセル音楽院教授クリスティアーヌ・グリューゼル（Christiane Gruselle 1935-2002）が、現役ソプラノ歌手時代のルーマニアでの公演の思い出を、当時生徒であった筆者に誇らしげに語ってくれた。彼女はベルギー人演奏家として1970年代のルーマニアでフランスオペラを演奏し、かの国の音楽事情に実際に触れる貴重な経験をした歌手である。彼女が披露した流

16）堀米氏はベルギーにおいて、演奏とヴァイオリン教育のレベルの向上に最も貢献しておられる日本人音楽家である。

17）筆者も1991年にブリュッセルの音楽サロンにてすでに年配であった彼女と演奏家同志としてお話しする機会を得た。かくしゃくとした小柄でチャーミングな女性であった。

麗なフランスコロラトゥーラソプラノの演奏技法はルーマニア人にとっては聞き慣れない歌唱法だったため、彼らに驚きをもって受け入れられたという武勇伝であった。今思い返すと、チャウチェスク（Nicolae Ceauşescu 1918-1989）[18]の共産主義体制下ではルーマニアの一般聴衆はフランスオペラに触れる機会を得ていなかったであろうことがうかがい知れる。1989年のルーマニア革命以降は自由な往来のおかげでルーマニア国内にもフランスオペラをはじめとする様々なジャンルの音楽がもたらされたのである。

　19世紀のヨーロッパ、ロシアにおいてはオペラの上演のために多くの劇場が各国で建設・改築された[19]。ルーマニア国内において19世紀には散発的にオペラが上演された記録はある。しかしルーマニアで国立オペラ団体が正式に創立されたのはヴァイオリン奏者で作曲家のジョルジュ・エネスコ（Georges Enesco 1881-1955）指揮で公演が行われた1921年のことであり、現在のブカレストオペラ劇場の建物が完成したのは1953年であった。ルーマニアに国立オペラ劇場が建設されていなかったことは、優秀な歌い手たちがより良い演奏環境を求めて外国へ移民したことの理由の一つになろう。現在世界的な名声を得ているルーマニア出身の一流のソプラノとして、イレアナ・コトルバシュ（Ileana Cotrubaş 1939-）、レオンティン・バドゥーバ（Leontina Vaduva 1960-）、アンゲラ・ゲオルギウー（Angela Gheorghiu 1965-）が知られている。

　かつてブリュッセル音楽院で筆者が知り合った当時20代のルーマニア出身の女子学生は、自国では機関銃を持ち軍隊行進の訓練を受けたと語っていた。そのような環境の中で、音楽家たちは夢や希望を歌ったり、自由な発想で作品を創作し発表することは困難であったろうと想像する。ルーマニアを代表する作曲家エネスコですらその晩年母国には戻らず、パリのペール・ラシェーズ

18）ルーマニア共産党書記長（1965-1989）
19）ブリュッセルモネ劇場1855年、ハンガリー国立歌劇場1884年、チェコプラハ国立歌劇場1888年、ボリショイ劇場1825年、現在のウイーン国立歌劇場1869年、がそれぞれ開場された。

墓地に埋葬されている。フランス映画音楽界の重鎮であるウラジミール・コスマ（Vladimir Cosma 1940- ）[20]も実はルーマニアの出身である。彼らの作品には自国の民族音楽の影響を残しつつ、かつ西洋音楽の様式を用いていた。ちなみに、現代作曲家のジェルジュ・リゲティ（György Ligeti 1923-2006）とジェルジュ・クルターク（György Kurtág 1926-）もルーマニア出身だが隣国ハンガリーへ移民した。

このように、ルーマニアの音楽家たちはよりよい活動環境、演奏する場としての劇場、音楽作品創作において政治的統制から逃れる自由を求めた。その多くが優れた「西洋音楽」の演奏家、作曲家たちであって、彼らは他国へ移民することでその才能を大きく開花させたのである。伝統音楽の分野においても、1989年の革命は大きな転機となった。楽団タラフドゥハイドウクス（Taraf de Haïdouks）[21]は1990年に編成され、革命後最も有名なロマ音楽の楽団として国際的な名声を得た。

政治的な壁があったにもかかわらず、ルーマニア人をはじめ東南ヨーロッパの人々やポーランドのスラブ語話者、ハンガリー人は旧共産圏であった時代から、その文化的趣向が、西ヨーロッパにより近かった[22]。そのような背景があるからこそ、現在、西洋音楽への適応はごく自然に行われている。ベルギーの中等音楽教育に携わる教員に、苗字からスラブ、ハンガリー系と推測できる人が多いことにもそれが現れている。

それではベルギーにおけるルーマニアの民族音楽の演奏事情はどうだろうか。ルーマニアの民族音楽は、東南ヨーロッパ地域とひとまとめにして「バルカン半島音楽」と総称される。ワールドミュージック・ジャンルの中でもひと

---

20) 映画音楽の代表作として『ラビ・ヤコブの冒険 *Les Aventures de Rabbi Jacob*』（1973年、ルイ・ドゥフィネース主演）、『ラ・ブーム *La Boum*』（1980年、ソフィー・マルソー主演）が知られている。

21) ジュルジュ地方出身者で構成、2019年ユーロパリアにも出演。

22) ブリュッセル在住の30代ブルガリア人女性の談では、かつてブルガリアの家庭では、禁止されていた西ヨーロッパのラジオを地下室で聴き、アメリカの象徴的衣服であるブルージーンズを履くことが極めておしゃれだったそうである。

きわ個性が強く、西洋音楽とは演奏する場所も演奏形態も異なっている。ベルギーもその影響を受けた国の一つである。「ジプシー音楽」とも呼ばれて非常に人気があり、他の西欧諸国同様ベルギーでもその影響力は強い。ブリュッセルでは2006年に「バルカントラフィック」というジプシー音楽の祭典としての民族音楽フェスティバルが誕生し、年々規模を拡大している。2019年にはブリュッセルを代表するホールである「パレデボーザール」で開催されるに至り、演奏会の芸術性の高さも認められてきたことがわかる。

　トランシルバニア地方にて民族音楽を20世紀初期に採集したハンガリーの作曲家ベラ・バルトーク（Béla Bartók 1881-1945）はそれを「ルーマニア民族舞曲」としてピアノ曲に編曲した。この曲は、現在ベルギーでピアノ教習者の教材として浸透し愛好されている。またモルダヴィア地方で盛んな金属の打弦楽器ツィンバロムの哀愁を帯びた音色は、ブリュッセルの街かどでもヴァイオリンの演奏と共に聴く機会がある。

　ロマ族はルーマニア人口の10％を占めているといわれている。彼ら固有の民族音楽は、ルーマニア国内のみならず、他の国々の音楽文化にも深い影響を与えているといえる。シャルルロワ近郊のポンタセル（Pont à Celles）にあるマヌーシュ[23]のキャラバンで産声を上げたジャンゴ・ラインハルト（Django Reinhardt 1910-1953）は、ベルギー国籍を持つジプシー音楽の天才ギタリストとして知られる[24]。2003年から毎年、ポンタセルの行事として「ジャンゴリベルシー音楽フェスティバル」が開かれ、これも人気を博している。

　ベルギーにおけるルーマニアの民族音楽の演奏家たちはまた、音楽会場だけでなく、時にはレストランや地下鉄駅構内の音楽許可所[25]なども利用して、

23）「マヌーシュ」と呼ばれるのはフランス北部やベルギーに住むロマ族の総称である。

24）*EU MAG* Vol.18 2013年7月号（駐日欧州連合代表部公式Webマガジン）http://eumag.jp/spotlight/e0713/（最終閲覧日：2019年9月6日）

25）ブリュッセル南駅、メロード駅には、ト音記号が記されている指定演奏場所がある。

様々な場所で音楽活動を行っている。

2.3 モロッコの演奏家にみる伝統音楽の伝承

　マグレブ諸国、中東諸国においては一般に西ヨーロッパとの文化的趣向の類似性は見つけにくい。モロッコにおける西洋音楽については、モロッコフィルハーモニーオーケストラがやっと1996年に創立されたばかりである。モロッコにおける西洋音楽の歴史は非常に浅い。

　モロッコはむしろ、西洋音楽の形式を基本とせずに自国の伝統音楽を発展させてきた。前述の分類Bの音楽体系にあたる、西洋音楽形式を全く取り入れずに自国の伝統音楽のみが発展した例である。しかしベルギーへの「移民」たちはその伝統音楽を新天地での「異文化」と融合させ、自らの演奏形態を変化させてもいるようである。そのような状況をここでは確認していきたい。

　モロッコの伝承楽器をベルギーでも目にすることがあるが、実際の演奏は、伝統的な奏法に限られていない。モロッコで通常演奏される楽器編成だけではなく、時には西洋音楽の楽器を組み合わせて演奏されることもある。演奏者たちはモロッコ人コミュニティを超えた聴衆も対象とすることで、より広く演奏活動を行っているのである。それらの中からごく身近な例を3つ紹介しよう。

　1つ目は、「4000年の歴史のあるロックンロール」と題する、モロッコ伝承音楽家ジャジュカ（Jajouka）たちの演奏会である。バシール・アッタール（Bachir Attar 1964- ）に率いられブリュッセルにやってきて2019年5月1日にサンジル区のアトリエクラウスで開かれた。

　このモロッコの山岳民族の音楽をブリュッセルに居ながらにして聴くことが出来ることは感慨深い。経緯をたどると、1968年にさかのぼる。当時、ローリングストーンズ[26]がモロッコ北部のリフ（Rif）山脈に位置するアル・スリフ族の村・ジャジュカの伝統音楽を録音した。それは西洋の音楽と異文化音楽との融合例の先駆けとして画期的な出来事であった。そして27歳で早逝したブ

---

26) 1962年に結成されたイギリスのロックバンド

ライアン・ジョーンズ（Brian Jones 1942-1969）[27]の死後1971年に、編集された録音が「ジャジュカの笛」のタイトルで、彼の作品として発表されたのである。その後も1989年にはミック・ジャガー（Mick Jagger 1943-）[28]とキース・リチャーズ（Keith Richards 1943-）[29]が《大陸移動説（Continental Drift）》を作曲し、ジャジュカの音楽家たちと一緒にモロッコで録音を行った。2019年5月のブリュッセルでの演奏会案内によると、この日の演目はバシール・アッタール自身と日本人奏者向井千恵による二胡の共演のようで、アフリカと東洋を融合させる曲目になっている[30]。

　2つ目の例はビオラダガンバ、通常、西洋の古楽で通奏低音を受け持つ弦楽器についてである。筆者は2006年にヘント大学の音楽学教授でこの楽器の演奏家でもあるベルギー人のディルク・モラント（Dirk Moelants）氏と共演した。聞けば、彼はこのように西洋伝統古楽楽器奏者でありながら、アラブ音楽のオーケストラの一員としてもベルギーをはじめ各国での演奏ツアーに参加しているということだ。驚いたが、考えてみれば15世紀の南スペインに起源をもつビオラダガンバは、確かにリュートにも似た形の伝統的なモロッコの楽器ウードと音色が近く、おそらく違和感なく調和すると考えられる。モロッコの音楽が西洋の古楽器と共に奏でられ、異文化融合の新しい演奏が聴衆に受け入れられている一例である。

　3つ目の例として、マグレブ文化センターについて紹介したい。モロッコは2014年にベルギーへの移民50周年を祝った。その際はブリュッセル区[31]にある「エスパース・マグ」（Espace Magh）でも記念演奏会が華々しく行われた。この「エスパース・マグ」はマグレブ諸国及び地中海全域にかかわる文化セン

27）ローリングストーンズの創設者でもとギタリスト兼リーダー

28）ローリングストーンズのヴォーカル

29）ローリングストーンズのギタリスト

30）Atelier Claus Production, invitée Bozar : "Master Musiciens of Jajouka Led by Bachir Attar"

31）ブリュッセル首都圏地域にある19の区の一つ。

ターで、前身の団体をもとに2009年3月に現在の450名収容のホールという形で創立された[32]。ブリュッセル区の社会福祉センター（Centre public d'action sociale 通称CPAS）が所有する建物内にあり、ワロニー＝ブリュッセル連合と共同で運営している。近年は文化紹介の対象国を東アジアにまで拡大している。演奏会を行うだけではなく、移民芸術家をサポートする事業や、地元の児童生徒を対象とした教育施設としての機能も果たしている。また2019年の夏至の日の音楽祭では、この異文化センター所属アーティストであるピアニストのサミール・ベンディメレド（Samir Bendimered）の企画でマグレブ伝統音楽とのクロスオーバーオーケストラの無料演奏会が企画され、満員の盛況となった。

　モロッコ人音楽家によるベルギーでの音楽公演の状況は、民族伝統音楽を伝承していくとともに、西洋音楽、ジャズ、ロック、その他の音楽ジャンルも取り入れて演奏形態を変えながら融合させる形で発展しているといえよう。

2.4　レバノンに見られる折衷的な音楽の発展

　音楽体系分類のCにあたる、西洋音楽の技法を用いて民族音楽の開発を行う傾向のある、レバノンについてここでは見ていきたい。レバノンは中東アラブ諸国の中では珍しい多民族・多宗教国家である。国家の民族的多様性が文化面でも様々に見られ、音楽や芸術活動も盛んである[33]。かつてはフランスの植民地であったために、西洋文化の影響も大きい。

　2018年3月24日にブリュッセルでパレデボザール（Palais des Beaux-Arts、以下PBAと記す）とムッセム移民芸術センター（Moussem Centre Nomade des Arts）[34] との共同制作によって≪アドニス受難曲≫が演奏された。フランス在住のレバノン人ザド・ムルタカ（Zad Moultaka 1967- ）作曲の作品である。筆

32）*Libre Belgique* 5 mars 2009
33）駐レバノン大使山口又宏　「レバノンはどんな国」　2018.03.09 より抜粋
　　https://www.kasumigasekikai.or.jp/2018-03-29-1/（最終閲覧日　2019.09.09）
34）現在の事務所はブリュッセルのパレデボザールの建物内にある。この法人については3.2.2で後述する。

者は1990年代にオランダで彼と出会った。優秀なピアニストであったムルタカは、パリ国立高等音楽院出身で、典型的なスターの資質を備えたピアニストだった。その後彼がクラシック音楽で培った卓越した技術を生かし、作曲家へと転身したことを知って、私は少なからず驚いた。以来、出身国レバノンをテーマにしつつ、オペラ *The Tower of Beirut*（初演2018年10月 Antwerpen Hetpaleis）、アラブ語による詩編 *Psaume60 SAKATA*（2017年11月ニューヨーク、リンカーンセンター）、その他多数の作品を西洋音楽の技法を用いて意欲的に発表している。

　同じくレバノン人の両親を持つフランス人著名ピアニストのアブデル・エルバシャ（Abdel Rahman Hafiann El Bacha 1958-）は20歳でベルギーのエリザベス王妃コンクールで優勝した。現在はワーテルローにあるシャペルミュジカルエリザベス王妃音楽院にて教鞭を執っている。ギター奏者として世界的に著名な演奏家兄弟の弟オダイール・アサッド（Odair Assad）はレバノン系のブラジル人である。ベルギー王立モンス音楽院で教授をつとめている。

　彼らは音楽公演、音楽コンクール、音楽教育を通して、ベルギーに受け入れられ、確固たる地位を築いた。彼らのような異文化と西洋の卓越した演奏技術の二つの才能を合わせ持つ音楽家は今後増えていくことが予想される。

3　主催機関の管轄別にみるワールドミュージック公演

　ベルギーでは行政が管轄する公共ホールにおいて多様な音楽を一般に提供する企画が活発である。本節ではベルギーの行政管轄機関別に、連邦政府、ブリュッセル首都圏地域、フラーンデレン共同体政府、ワロニー＝ブリュッセル連合について、さらに身近な居住地の行政区における施設について、2017年から2019年に実施された公演の数例を紹介していきたい。また、民間レベルでの多様な音楽公演の例とその特徴も紹介したい。

3.1　連邦政府の取り組み

　まず、すでに何度か言及したPBAで行う演奏会に焦点を当てたい。PBAはモネ劇場やベルギー国立管弦楽団とともに、首相府（la Chancellerie du Premier

Ministre）の管轄による連邦政府の文化機関で、国家レベルの音楽分野でのオピニオンリーダー的な位置を占める。ベルギーの文化行政は基本的にフラーンデレン共同体政府、ワロニー＝ブリュッセル連合の管轄として一任されるのが原則だが、この3機関だけは例外である。

　PBAによる2017年秋から2018年春までの年間音楽シーズンのプログラムを見ると、公演内容は次のように分類されている。

　　1　国立ベルギー管弦楽団、王立モネ歌劇場、PBAの共催演奏会

　　2　古楽

　　3　世界的に著名なスター演奏者による演奏会

　　4　ヨーロピアンガラ、オーケストラコンサート[35]

　　5　国立ベルギー管弦楽団の演奏会

　　6　その他のベルギー国内の管弦楽団の演奏会

　　7　既に有名な若手演奏家の演奏会、ライジングスター

　　8　次世代の演奏家発掘の演奏会、コンクール入賞者

　　9　現代音楽

　　10　民族音楽、ワールドミュージック

　　11　ジャズ

　　12　電子音楽

　　13　音楽に関する一般向けの講演

　つまり13項目のうちの一つに民族音楽、ワールドミュージックが設定されている。その内訳と公演数は、中国1、インド1、パキスタン1、ラテン音楽1、インドネシア（ユーロパリア音楽祭）2、モロッコ・アルジェリア5、クロスオーバージャズ1（ピアノ、ドラム、ベース、ウードと呼ばれる琵琶に似たアラブの伝統リュート）だった。モロッコなどマグレブ諸国音楽の演奏会が約3分の1を占めていて特に多いとわかる。前述のムッセム移民芸術センターとの共同制作も多い。EU域外からのベルギーへの移民としてはモロッコ人が最も多

35）フラーンデレン共同体政府主催のフェスティバルとして、3.2.2で後述する。

い社会状況を反映していると言えよう。

3.2　ブリュッセル首都圏地域 [36) の状況

　ブリュッセル首都圏地域が主催する文化事業は行政管轄によって区分されている。フラーンデレン共同体政府、ワロニー＝ブリュッセル連合、行政区、他の組織や団体、一般企業などの複数の共催、後援、協賛などである。以下、これらの区分別に異文化音楽公演に関する文化イベントを見て行きたい。

3.2.1　ブリュッセル首都圏地域での異文化音楽公演

　代表的な公演として、6月の夏至に行われる「音楽の祭典」（Fêtes de la musique）と、フェスティバルとして定着した「クルールカフェ」（Couleur Café）の二つを挙げたい。これらの公演では多数・多様な移民音楽の演奏を聴くことができる。

　「音楽の祭典」は毎年夏至前後の週末に、ブリュッセル市内各地で大小規模の催しが数多く行われる。本章3.2.2でも後述するように、この音楽祭は1985年以来毎年ワロニー＝ブリュッセル連合の音楽審議会（Conseil de la Musique）が公演主催者に広く参加を呼びかけて主催と演奏会広報後援を行っている音楽祭である。大規模な野外音楽村として、サンカントネール公園がある。芝生の上に二つの舞台が設置され、2019年には、6月22日・23日の二日間にわたって国内外のグループの演奏が行われた。この場所での開催は6回目である。そのほか、庶民的な地区として知られるマロル地区で、地元のブリューゲル文化センターが「マロル音楽祭典」と題して毎年主催している。2019年6月21日夏至の日には、路上だけでなく、保育所、学校、老人ホーム、商店街も参加して午前10時から音楽イベントが始められた。蚤の市で有名なジュドバル広場が野外演奏会場となって、演奏は午後10時まで続いた。

36）Région de Bruxelles-Capital、エンブレムとしてアヤメの花が描かれている。

アトミウムのモニュメントで知られるオッスゲム公園で夏に行われる「クルールカフェ」音楽祭は異文化音楽を多く取り入れて1989年から毎年開催されている。もともとは民間の主催で[37]、1990年代後半から改修前のスカルベークの庁舎ホールでアフリカ音楽、キューバ音楽を演奏していた。責任者のパトリック・ワレンは10年間にわたるフェスティバル経営が決して容易ではなかった経過を、ソワール紙のインタビュー[38]でつぎのように答えている。「2000年の総予算4,000万FB（ベルギーフラン）のうちブリュッセル区、フラーンデレン政府、ワロニー＝ブリュッセル連合の補助金合計は600万FBであった。残るすべてはチケットの売り上げと協賛金で賄いながらクルールカフェは民間の一団体として自立した経営を保ってきた。」

　次第に開催規模が大きくなり、開催場所が運河沿いのトゥールエタクシー（Tour et Taxi）[39]へ、次いで2017年からは現在のヘイゼル（Heyzel）[40]地区へ移り、広大な敷地を利用して宿泊のためのキャンプ場も併設されるようにまでなっている。

　2006年からは、このフェスティバルの参加者のために、ブリュッセルの公

37）ブリュッセル首都圏地域ワーテルマール・ボワフォールの文化センター長を28年間務めていたユーゴスラビア系のベルギー人ロックシンガー、ミルコ・ポポヴィッチ（Mirko Dragolioub Popovitch）らが考案した。

38）Thierry Coljon "La décennie exemplaire de Couleur Café Le festival Couleur Café, qui se tiendra à Tour et Taxis à Bruxelles, du 25 au 27 juin, en est cette année à sa dixième édition.", *Le Soir* 16 juin 1999.

39）運河（Canal de Willebroek）左岸に20世紀初頭に建設された産業遺構倉庫群でかつての物流の中心地であった。37haに及ぶ広大な敷地で現在は改修され、見本市や文化イベントの会場として使用されている。

40）ヘイゼルの丘陵地域（Plateau de Heysel）はブリュッセル首都圏地域ラーケン北部に位置し186haの広大なラーケン公園に隣接している。1935年と1958年の二回にわたる万博の開催のため17haのオッスゲム公園（Le Parc d'Osseghem）、万博会場、アトミウムが建設された。広大な緑地を有するこの地では、見本市、フェスティバル、スポーツ競技の大規模なイベントが通年開催される。

共交通網が深夜バスも含めて無料乗車サービスの提供を始めた。2018年には文化芸術と観光の促進のためにブリュッセル市の補助金[41]として15000ユーロを受けている。ブリュッセルの夏の風物詩として定着した。

3.2.2　ブリュッセルにおけるフラーンデレン政府管轄の異文化音楽公演

　同じくブリュッセルにおいて、オランダ語圏フラーンデレンと、次節のフランス語圏ワロニー＝ブリュッセル連合それぞれの「共同体政府」が支援する音楽公演を見ていく。

　まずフラーンデレン共同体政府ブリュッセルでは、2019年までフラーンデレン共同体政府の副首相であり文化大臣を兼任したスヴェン・ガッツ（Sven Gatz）（ブリュッセル首都圏地域担当大臣も兼任）が、多言語政策やブリュッセル広報政策を積極的に推進した。規模の大きなものとして「フラーンデレンフェスティバル」（Festival van Vlaanderen）の一環としての「クララフェスティバル」がある。また「ユーロピアンガラ」（European Gala）と題して、ヨーロッパの主要オーケストラをブリュッセルに招聘し、ボーザールと共同で行う演奏会がある。

　2019年の「クララフェスティバル」（3月14日〜29日）は全プログラムが西洋音楽だったが、50ページに及ぶその案内カタログには、未成年難民への音楽教育推進事業（The Sound of Home）のための一口40ユーロの寄付の募集や、「あなたの鍵」（Jouw Sleutel）事業の告知があることに注目したい。これはスカールベークなどと共同で、演奏会ホールのことをもっとよく知ってもらうために毎年約600名の移民たちを招待する事業である。解説付きの西洋音楽の演奏会（茶菓も提供する）で移民たちにベルギーの伝統文化に親しんでもらうことが企図されている。

　次に、北アフリカの異文化芸術全般を積極的に紹介している非営利活動法人ムッセム芸術センター（Moussem Nomadisch Kunstencentrum）にも触れておき

41）Conseil Communal 11 juin 2018 Ville de Bruxelles No.109 réf.217670

たい。この芸術センターはその事務所をパレデボーザールの事務所と同じ建物の中に設け、パレデボーザールをはじめとする芸術機関と長期的、かつ相互的なパートナーシップを保っている。アラブ世界へのリンク、または開放性をもつ多様な現代アーチストの国際的な交差点として、フラーンデレンとヨーロッパの文化施設でそれらを紹介するユニークな芸術作品を制作している。

　この芸術センターは、大がかりな文化センターの建物を年間を通して運営、維持、管理することを必要としていない点が特徴である。従って、この芸術センターの作品制作のシステムは、きわめて合理的である。芸術活動において最も重要なアーチストとその作品の制作に重きを置くことが出来る。

3.2.3　ブリュッセルにおけるワロニー＝ブリュッセル連合管轄の異文化音楽公演

　ブリュッセルにおいて、フラーンデレン政府管轄のムッセム芸術センターに相当する組織をワロニー＝ブリュッセル連合管轄で取り上げるならば、モロッコ音楽の項で紹介したエスパースマグであろう。ここはフランス語圏の文化施設であり、ブリュッセル区の中心地に劇場施設を持ち、フラーンデレンとは異なる形で、音楽だけでなく、異文化事業を通年行っている。

　フランス語圏ワロニー＝ブリュッセル連合側では、2019年3月1日の時点で、ブリュッセル首都圏地域担当委員兼ブリュッセル広報大臣をモロッコ系社会党の政治家ラシド・マドラン（Rachid Madrane）[42] が務めていた。移民系出自の芸術家たちの活動への積極的な協力（助成）が見られる。

　ここでは、ジャズの演奏会に関して一例を紹介する。ブリュッセルでは例年、5月下旬にグラン・プラスをはじめとする会場で大規模に開催されるジャズウイークエンドの他、年始のフラジェにおけるジャズフェスティバルが

42）Ministre de la Jeunesse, l'Aide à la jeunesse, du Sport, des Maisons de justice et de la Promotion de Bruxelles,chargé de la tutelle sur la Commission communautaire française de la Région de Bruxelles-Capitale (Cocof)

開かれる。さらに、王立ブリュッセル音楽院には30年前からジャズ科が創設されており、ジャズは市民に広く愛好されている。それらの公演の一つとして、2019年1月13日に、フラジェにおいてスコットランドとベルギーのジャズ演奏家のコラボ演奏が行われていた。そして、翌月の2月には、彼らを含めて、スコットランドのエジンバラでのジャズフェスティバル「スリル音楽祭」（Thrill）に、「ブリュッセル・ジャズ」が紹介された。マドラン大臣の肝いりの事業である。その内容は多様で、ヴァイオリンを用いたジプシージャズ、オリエンタルジャズ、ジャズロック、アフロジャズ、現代ジャズなどの紹介があった。さらに目を引いたのは、モロッコ民族衣装を着てエジンバラのメインストリートでジャズを奏でるブリュッセルのミュージシャンの写真であった。このニュースはブリュッセルで発行されているオランダ語週刊情報誌（BRUZZ）2019年2月13日号に大きく掲載された。記事を執筆したトム・ペーテルス（Tom Peeters）は「ワロニー＝ブリュッセル連合はブリュッセルジャズ奏者たちを切り札として世界に紹介した」というインパクトの強いタイトルと共に紹介した[43]。異文化どうしがクロスオーバーして作り上げられたブリュッセルジャズを、行政が率先して海外に紹介した内容であった。ベルギーのフランス語日刊紙『ル・ソワール』にもジャン＝クロード・ヴァントロイヤン（Jean-Claude Vantroyen）による記事が掲載された。彼も同様に、ブリュッセル・ジャズの特徴としてスタイルの多様性を挙げていた[44]。

　ブリュッセル在住モロッコ系移民が奏でるジャズを、いわば文化大使として公費で外国へ派遣した経緯について、筆者はマドラン大臣室にインタビューを申し込んだ[45]。移民演奏家の派遣について、社会党（PS）の、3か月後に迫っていた国政選挙のための運動なのではないかと、不躾ながらもかなり率直に担当

43）オランダ語週刊情報誌　*BRUZZ* 13/02/2019 号 P26-27 "Van de 'Huugstruut' naar High Street: Franse Gemeenschap speelt diversiteit van de Brusselse jazz uitalstrofkaart"

44）*Le Soir, MAD*, 27 Février 2019 P17 "Les Jazzmen bruxellois ont étapé Edimbourg"

45）Fédération Wallonie-Bruxelles Promotion de Bruxelles Conseiller Nicolas Van De Velde 氏へのインタビュー（2019年2月27日）。

者に質問してみた。その答えは、「大臣室の年間予算の8パーセントに及ぶ20万ユーロ（約2500万円相当）の捻出は、目先の結果のみを目指したものではない。これはブリュッセルの様々な芸術家を国外に紹介することで、ブリュッセル首都圏地域のイメージの向上を目指すだけでなく国内の芸術家を励ますという、長期的な投資として彼らの活動を支援する目的です。」という説明であった[46]。

　スコットランドのエジンバラで毎年開かれるこのジャズフェスティバルは、これまで主にアメリカからジャズの演奏家を招待してきた。現地に同行したマドラン大臣室のニコラ・ヴァンデヴェルデ氏が「ヨーロッパ大陸由来のジャズが、今回、新しい風を吹き込む音楽として非常に歓迎され成功を収め、来年の演奏招待を受けるまでこぎつけた。この事業の目的を達成した」と語ったのが印象に残る。

3.3　地方における音楽公演
3.3.1　オランダ語圏地域における異文化音楽公演

　ここからは言語圏ごとに地方での音楽公演を見ていこう。まずオランダ語圏フラーンデレンでは、「フラーンデレンフェスティバル」（Festival van Vlaanderen）が代表的だろう。これは古楽から現代音楽までを網羅する前述のブリュッセル「クララフェスティバル」に合わせて、ヘントでの「ヘントフェスティバル」やブリュージュでの「カクトゥスフェスティバル」など、各地の数多くのフェスティバルを総称したもので、非常に規模が大きい。

　その一つとして、アントウェルペン州で40年以上の歴史を誇るワールドミュージックの祭典「スフィンクスフェスティバル」（Sfinksfestival）に注目する。これはアントウェルペン中心地から自転車で30分のブーハウト（Boechout）で毎年夏期に行われるワールドミュージックのフェスティバルで、1975年にス

46）マドラン大臣室の芸術支援は2016年より毎年テーマを変えて行われており、その対象は現代アート（パリ）、舞踊（ベルリン）、サーカス（アヴィニョン）、と音楽に限らず芸術一般に及んでいる。

フィンクス非営利活動法人が設立されたことに始まる[47]。その後地方でのフォーク音楽の小フェスティバルとしてフラーンデレンで知られるようになり、1982年からは、異文化音楽も積極的に取り上げるようになった。1993年からはフェスティバルの規模が拡大された。21世紀になるとワールドミュージックのジャンルが一般に広く知られるようになったこともあり、2013年以降は無料のフェスティバルになって参加者数が一層増えた。参加者のために自転車の警備付き駐輪場を深夜まで用意するなど、長年の経験による配慮も見られる。幼児や青少年向けの内容も用意され、家族ぐるみでも参加できるイベントになっている。「スフィンクスフェスティバル」についての統計では、1976年から2014年までに1,125,700名を動員、1,076グループが1,198公演を行ったという。現在は一般企業の他に、フラーンデレン政府、アントウェルペン地域、ブーハウト行政区、フラーンデレン音楽フェスティバル協会、ラジオ・新聞などのマスコミがパートナーとして名を連ねている。ワールドミュージックの先駆けとして異文化の音楽を率先して紹介してきたフェスティバルとして認められているのである。

　他に、ワールドミュージックを公演内容にする夏のフェスティバルとしてアフロラティノブレー（Afro-Latino Bree）がある。オランダ国境に近いリンブルフ州のブレー（Bree）で行われている。ここでも公演とキャンプ場が併設されており、授乳所や子供の遊び場もあり、家族で異文化音楽を行楽することが可能である。また夏のベルギー風物詩として欠かせない「ヘントフェスティバル」においても、市内中心地では10日間にわたって毎晩「ポレポレ」（PoléPolé）ワールドミュージックのフェスティバルが行われている。これらは一般聴衆を対象にした無料の野外コンサートである。ともすれば無難で平凡な流行歌に偏りがちだった一般向けのフェスティバルにおいて、余暇の行楽としても異文化音楽が浸透しつつあると言える。

47）Sfinks vereniging zonder winstoogmerk (vzw), vereniging voor Kunst ambachten, Informatie en Kultuur.　https://www.sfinks.be/sfinks-mixed/over-sfinks/historiek/（最終閲覧日：2019年9月16日）

3.3.2　フランス語圏地域における異文化音楽公演

　次にフランス語圏に目を向けよう。夏のフェスティバルとして野外で音楽を楽しむタイプの音楽祭はワロニー地方でも多いが、民族音楽に特化したもので、かつ、規模の大きい催しはあまり見られない。しかしフランス語圏では、前述のように6月の夏至の日に大規模な音楽祭が各地で催される。この期間中、全ワロニー地域の主要都市の市庁舎広場には特設ステージが設けられ、野外コンサートが催されるのである。2019年については、6月21日金曜日から23日日曜日の三日間どこにいても、この週末は何らかの音楽を誰もが耳にすることが出来た。ルクセンブルク州のアルロン（Arlon）の文化センターを一例にとると、23日日曜日だけでも、正午から夜中の12時まで無料コンサートが19公演もあった。プログラムの中にはワールドミュージックの公演も数多く見つけられる。例えばブリュッセルでは29公演、ブラバンワロン州で3公演、エノー州で16公演、リエージュ州で13公演、ナミュール州で2公演組み込まれている。

　ワロニー＝ブリュッセル連合の音楽分野の広報を担当する非営利団体「音楽審議会」（Conseil de la Musique asbl）の統計[48]によると、2015年の音楽予算総額は3,300万ユーロであり、文化予算全体の約6％余りを占めている。そのうちクラシック音楽と現代音楽が87.7％、非クラシック音楽が9.5％である。さらに非クラシック補助金予算のうちワールドミュージック伝統音楽は14.6％、ジャズやロックは24〜26％、フランス語の歌謡曲が1％となっている。非クラシック音楽に充てられる予算額自体は決して多いとは言えない。しかし少なくとも、ワロニー＝ブリュッセル連合の文化行政の予算配分から見ても、ワールドミュージックはその地位を確固として築きつつあると言えよう。

3.4　自治体の文化センター

　自治体による異文化音楽公演には個性的なものも多い。例えば、かつての炭

---

48) 2017年発表の統計。 Fédération Wallonie-Bruxelles Administration générale de la Culture Service général de la Création artistique Service de la Musique, RAPPORT D'ACTIVITES 2015 DU CONSEIL DES MUSIQUES NON CLASSIQUES

鉱の街エノー州ポンタセルでの町おこしとしての取り組みを見ておこう。この街は前述のマヌーシュジャズの伝説的ギタリスト、ジャンゴ・ラインハルトの生地でもあり、彼を記念してジャンゴリベルシー（Djangoliberchie）フェスティバルが5月の週末に開催される。近年はワロニー＝ブリュッセル連合の協賛を得るようになり、そのためか2019年春にはこのベルギーの一地方のフェスティバルの公演案内のポスターが、ブリュッセルの地下鉄構内でもよくみられた。ただ、もともとこのフェスティバルを訪れる観客は、一般のベルギー人よりもむしろジャンゴ・ラインハルトの名声を知る世界中からのジャズファンのほうが多いとのことである。

　次に、異文化音楽の受容と発信の黎明期を築いたブリュッセル首都圏地域エテルベークに注目する。ブリュッセル首都圏地域にある文化センターの中でも、エテルベークの文化センターは30年も前から積極的に異文化を受け入れてきたことで知られている。1980年に区が古い映画館の建物を買い取り、1900年当時の建築様式をもつホールをそのまま用いて1988年に開設したものである。開設の際には、詩人でもあるセネガルの初代大統領レオポルド・セダール・サンゴール（Léopold Sedar Senghor 1906-2001）が訪れたということもあって、それ以来、このホールは「エスパースサンゴール」と名付けられた。そしてワールドミュージックに特化した演奏会場として知られることになる。2019年6月の夏至音楽祭には、開設30周年を記念して、近隣のジュルダン広場や歩行者舗道における野外コンサートが予定されている。

3.5　民間レベルでの音楽公演

　ここでは行政ではなく民間レベルでの異文化音楽公演として、3例を見ておくことにする。

　まずは日本の音楽についてである。1989年に「ユーロパリア」のテーマ国として日本が紹介されたことを大きなきっかけとして、ベルギーでは日本の文化や音楽への関心が高まってきた。2010年代以降は、アニメ文化に親しんで育った若者たちが成長し、彼らにとって日本のアニメ映画音楽、さらにゲーム音楽がとても親しみのあるメロディとなる。また、2011年に東日本大震災が発

生してからは、支援企画としても日本をテーマとした多くの演奏会が開かれるようになった。その聴衆は一般のベルギー人であり、彼らが日本の音楽に親しむ良い機会となっている。日本人の音楽留学生や日本人音楽家たちも在住しているため、日本人作曲家の作品も紹介される機会も度々ある。ベルギーの大学において日本の伝統音楽である雅楽の研究が行われているほか、ベルギー人による和太鼓演奏者グループが結成されるなど、ベルギー人によって邦楽が演奏される機会も少しずつであるが増えている。

　2例目として、中心部グランプラスにほど近いブリュッセル中央駅前のスペイン広場、カルフールヨーロッパにドン・キホーテの銅像と向かい合って、ベラ・バルトークの銅像があることに注目したい。これは作曲家の没後50年記念とともに、1995年に行われた「ハンガリー音楽祭95」（Jubilate Hungaria95）を記念して、ブダペスト市から寄贈されたものである。ブリュッセルが彼の業績を高く評価してくれたことへの返礼ということだったが、「移民」としてベルギーを訪れたバルトークがベルギーで高く評価されことと合わせて、いかにベルギーが新しい異文化の音楽を受け入れてきたかを示す象徴としてもこの「音楽祭」は捉えられるのではないだろうか[49]。

もう一つ、民間レベルで異文化音楽公演を活発に行っている会場としてアートベース（Art Base）を紹介する。ギャラリー風のライブハウスで、ブリュッセル中心部のマンガ博物館の向かい側にある。ここではクラシック音楽の演奏もあるが、ラテン、インド、ギリシア、マヌーシュ音楽の演奏会の公演が中心になっている。連日のように演奏会があり、週末は2公演ずつ行われるほどの盛況である。

［写真　ベラ・バルトークの像］

4 西洋芸術音楽による「移民」の社会的統合

　ここまでは、個々の異文化音楽公演や、ベルギーへの移民による異文化音楽の演奏の具体例を紹介してきた。本節では、ベルギーへの移民やその子孫に対して、ベルギーが西洋音楽をどのように紹介しようとしているのかを最後に見ておきたい。

　前述のように、フラーンデレン共同体政府管轄のブリュッセルにおける文化政策としては、例えば「クララフェスティバル」の西洋音楽演奏会に毎年600人の移民を招待する事業がおこなわれている。一方、ワロニー＝ブリュッセル連合の管轄のブリュッセルにおける文化活動としては、演奏そのものの機会を移民の児童生徒に与えようとする事業が際立っている。その背景に、ベルギーの小中学校における音楽教育が通常の授業科目として行われていないことがある[50]。事業主体は、国際音楽教育シンクタンク GRiam（Groupe de Réfléxion international sur les Apprentissages de la Musique）と呼ばれ、2008年に王立ブリュッセル音楽院で開かれたフランス語音楽教育研究セミナー[51]をきっかけに、2009年にワロニー・ブリュッセル連合の音楽審議会の一組織として結成されたものである。創立メンバーとして、作曲家で、複数の音楽教育機関の学長を兼任するピエール・コルプ（Pièrre Kolp 1969- ）らが名を連ねている。この組織は、音楽教育を教育条件に恵まれていない地域の小中学校教育にも取り入れることに力を注いでいる。この方向性は、「移民」の子供たちがベルギー社会へより潤滑に順応するのを後押しすることに辿り着く。

49）*Le Soir* BUDAPEST OFFRE UNE STATUE DE BELA BARTOK　le 7/10/1995 par Pierre Hannaert　（最終閲覧日 :2019年10月10日）

50）正木裕子「ベルギーフランス語政府管轄の公立学校に於ける芸術教育の位置」『ヨーロッパにおける多民族共存と EU 』（神戸大学大学院国際文化学研究科　異文化研究交流センター編、2012年3月）参照。音楽学習希望者は定時制公立中等芸術教育校において芸術教育を公費で受けることが出来るシステムがある。しかし、生徒数に定員があり、様々な規則が定められているために、すべての児童生徒が音楽教育を享受しやすい状況からはほど遠い実情である。

51）Journées Francophones de Recherche en Éducation Musicale

公的な組織であるこの国際音楽教育シンクタンクと同様の理念で音楽活動を実践している、一人の教育者による忘れがたい舞台がある。サラ・ゴルドファルブ（Sara Goldfarb）によるもので、彼女が小中学校へ音楽教師を派遣して、一度も楽器を触ったことが無い子どもたちにバイオリンの手ほどきをした。そして6か月後にPBAの舞台でベルギーフィルハーモニーのメンバーらと共にオーケストラ演奏を体験するという壮大なプロジェクトだった。この演奏は2014年4月27日にPBAのファミリーデーというイベントで行われた。5校、10歳から18歳の180人の児童生徒が舞台を踏んだ。筆者は会場の客席でその圧巻な光景を体験した[52]。オーケストラの楽器の一つとしてエジプトの伝統楽器も共演していた。この事業で指導に当たったゴルドファルブは、王立ブリュッセル音楽院で教授法、表現法を指導している。自らが主宰する教室[53]をブリュッセルで運営する傍ら、パリ国立高等音楽院[54]にて、「音楽の方向性を児童生徒に見出させるための教育法」[55]の指導もしている。ベルギーにおける多様な出自の「移民」たちの民族間の音楽の融合を取り持つために、彼女の稀有な才能と経験を是非、次世代の教育者たちに広く受け継いで欲しいと期待する。

おわりに

本章で取り上げて紹介することが出来た音楽公演の例はごく一部に過ぎないが、その特徴や異文化音楽と向き合う姿勢を垣間見ることはできたのではないか。ベルギーは自らの西洋音楽の伝統を継承し育むだけではなく、国外からの異文化音楽を広く受け入れ、その影響による作品も創作しつつ活発に公演活動を行っている。そして、それらを国外へ向けて発信さえしている。

現在のブリュッセルにおける移民事情は、1950年代に人手不足を即時に解

52）Musique en Action
　　https://www.youtube.com/watch?v=sbibYqWLbPg　（最終閲覧日2019年10月10日）
53）ReMuAReseau de Musiciens-Intervenants en Ateliers
54）Conservatoire national supérieur de musique et de danse de Paris (CNSMDP)
55）Pédagogique de la formation à la Médiation Culturelle

決するために多くの人々を受け入れた時代とは異なっている。多くの優秀な学生や専門技術者、研究者も世界中から集まってきている現状である。彼らがブリュッセルに居を構えることにより、文化を形成する担い手になり得る。そのため、ワロニー＝ブリュッセル連合は、ブリュッセル首都圏地域を学生が住みやすい学際都市としてアピールする姿勢も示している。2010年前後の王立ブリュッセル音楽院声楽科においては、ブラジル、中国、カナダ、日本など多国籍の学生たちが在籍し、その多様性により、声楽科全体の技術レベルは飛躍的に高まっていた。言語や文化の障壁を越え、移民たちがベルギー社会に同化融合する「場」が音楽を取り巻く環境の中に確かに存在する。異文化の影響にも後押しされて、ベルギーの音楽はより活性化し常に新しい試みを続けているのである。

移民の子としてのサルヴァトール・アダモ

高岡優希

　サルヴァトール・アダモ Salvatore Adamo、改めて説明の必要がない程、ベルギーのみならず、フランス語圏を代表するシンガーソングライターの一人である。50年のキャリアを誇り、世界中で1億枚以上のディスクを売り上げ、日本でも絶大な人気を保っている。2018年には25枚目のオリジナルアルバムも発売され、その優れた歌詞と旋律に衰えは見られない。

　しかし2018年秋、彼がベルギー国籍を申請したことが報道され、少なからぬ人が驚いた。ベルギー在住70余年にもかかわらず、彼はイタリア国籍のままだったのである。そしてこの年、彼は欧州における移民問題についての歌を書いた。そんなアダモの移民としての側面を、彼の言葉や歌詞から見てみたいと思う。引用箇所の日本語訳は全て高岡の訳である。そして引用したインターネット上のサイトの最終閲覧日はいずれも2020年9月5日である。

　アダモは1943年、イタリアのシチリア島コミゾComisoに生まれる。1947年、アダモは母と共に、炭鉱労働者として先に出発した父を追ってベルギーに移住した。南部のワロニー地域エノー州ジュマップJemappesに落ち着いた。アダモ4歳の時である。

　第2次世界大戦後、石炭不足の解消が急務であったベルギー政府は、炭鉱労働を当初は敗戦国ドイツの捕虜に強いていたが、1946年にはイタリアとも炭鉱労働者の受け入れ協定を結び、5万人以上のイタリア人を労働力として雇った。アダモの父親もその1人であった。労働条件は厳しいものであった。1956年にはマルシネルで大規模な火災事故が発生し、262人の労働者が死亡、

そのうち136人がイタリア人だったという[1]。アダモはこう語る。

　　1940年代のイタリア移民に関する文献を読んで、当時イタリア政府は、
　　ベルギーに送り込んだ労働者1人につき1トンの石炭を受け取っていた
　　ことを知りました。父が1トンの石炭と引き換えになった、と思うと
　　色々考えさせられます。[2]

　アダモ一家の生活も赤貧洗うが如しであった。しかし両親は、子供であっ
たアダモにはそれを感じさせなかったという。両親の愛情に包まれて彼は幸
せな少年時代を送ることができた。そのおかげで彼は、ベルギー人やベルギ
ーという国にも嫌な思い出はなく、「エンリコ・マシアス Enrico Macias の歌
の歌詞をちょっと変えさせていただくなら、ベルギー人は心に太陽を持って
いる、外に太陽はないけれど。この国は私の家族に尊厳を取り戻してくれま
した。父が自分の力で家族を養えるようにしてくれたのです。」[3]と嬉しそう
にインタビューで語っている。

1）RTBF.be ＜ 70 ans d'immigration italienne: des bras contre du charbon ＞ https://
　　www.rtbf.be/info/dossier/70-ans-de-l-immigration-italienne-en-belgique/detail_70-
　　ans-d-immigration-italienne-des-bras-contre-du-charbon?id=9315078
2）Franc-Parler ＜ Le chanteur Salvatore Adamo ＞ http://franc-parler.jp/spip.
　　php?article132
3）RTBF.be ＜ Salvatore Adamo: "Mes parents avaient la misère aux trousses... Être
　　migrant, c'est souvent la mort" ＞ https://www.rtbf.be/info/medias/detail_salvator-
　　adamo-mes-parents-avaient-la-misere-aux-trousses-etre-migrant-c-est-souvent-la-
　　mort?id=10084352
　　(Enrico Macias「北国の人々」Les gens du nord からの引用。マシアスの原歌
　　詞は「人々は心に太陽を持っている、外には太陽はないけれど « Les gens ont
　　dans le cœur le soleil qu'ils n'ont pas dehors »」、それをアダモはベルギー人と
　　言い換えている。)

アダモには、幼少期の父母の思い出や、自らのルーツに言及した歌は多い。その1つが1998年の「青い宵闇の時 *Les heures bleues*」である。幼少期、両親と出かけた夏祭りの夜、街角でダンスに興じる楽しそうな両親や幼いアダモが生き生きと描かれている。長じてもアダモの脳裏には時折、その時のダンス音楽や青く暮れてゆく夏の夜空が、走馬灯のように脳裏に蘇る。

Les heures bleues「青い宵闇の時」[4]

（前略）

Et je revois mon père, ma mère	父や母の顔が目に浮かぶ
Sous les lampions, les fleurs en papier	祭りの提灯や紙で作った花の下で
Moi, je suivais sa robe claire	母の白いドレスが帆船のように揺れ
Qui ondoyait comme un blanc voilier	僕はその後を追いかけていた
Lui l'enlaçait, l'allure fière	めかしこんだ父は、さっそうと母を腕に、
Tout droit, fringant, tout endimanché	胸を張り、誇らしげなステップで踊っていた
Il racontait de jolie manière	父は母に、巧みに話し聞かせていた
Des souvenirs sans doute inventés	恐らくは脚色を加えた思い出話を
Moi, je rêvais entre vous deux	僕は2人の間で、夢見ていた
J'étais enfant, j'étais heureux	僕は子供だった、幸せだった
Et je n'ai qu'à fermer les yeux	目を閉じるだけで
Pour retrouver ces heures bleues	この青い宵闇の時が蘇ってくる
Bleu de tes yeux, ma douce, ma reine	僕の優しい女王様、その目の青さよ
Qui me cachais le gris du décor	あなたは僕に周りの陰鬱さを隠していたね
Bleu de l'espoir, vaillant capitaine	勇敢な指揮官よ、その希望の青さよ
Qui te battais dans l'enfer du Nord	あなたは北国の地獄の中で闘っていた

---

4) « Regards », Salvatore Adamo, EMI Music France, 1998.

Bleu du dimanche entre compères	炭鉱仲間と見る日曜日の空の青さは
Pour oublier quelques instants	ほんの一時あの暗闇を忘れるため
Le noir du ventre de la Terre	大地の腹の中、あなたたち炭鉱夫は
Où vous trimiez en sueur et en sang	汗にまみれ、血を流し働いたのだ
C'est la musique des années-chimères	これは、夢と過ぎた年月の音楽
Années-misères au bout de l'exil	亡命の果ての、貧しい年月
Moi, je suivais dans votre lumière	僕はあなた方の光の中を辿っていた
Ma vie ne tenait qu'à votre fil	あなた方が僕の人生の命綱だった
«Ti voglio bene» veut dire «je t'aime»	«Ti voglio bene» とは「愛しているよ」
Et c'était là toute mon Italie	というイタリア語。そこに僕の
Cent fois par jour	イタリアの全てがあった
et mille fois, même,	1日に100回でも、1000回でも聞きたい
C'était du soleil sur ma vie	それが僕の人生の太陽の光だった
（後略）	

　アダモの歌手としての成功はベルギーに止まらず全世界に広がり、ベルギーのスターとして讃えられ、ベルギー王室からも勲章を始め貴族の称号まで、数々の栄誉を与えられ、1996年にはジュマップ名誉市民にも選ばれる。

　また、アダモは1993年以降、ベルギーのユニセフ大使としても活躍している。彼は大使として派遣された数々の地の惨状を訴え、その改善のためベルギー国民にも協力を求め、多大なる成果を上げている。ベルギーという国と一体化したかのような活躍であった。

　それでも彼は、ベルギー国籍を取得しようとはしなかった。ベルギーに感謝し、ベルギーを愛しながらも彼は「心情的ベルギー人 belge de cœur」であり、移住以来ずっとイタリア国籍のままだった。2003年当時、「ベルギー人であること」について尋ねられたアダモは、「個人的には、ベルギー人であるということは私にとっては国籍以上のことです。それが私が選択した生き方なのです。」と答えている[5]。

そんな彼が2018年になってようやく、ベルギー国籍取得に踏み切った。2018年10月31日のインタビューで彼は以下のように述べている。

　　皆、僕が既にベルギー人だと思っていました。そして今、僕はそうなろうとしています。それはベルギーに対する感謝の気持ちからです。何故かと問われれば、理由は簡単です。僕は72年来ベルギーに住んでいます。このままベルギー人にならずにいられるとお思いですか？問題はイタリア側にありました。イタリアは自国民が外国で二重国籍を取得することを許していなかったのです。しかし、今は可能です。3週間前にその申請をしてきました。他の人と同じように僕は今、認可が下りるのを待っています。2018年をベルギー人として終われるか、2019年初頭になるかわかりませんが、とにかく楽しみです。」[6]

　このタイミングを選んだのは、ベルギーに対する感謝と共に、うがった見方をすれば、発売直後の25枚目のアルバムの話題作りも兼ねたのかもしれない。しかしアダモにはもう1つ、大きな理由があったように思う。それは、昨今の難民問題に物申すためではないだろうか。アダモは欧州が難民の受け入れ態勢にないことに衝撃を受け、難民に対する人間性を欠いた扱いを嘆き、EU諸国が移民を手分けして引き受けるべきであり、「移民となることはしばしば死を意味するのだ。」と語る[7]。

5）Musique.rfi.fr　＜Adamo, un sentiment engagé＞ https://musique.rfi.fr/musique/20031106-adamo-sentimental-engage

6）RTL INFO ＜ Salvatore Adamo, invité du RTL Info 19h, explique pourquoi il a demandé la nationalité belge (vidéo) ＞ https://www.rtl.be/people/potins/salvatore-adamo-invite-du-rtl-info-19h-explique-pourquoi-il-a-demande-la-nationalite-belge-video--1073457.aspx

7）注3に同じ

アダモはこの問題に対し、「移民・移民労働者migrant」という語を常に用い、「難民réfugié」という語を用いてはいない。アダモに限らず、昨今、メディアにおいてこれらの用語が同義語であるかのように用いられることが多くなり、国連の広報ページで「それは決して入れ替え可能な語interchangeablesではない」と苦言が呈されている。難民 réfugié とは「祖国外にあり、迫害、紛争、暴力、その他の公共秩序を著しく乱すような状況により、その結果、国際的保護を必要としている」人々を指し、移民 migrant は「移住理由の如何、自らの意思か否かに拘わらず、またその行動のために取られた方策が合法か否かにも拘わらず、1年以上外国に居住するいかなる人」をも指している[8]。

ゆえに、アダモ一家は移民ではあったが難民ではない。しかし彼にとっては、国を遠く離れ異国の地で辛酸をなめるという点において、移民として苦労した自分の家族の姿が、現在の難民の姿と容易に重なったのであろう。だからこそ自分が声を上げねば、と思ったに違いない。そして訴えるにはまず、受け入れ国への感謝と礼儀として、ベルギー国籍を申請すべきだと判断したのかもしれない。そんな折り目正しさが感じられる。

アダモは2018年、「移民 *Migrant*」なる歌を発表した。しかしこの歌を最新アルバムに組み込むのは憚り、アルバムとは別に、様々な場所で歌い人道的支援を訴えている。

Migrant　「移民」[9]

Migrant,	僕は移民
je veux jouer ma vie pour une autre meilleure	自分の人生を賭け、新天地を探したい
Où fleurissent des sourires	そこには笑顔が花咲くのだ
aux visages qui pleurent	今は泣いているその顔にも
Repoussé par les uns,	ある所では拒絶され

8）ONU : Réfugiés et Migrants Définitions : https://refugeesmigrants.un.org/fr/d%C3%A9finitions

9）http://www.adamosalvatore-dc.com/Salvatore_Adamo_Testi_00_Extras.htm

ignoré par les autres	ある所では無視されながらも
J'espérais que mon sort devienne	僕はあなたがたのような人生を
un peu le vôtre	少しは送れるだろうと思っていた
Mais que vous importe au fond	でも、僕たちの小舟は、実際は
notre coquille de noix	あなた方にはどうでもよかったんだ
Migrant,	僕は移民
j'ai traversé la mer jusqu'à la première île	海を渡り最初に見えた島に上陸する
Le vent nous a posés	風は僕らを
sur des rives hostiles	悪意に満ちた岸へと押しやった
L'enfer de mon pays	地獄と化した祖国が残したのは
ne me laisse que le choix	声なき人々を詰め込んだ
De ce rafiot bondé d'autres ombres sans voix	このオンボロ船だけだった
Pour aller voir ailleurs si la vie n'y est pas	生きのびる場所を他に探すために
Pour aller voir ailleurs si la vie n'y est pas	生きのびる場所を他に探すために

続く3連では彼らの苦難の旅路が語られる。祈り泣き叫びながら彼らは国境の壁まで身を引きずってゆく。トンネルの奥には光が見えていたのに、いつのまにか犯罪者にされ、仲間と共に有刺鉄線で囲い込まれている。まだ生きている自分に罪悪感さえ覚えながら。その彼らのそばで生活している「兄弟たち frères humains」に、どうかそんなに心を頑なにせず、少しだけ休める場所を提供して欲しい、邪魔にならぬよう最大限の努力をするからと、この「移民」は訴えかける。以下、最終連である。

Migrant,	僕は移民
des années de labeur pour payer le voyage	何年も必死に働いて旅費を工面した
Le passeur en riant nous a dit : « Bon courage »	手引者は笑って言う「頑張れよ」
On s'est cru arrivés	到着したと思った
mais le monde est-il fou ?	でも世界は、狂っているのか
On nous montre du doigt et on a peur de nous.	僕らは非難され、恐れられている

Nous qui fuyons la mort,	死を逃れ、
nous qui sommes à genoux	ひざまずいている僕らが
Nous qui fuyons la mort,	死を逃れ、
nous qui sommes à genoux	ひざまずいている僕らが
Migrants, Migrants	移民として、移民として

　アダモは1993年にユニセフのベルギー大使に任命されて以降、以前にもまして社会参加的な歌を作るようになった。「アルバムを出すたび、1、2曲は社会的、人道的、人間中心的な歌を入れています。」[10) と語っている。そして2003年のインタビューの中でも彼はこう語る。愛の歌を書いている方が楽だし、幸せであり、自分が恵まれた環境にいることも自覚している。だが、「僕の何かを告発すべく書いた歌が、たとえ気に入らない人たちがあったとしても、僕は正直に書き続けます。雲の上で生き続け、その下で起きていることに無関心でいるなんて、僕にはできません。」[11)

　この歌を最新アルバムに組み込まなかったのは、歌詞を聴いて不快に思う人が多い、との判断かもしれない。事実、この歌を聞いた友人のフランス人は歌の冒頭ですぐさま反発した。「移民のことをどうでもいいなんて、私たちは思っていない。悪意に満ちた岸なんてひどい。助けたいけれどどうしようもないから皆、苦しんでいる。歌で訴えるのは容易いけれど。」と。
　理想論だけで欧州諸国を非難するのは短慮に過ぎると批判されても致し方ない。彼もこの問題が一個人の心情的な訴えだけでは解決できないことは承知であろう。しかし、だからといって何もせずにはいられない。あれほど父母との思い出を愛しみ、祖国を捨てられなかったアダモだからこそ、黙っておられず、難民問題により多くの人の目を向けさせたかったに違いない。「子供の頃よりもずっと、今ほど自分が移民の子であると感じている時はない。」

---

10) 注2に同じ
11) 注5に同じ

と、彼は言う[12]。少なくともその思いを表明することが、移民としてベルギーに渡り、そこで幸せな生涯を送ることができた自分の使命であり、義務である、との覚悟であろう。

アダモの代表曲である1966年の「インシャラー Inch'Allah」は、アラブ諸国に囲まれ四面楚歌となっていたイスラエルの悲劇を描き、当時のイスラエル寄りの世論もあって世界的ヒット曲となった。しかし、パレスチナ難民の存在を無視した歌詞はアラブ諸国の激しい怒りを買った。アダモは当時の自分が無知であり、短慮であったことを素直に認め、1980年代以降、何度となく歌詞を改訂してきた。そして最終的には2003年、両陣営を想い、双方の不幸を悼み平和を祈る歌「我が痛ましきオリエント Mon douloureux Orient」を発表するに至る。2004年、彼はこう言っている。

> 世界を変えようなどとうぬぼれているのではない。ただ、歌が人の耳に届くことにより、それが何かを考えるよすがとなってくれれば、と願うだけである。我々（歌手）にできるのはそれだけである。[13]

その思いはきっと、年を経ても変わることはないのだろう。アダモ、まだまだ熱い。

---

12) 注3に同じ
13) 高岡優希「アダモと『インシャラー』──その歌詞改訂の歴史」『シャンソン・フランセーズ研究』第2号、シャンソン研究会、pp.21-40, 2010年

「赤い悪魔」と移民の背景をもつ選手たち

石部尚登

　1986年6月25日、メキシコで開催されていたワールドカップの準決勝、ベルギー対アルゼンチン戦。後半、ディエゴ・マラドーナがその「黄金の左足」で2度ゴールネットを揺らし、ベルギーは敗れた。準々決勝のイングランド戦での「神の手」や「伝説の5人抜き」にも引けをとらない圧倒的に美しいゴール。まさに「マラドーナの大会」だった。

　テレビで観戦したはじめてのワールドカップだった。マラドーナの神業に魅了されたのは言うまでもないが、この試合では相手側のベルギー代表にも気になる選手がいた。中盤で落ち着き払ったプレーを淡々と続ける、黒髪ですらっとした細身の背番号8。弱冠二十歳で「赤い悪魔」の司令塔を任されていたエンツォ・シーフォであった。

　Scifoと書いて「スィーフォ」ではなく「シーフォ」。フランス語の発音規則から外れるその名前が示すように、彼の両親はシチリア島からベルギーにやってきた炭鉱労働者で、彼はその両親の元にベルギーで生まれたイタリア移民二世であった——もっともそうした彼の出自を知るのはずっと後のことで、当時は知る由もなかった。

　アルゼンチンに敗退したベルギーは3位決定戦にまわった。対戦相手はフランス代表、いわずと知れた「将軍」ミシェル・プラティニ率いるチームであった。彼の祖父もまたイタリアからフランスへ渡った移民であった。残念ながら、プラティニがこの試合を欠場したことで、ワールドカップの檜舞台でのイタリアにルーツを有する司令塔同士の直接対決は実現しなかった。

　ベルギーは素晴らしいパフォーマンスを見せながらも試合には再度敗れ、

最終的に4位で大会を終えた。それでも、当時、国家再編という政治的難局にあったベルギーで、国民を熱狂させるには十分な成績であった。

シーフォはその後、1990年イタリア（ベスト16）、1994年アメリカ（ベスト16）、1998年フランス（グループリーグ敗退）と4大会連続でワールドカップのピッチに立った。ベルギー代表としてキャップ数84、18得点の記録を残した。

2000-2001年シーズン開幕を前に、彼は故郷に程近い街のクラブ、シャルルロワSCへ移籍した——プレーイング・マネジャーとしての契約であったように記憶している。はじめてのベルギーでの留学生活がはじまって間もない2000年9月、居ても立ってもいられず試合観戦に出かけた。KRCヘンクとの一戦、鎖骨の怪我の影響もあってか、プレー内容は往年のそれとは程遠いものではあったが、シーフォの勇姿を生で見ることができただけで幸せだった。このシーズンを最後に彼は現役生活にピリオドを打った。

シーフォの現役引退と前後するように、21世紀になりベルギー代表は冬の時代を迎える。2002年の日韓ワールドカップこそ、本大会に出場してベスト16の成績を残したが、それに続く2006年ドイツ、2010年南アフリカは、2大会連続で本大会出場を逃した。ワールドカップの中間年に開催される欧州選手権にいたっては、2000年にオランダと共同開催した大会で、グループリーグ敗退という失態を演じた。開催国は必ずグループリーグを突破するというサッカー界の不文律をはじめて破る不名誉を味わった。その後も2004年、2008年、2012年と予選突破はかなわなかった。

不振のどん底に喘いでいた2007年3月24日、翌年の欧州選手権の出場権をかけた予選で、ベルギーはポルトガルにアウェーで4-0という屈辱的な大敗を喫する。この結果を受けて、北部オランダ語圏の極右政党フラームス・ベラングの主導的政治家フィリップ・デヴィンテルは、「代表チームに忠誠を感じている選手がほとんどいない！」と痛烈な批判を行った。「ベルギーサッカーの窮状を救うには、フラーンデレン代表とワロニー代表を別々に作る以外に方法はない」とも述べた（L'Avenir.net, 2007年3月25日付）。この年の6月に発表されたFIFAランキングでは、ベルギー代表は歴代最低の71位を記

録した。

　ただ、こうした低迷の間も、ベルギーのサッカー界は手をこまねいていた
わけではない。フラーンデレンとワロニーの両地域に分断されていた旧体制
の改革を断行し、ベルギー全土を対象とするサッカー協会主導の育成システ
ムの構築を推し進めていた。そこにはセレクション・スクールの設立、各世
代の代表を通した指導法やフォーメーションの共有化など、革新的な試みも
含まれていた。

　まずは23歳以下のベルギー代表が結果を残す。2008年の北京オリンピッ
クで、残念ながらメダルには届かなかったものの、若き将来の「赤い悪魔」
たちは4位の好成績を収めた。メンバーには、ヴァンサン・コンパニ、マル
アン・フェライニ、ムサ・デンベレ、ヤン・フェルトンゲン、トーマス・フ
ェルメーレン（2019年夏ヴィッセル神戸に移籍！）など、10年後のワールド
カップで躍動することになる錚々たる面々が名を連ねていた。

　新しい育成システムの成果は徐々に現れる。北京オリンピック世代にくわ
え、その下の1990年代生まれの選手たちが順調に成長し、欧州各国の主要リ
ーグで活躍しはじめる。91年生まれのエデン・アザールやケヴィン・デ・ブ
ライネ、92年生まれのティボ・クルトワ、93年生まれのロメル・ルカク。後
に「黄金世代」と呼ばれる若きスターたちが、2010年を前後に続々とフル代
表デビューを果たしていった。

　2014年のワールドカップ・ブラジル大会は、ヨーロッパ予選を無敗（8勝
2分）で危なげなく勝ち抜き、3大会ぶりに出場を果たした。本大会では準々
決勝で因縁の相手アルゼンチンに敗れはしたが、ベスト8に進出して「赤い
悪魔」の復活を世に知らしめた。一時は50位以下に低迷したFIFAランキン
グも、チームの勝利と共に順位を上げ、2015年11月には世界1位に上り詰め
た。首位の座に就いたのは8カ国目、ワールドカップで優勝経験のない国と
してはオランダに次ぐ2カ国目の快挙であった。

　そうしたなかで迎えたのが2018年のワールドカップ・ロシア大会であっ
た。満を持してヨーロッパ予選に臨んだベルギー代表は、圧倒的な力を見せ
つけて今回もまた無敗（9勝1分）で本大会の出場権を得た。2016年に就任し

たカタルーニャ人のロベルト・マルティネス監督の指揮の下、19戦無敗のままで本大会に突入した。世界的な前評判も高く、いやがうえにもベルギー国内の期待は高まっていた。

　グループリーグは9得点、2失点、3戦全勝の申し分のない内容で、リーグ首位で決勝トーナメントに駒を進める。そして2018年7月2日、まだ記憶に新しい運命の日本戦を迎える。ここで結果を蒸し返すことはしないが、両チームにとって、両サポーターにとって、両国民にとって、きわめて印象深い一戦となった。試合の翌日、日刊紙『ル・ソワール』の一面には、「命拾いした者たち（Miraculés）」のおおきな文字が躍った（*Le Soir*, 2018年7月3日付）。

　ベルギー代表は1986年の結果を上回る3位で、賞賛と共に大会を終えた。平均年齢27.1歳の若いチームは、大会に鮮烈な印象を残した。

　2018年のベルギー代表は強く、そして魅力的なチームであった。また多様性に溢れるチームでもあった。

　まず代表選手のプレー環境が多様であった。大会登録メンバー23人の所属チーム（大会前）は、ベルギーをはじめ、ドイツ、イングランド、スコットランド、スペイン、フランス、イタリア、中国と8カ国・地域を数えた。1986年のメキシコ大会のチームは、ドイツのバイエルン・ミュンヘンで活躍していたジャン＝マリー・ファフとオランダのPSVアイントホーフェン所属のエリック・ゲレツを除けば、全員が国内リーグでプレーしていた。また国内組の20人も、シーフォを含めて8人がブリュッセルに本拠地を置くRSCアンデルレヒトに所属していた。

　また、代表選手のベルギー国内の出身地域も多様であった。各選手の出生地でみると、フラーンデレン地域出身者47.83%、ワロニー地域出身者21.74%、ブリュッセル地域出身者30.43%。それぞれ63.64%、22.73%、13.64%であった1986年のチームと比較して、地域に偏りなく代表選手が選出されていた。

　そして何よりも代表選手の出自の多様性が際立っていた。1986年のチームのシーフォはイタリア移民二世であったが、彼以外に――確認できた限りでは――移民二世の選手はいなかった。

それが2018年のチームでは、ロメル・ルカク、ヴァンサン・コンパニ、ミシー・バチュアイ、デドリック・ボヤタ、ユーリ・ティーレマンスがベルギーの旧植民地のコンゴ民主共和国、ムサ・デンベレはマリ共和国、そして日本戦で同点弾を決めたマルアン・フェライニと決勝点を決めたナセル・シャドリはモロッコからの移民二世、さらにアクセル・ヴィツェルの父親はフランスの海外県マルティニークの出身、ヤニック・カラスコはポルトガル人の父親とスペイン人の母親をもち、アドナン・ヤヌザイの両親は紛争を避けベルギーに移住してきたアルバニア系コソボ人である。また、今回の代表には招集されなかったが、世界的に名の知れたベルギー人サッカー選手のラジャ・ナインゴランやディヴォック・オリジも、それぞれインドネシアとケニアにルーツを持つ移民二世である。

　もちろん、こうした移民の背景をもつ選手が代表チーム内でおおきな割合を占める現象は、近年、ヨーロッパ各国の代表チームに共通して見られるものではある。ある記事によれば、2018年ワールドカップに参加したヨーロッパ各国の代表チームで移民の背景をもつ選手が占める割合は、ベルギー代表はイングランド代表と同じ47.8％、それに対してスイス代表は65.2％、フランス代表では78.3％であったという[1]。
　大会の優勝候補の最右翼で、連覇を期待されながらグループリーグ最下位で大会を去ったドイツ代表も、39.1％が移民の背景をもつ選手であった。その中には、2014年ブラジル大会での優勝の立役者で、今大会でも10番を背負い中心選手として期待されたメスト・エジルがいた。トルコ系移民三世の彼が、大会後にすぐに人種問題を理由に代表の引退を表明したことは日本でもおおきく報道された。その出自ゆえに敗戦のスケープゴートとされ、戦犯

1) The Times of India, "World Cup 2018: Nearly one-third of players in European teams are migrants" <https://timesofindia.indiatimes.com/sports/nearly-one-third-of-players-in-european-teams-are-migrants/articleshow/64707322.cms? from=mdr.> [2019.9.8]

の汚名を着せられる。「勝てばドイツ人、負ければ移民」と訴える彼の姿は悲痛であった。

　実は同じようなことをロメル・ルカクも語っている。「物事がうまく運んでいる時、メディアは私のことをベルギー人ストライカーのルカクと書く。しかしそうでない時は、コンゴ系ベルギー人ストライカーのルカクと書く（The Players' Tribune, 2018年6月18日付）」。移民の背景をもつ選手に対するまなざしは、どれほどチームの勝利に貢献し、どれほど「国民」を歓喜させても、一瞬にして「他者」へと変えてしまう。問題は決して過去のものとはなっていない。

　それでも移民の背景をもつ選手たちがベルギー代表にもたらした多様性は、他国のそれとは異なる意味で、ワールドカップでの躍進に寄与したと思う。国内に言語に起因する共同体問題を抱えているベルギーでは、敗北がそのままチーム内の不和に結び付けられるのが一般的であった。そもそもフラーンデレン人とワロニー人で構成される代表チームの存在意義すら疑問視する声も聞かれた。先の政治家デヴィンテルの発言のように。

　だからこそ、そうしたフラーンデレン対ワロニーという対立構造から離れた「第三のベルギー人」としての移民の背景をもつ選手の存在が、代表チームの団結を強め、個々の選手が能力を遺憾なく発揮することのできる環境を作り上げたのだと思う。チーム内の多様性が、オランダ語話者対フランス語話者という伝統的な対立をそもそも無意味なものとしたのである——マルティネス監督が就任して以来、チームの「共通言語」は英語になったとされる（sports.fr, 2018年7月10日付）。

　ベルギー国家の標語は「団結は力なり Eendracht maakt macht, L'union fait la force, Einigkeit macht stark」。「赤い悪魔」においては多様性が団結を作り上げた。まさに「多様性は力」となったのである。

ベルギー移民関連年表

年	主な出来事	法制関連	本書で言及する事象
1830	ベルギー独立。		
1831	レオポルド1世即位。		
1865	レオポルド2世即位。		
1870		「信仰活動の物質的・財政的側面にかかわる法」制定。	
1876	レオポルド2世、「国際アフリカ協会」設立。		
1877			王立フラーンデレン劇場（KVS）設立。エークハウト『新カルタゴ』出版。
1879	第一次学校闘争（～1884年）。		
1882	「国際コンゴ協会」設立。		
1885	コンゴ自由国成立。		
1890		国勢調査の項目に国籍が設定され、ベルギー人と外国人が区別される。	
1896			ラールマンスが《移民》を制作。
1897		「外国人法」（2月12日法）により外国人の国外退去が規定される。	
1908	コンゴを植民地化。		
1909	アルベール1世即位。		
1914	第一次世界大戦により、ほぼ全土がドイツに占領される。		
1918	大戦が終結し、ドイツ軍が撤退する。		
1921		外国人登録が制度化される。	
1924		フランスと労働条約が結ばれる。	

1927		ルクセンブルクと労働条約が結ばれる。	
1930		12月15日の王令（アレテ）により、外国人労働者の労働許可証の取得に司法省の許可が必要となる。	
1933		オランダと労働条約が結ばれる。	
1934	レオポルド3世即位。		
1935	ブリュッセル博覧会開催。		
1936		3月31日の王令（アレテ）により、外国人の出入国管理が定められる。	
1940	第二次世界大戦により、ドイツ占領下となる。		
1944	ドイツ占領下から解放。		
1946		労働者受け入れに関する二国間協定がイタリアと結ばれる。	
1947	ベネルクス関税同盟調印。		
1950	第二次学校闘争（〜1958年）。		
1951	ボードゥアン1世即位。		
1952	欧州石炭鉄鋼共同体（ECSC）が設立される。		
1956		スペインとの二国間協定が結ばれる。	マルシネル鉱山火災事故。
1957	ベルギー領コンゴに地方議員選出件が与えられる。	ギリシャとの二国間協定が結ばれる。	
1958	欧州経済共同体（EEC）が設立される。		
1960	コンゴ民主共和国独立		
1962	言語境界線が確定する。		
1963	言語圏が確定する。		経済学者アルフレッド・ソーヴィが移民の家族呼び寄せの促進を提言。
1964		トルコ、モロッコとの二国間協定が結ばれる。	

1965		移民労働者の家族向けリーフレット『ベルギーで暮らし、働く』が刊行。
1966		炭鉱閉鎖反対運動が各地で展開される。
1967	欧州共同体（EC）が設立される。	
1968		5月27日の王令（アレテ）によりベルギーイスラム文化センターの設置が定められる。
1969		チュニジアとの二国間協定が結ばれる。
1970	憲法が改正され、地域・共同体が認められる。	アルジェリア、ユーゴスラビアとの二国間協定が結ばれる。
1974		8月1日の閣議決定により新規移民の受け入れ停止が決定される。
1980		「入国・滞在・定住・送還法」（12月15日法）が採択される。
1981		「反レイシズム法」（7月30日法）によりレイシズムとゼノフォビア対策が定められる。
1984		「改正国籍法」（6月28日法）により、国籍取得に関する出生地主義の導入と、帰化手続きの簡略化が定められる。一方で「統合の意志（volonté d'intégration）」の表明が規定される。
1985		「8月1日法」により出身国への移民の帰国が奨励される。
1986	FIFA ワールドカップ・メキシコ大会でベルギーが4位に。	

年			
1989			王立移民政策委員会が創設される。 ベルギー初のイスラーム学校Al-Ghazali初等学校が設立される。
1991	連邦選挙でフラームス・ブロックが躍進。	「6月13日法」により移民第3世代の18歳以下の子どもにたいする市民権の付与が認められる。	
1993	憲法改正により連邦制が導入される。 欧州連合（EU）が成立する。 アルベール2世即位。	「2月15日法」により王立移民政策委員会が機会均等・反レイシズムセンターに再編される。	アダモがベルギーのユニセフ大使に選ばれる。
1996		ワロニー地域最初の統合に関する法律「7月4日の地域法」により、統合地域センター（Centre régional d'intégration）が6都市に設置される。	ダルデンヌ兄弟『イゴールの約束』公開。 アダモがジュマップ名誉市民に選ばれる。
1998		フラーンデレン共同体において「民族・文化的マイノリティーに対する政策に関する共同体法」（4月28日法）により、統合政策が規定される。	アダモ《青い宵闇の時》発表。
1999		「1980年7月30日法」が改正され、レイシズム行為にたいする「罰則規定」が強化される。	ダルデンヌ兄弟『ロゼッタ』公開。 KVSがモーレンベークに仮移転（～2006年）
2000	フラームス・ブロックとの連携を防ぐための「防疫線協定」締結される。	国籍法の改正により「統合の意志」の表明が廃止。	
2002			KVSで『レオポルド2世の生涯と仕事』初演。
2003		「フラーンデレン市民化政策に関する共同体法」（5月8日法）が成立。「受入れ政策」から「市民化政策」に移行する。	KVSで『ジェンブルクス』初演。 「オランダ語の家」設立。
2004	EU共通移民政策が採択。	公用語のひとつの能力不足が国籍付与の拒絶理由となり得るとの司法判断が下される。	

2006		「5月8日法」が改正され、フラーンデレンにおける市民化プログラムの対象者がオールドカマーにも拡大。	フラーンデレン地域において「間文化性」が移民政策の用語として用いられる。
2008			ダルデンヌ兄弟『ロルナの祈り』公開。
2009			ブリュッセルに「エスパース・マグ」設立。
2010			ゴルグン『ヤデル』放映。
2011			ワロニー地域とブリュッセル首都圏地域に地域文化開発会議を設置。
2012			シンクタンクのイティネラ研究所が、2060年までにベルギー人の2人に1人が外国に出自をもつようになると発表。
2013	フィリップ1世即位。	「統合および市民化政策にかんする共同体法」(6月7日法) により、フラーンデレン地域において、市民化プログラムで獲得が目指されるオランダ語力がA1からA2レヴェルへ引き上げられる。	レッド・スター・ライン博物館開館。 フラーンデレン地域の初等・中等学校で「宗教シンボル」の着用が禁じられる。
2014			トルコとモロッコとの二国間協定締結50周年記念事業が各地で開催。 ゴルグン『アナトリア・ラプソディー』『反乱の広場』『幻の国に住む』刊行。
2015			フラーンデレン地域に「統合および市民化局」が設立。『幻の国に住む』が舞台化。
2016		「入国・滞在・定住・送還法」が改正され、滞在許可申請の際に「統合の努力 (efforts d'intégration)」を示すことが規定される。 「4月28日の地域法」により、ワロニー地域における統合プログラムが義務化される。	ゴルグン『心の中のデリア』刊行。

2017		ブリュッセル首都圏地域において、合同共同体委員会が「市民化／受入れコースに関する地域法」(5月30日法) を採択し、新規移民の統合プログラム受講が義務化される。	ダルデンヌ兄弟『午後8時の訪問者』公開。
2018	FIFA ワールドカップ・ロシア大会でベルギーが3位に。		アダモがベルギー国籍取得を申請。
2019			ゴルグンの戯曲『幻の国に住む』がワロニー＝ブリュッセル連合の文学賞を受賞。

あとがき

　「移民」をキーワードに、ベルギーを多角的に捉える論文集を執筆しようと編者二人が最初の打ち合わせをしたのは、2017年の夏にさかのぼる。それ以来、出版に至るまで諸事情によりかなりの時間を費やしてしまった。比較的最近の事象を扱う章も多く、特に編集の過程では状況が変化したために情報の更新や内容の再検討が必要な箇所もあり、改めて「移民」をテーマに研究成果をまとめることの難しさを痛感した。また、ヒト・モノ・カネ・情報の移動がますます加速する日々を送っていたところ、2020年を境に、世界の状況は一変した。ヒトの移動が紡ぎ出した社会や芸術文化の歴史は、今まさに新たなグローバル化に移行しようという局面にある。その前に移民にまつわる社会や文化についての研究成果を一冊の本にして記録に残すことは、時間がかかってでもやるべきミッションであったと、改めて思う。

　本書の執筆者の多くは、ベルギー研究会に参加している。2007年の発足以来、同会は研究者のみならず、ベルギーに関心がある人に広く参加いただいており、2021年1月の時点で会員数は100名を超えている。本論集をまとめるにあたっては、ほとんどの執筆者がこの研究会の例会で論考について発表を行い、参加者と議論する機会を得た。さらに、執筆者どうしによる論文へのフィードバックを経て推敲を重ねた。分野のことなる専門家どうしが、さまざまな視点で意見を出し合い一冊の本にするにはそれなりの労力を要した。しかしそのぶん、「ベルギー学」について議論する際、必ずといっていいほどキーワードにあがる「学際性」が、良いかたちであらわれていることを願う。例えば、

序章でベルギーの移民史を概観しているが、後に続く多くの章でも、移民の歴史に関する記述が見られる。情報が重複する部分もあるが、分野によって同じ事象でも視点が異なるため、各執筆者の説明はあえてそのまま残している。学際性に加え、本書のもう一つの大きな特徴として、執筆者のバックグラウンドが分野以外の面でも多彩である点に触れておきたい。日本在住のベルギー人研究者やベルギー在住の日本人音楽家、日本人ライターという、移住を経験してきた専門家が、それぞれの視点で本書に参加している。著者自身の移住がテーマではないものの、彼らの経験は少なからず論文の視点に影響を与えていることが読み取れるのではないだろうか。

　なお、本書はテーマ設定の性質上、ベルギーの歴史や社会事情に詳しくない読者には一部理解しにくい部分もあるかもしれない。そのわかりにくさこそが本書の副題にもなっているアイデンティティの「多層性」にあり、ベルギーの魅力でもあると編者は考える。そして当然のことながら、本書を読めばベルギーにおける「移民」をめぐる社会や文化の全てがわかるわけではない。現在ベルギーとなっている地域は西欧の中心、ゲルマンとラテンの境界に位置し、交易の拠点としても機能した長い歴史を有する。したがって、ベルギーにおけるアイデンティティの多層性を深く理解するには、1830年の国家独立以前の「移民」も取り上げるべきだったかもしれない。しかし、本書はベルギー国家誕生後の「移民」に焦点を当てたため、古来より連綿と続く移民史のごく一部を扱っているにすぎないことを、読者の皆様には改めて心に留めておいていただきたい。また、多少の偏りは避けられなかったが、ベルギーの言語事情を考慮し、なるべくオランダ語圏とフランス語圏の状況をバランスよく取り上げたつもりである。ベルギー研究では誰もが頭を悩ませる固有名詞の日本語表記も、原語の発音に合わせて統一を試みた。一方、東の国境線沿いにあるドイツ語圏は、人口が少ないとはいえその特殊な言語文化的背景を考慮すれば無視できない地域ではあるものの、本書で取り上げることができなかった。また、旧植民地であるコンゴ民主共和国及び周辺国に出自を有する移民が発信する芸術文化にも、ベルギーに焦点を当てるならばもっと注目すべきだったかもしれない。しかし、全ての領域をカバーできたわけではないとはいえ、ベルギーの複雑

な歴史の中で「移民」の存在が政治的・社会的にどのように位置付けられ、新たな芸術文化を創出する源泉となっているかを知る手がかりをつかんでいただけるのではないだろうか。以上のことをふまえて、本書を手に取った読者の皆様が、日本では紹介される機会が少ないベルギーの移民をめぐる各分野の政策や、移民を通して見えてくる新たなベルギーのすがたに興味を持っていただければ幸いである。

　最後に、本書の完成にご協力いただいた「ベルギー学」に携わる関係者の皆様に感謝申し上げたい。松籟社には『ベルギーとは何か？──アイデンティティの多層性』『ベルギーを〈視る〉──テクスト─視覚─聴覚』に続き、ベルギー論文集第3弾としてこのたびも本書の刊行を快く引き受けていただいた。特に編集者の木村浩之氏には、企画の段階から適切なご助言・ご協力をいただき終始お世話になった。心から感謝のことばを申し上げたい。

2021年1月
井内千紗

索　引

・本文および注で言及した人名、書名等作品名、媒体名、専門用語などを配列した。
・作品名には作者名を括弧内に付記した。

302　ベルギーの「移民」社会と文化

●編著者紹介

岩本和子 (いわもと・かずこ)

神戸大学大学院国際文化学研究科教授。

専攻はフランス語圏文学・芸術文化論 (ベルギーのフランス語文学、スタンダール研究)。博士 (文学)。

著書に、『周縁の文学——ベルギーのフランス語文学にみるナショナリズムの変遷——』(松籟社)、『スタンダールと妹ポーリーヌ——作家への道——』(青山社)、『ベルギーとは何か?——アイデンティティの多層性——』(共編著、松籟社) などがある。

井内千紗 (いのうち・ちさ)

拓殖大学商学部助教。

専攻は地域文化研究、文化政策、オランダ語文芸翻訳。

著書に『「ベルギー」とは何か——アイデンティティの多層性——』(共著、松籟社)、『現代ベルギー政治——連邦化後の20年——』(共著、ミネルヴァ書房) など、論文として「ポリグロシアを有するテクストの蘭和翻訳に関する比較文化学的一考察——ベルギー・オランダ語圏の現代小説を事例に——」(『比較文化研究』第142号、2021年) などがある。

●著者紹介

中條健志 (ちゅうじょう・たけし)

東海大学国際教育センター講師。

専攻はフランス語圏 (フランス、ベルギー、ルクセンブルク) の移民研究。博士 (文学)。

著書に『現代ベルギー政治:連邦化後の20年』(共著、ミネルヴァ書房)、『ルクセンブルクを知るための50章』(共著、明石書店)、訳書に『貧困の基本形態——社会的紐帯の社会学』(共訳、新泉社) などがある。

ルート・ヴァンバーレン（Ruth Vanbaelen）

筑波大学人文社会系准教授。

専攻は社会言語学。博士（言語学）。

雑誌論文として「Building Paragraph Writing Skills through Scaffolding」（共著、*OnCUE Journal* 12(1), pp.47-71, 2019）や「オランダ語の新バリエーション：オランダ語中間言語の実態」（『筑波応用言語学研究』(13), pp.29-42, 2006-12）などがある。金子守著『ゲーム理論と蒟蒻問答』（日本評論社）の英語訳を *Game Theory and Mutual Misunderstandings: Scientific Dialogues in Five Acts*（Springer-Verlag）として刊行。

見原礼子（みはら・れいこ）

長崎大学多文化社会学部・多文化社会学研究科准教授。

専攻は比較教育社会学、子ども社会学。博士（社会学）。

著書に、『オランダとベルギーのイスラーム教育——公教育における宗教の多元性と対話』（明石書店）、*Cross-Bordering Dynamics in Education and Lifelong Learning: A Perspective from Non-Formal Education*（共著、Routledge）などがある。

吹田映子（すいた・えいこ）

自治医科大学医学部総合教育部門助教。

専攻は西洋近現代美術史（ベルギーの美術と文学、マグリット研究）。博士（文学）。

著書に、『ベルギーを〈視る〉——テクスト—視覚—聴覚——』（共著、松籟社）。論文に、「ルネ・マグリットの講演「生命線」と油彩画《彼岸》——陰を経て光の下に見出す〈生〉のイメージ」（『美学』64巻1号、2013年）、「ルネ・マグリットの「太陽の時代」再考——光と夜、「見る」ことのシュルレアリスム」（『フランス語フランス文化研究』101巻、2012年）などがある。

吉村和明（よしむら・かずあき）

上智大学教授。

専攻はフランス文学、表象文化

著書に、『テオフィル・ゴーチエと19世紀芸術』（共編著、上智大学出版）、『文学とアダプテーション』（共編著、春風社）、『テクストとイメージ』（共著、水声社）などがある。

正木裕子（まさき・ひろこ）

ソプラノ歌手。

ベルギー政府給費生として王立ブリュッセル音楽院栄誉賞付き高等ディプロム受賞。フランスマルマンド国際声楽コンクール一位。

アルスムジカ現代音楽祭、ヘントフェスティバル、ブリュッヘ音楽祭等に出演。オランダ、ドイツ等ヨーロッパ各国、チュニジア、日本各地で公演に出演している。

CD録音にエティエンヌ・ルクレールとベルギー人作曲家6名による「パッスレル」（Sub Rosa）、室内楽版「ジャパニーズメロディー」（Naxos）他がある。

山本浩幸（やまもと・ひろゆき）

「ベルギー青い鳥」編集長。

ブリュッセル在住の日本人がニュースやイベント情報、観光案内、コラムなどを執筆するウェブサイトと月刊雑誌を主宰。現地でしか得られない情報やベルギーの魅力をタイムリーに伝えている。

url　https://www.aoitori.be/

高岡優希（たかおか・ゆき）

大阪大学他　非常勤講師。

専攻はシャンソン、フランス語教育。博士（言語文化学）。

著書に『声に出すフランス語　即答練習ドリル』、『声に出すフランス語　即答練習ドリル　中級編』、『はじめての声に出すフランス語』（いずれも共著、白水社）、『ディアローグ』（共著、第三書房）などがある。

石部尚登（いしべ・なおと）

日本大学理工学部准教授。

専攻は社会言語学（言語政策研究、地域語・方言復権論）。博士（言語文化学）。

著書に『ベルギーの言語政策——方言と公用語』（大阪大学出版会）、『ことばの「やさしさ」とは何か——批判的社会言語学からのアプローチ』（共著、三元社）など。訳書に『右翼ポピュリズムのディスコース——恐怖をあおる政治はどのようにつくられるのか』（共訳、明石書店）などがある。

ベルギーの「移民」社会と文化
──新たな文化的多層性に向けて──

2021 年 2 月 28 日　初版発行　　　　定価はカバーに表示しています

編著者　　岩本和子、井内千紗
著　者　　中條健志、ルート・ヴァンバーレン、
　　　　　見原礼子、吹田映子、吉村和明、正木裕子、
　　　　　山本浩幸、高岡優希、石部尚登

発行者　　相坂　　一

発行所　　松籟社（しょうらいしゃ）
〒 612-0801　京都市伏見区深草正覚町 1-34
電話　075-531-2878　　振替　01040-3-13030
url　http://www.shoraisha.com/

印刷・製本　　モリモト印刷株式会社
Printed in Japan　　　カバーデザイン　　安藤紫野（こゆるぎデザイン）

© 2021　ISBN978-4-87984-405-7 C0070

「ベルギー」とは何か？
──アイデンティティの多層性──

岩本和子・石部尚登　編著

● A5 判ハードカバー・312 頁
● 3,000 円＋税
● 2014 年 1 月発行

多言語・多文化状況を生きる国ベルギー。様々な局面で複雑な課題を抱えるこの国をフィールドに、専門領域を異にする研究者が集結し、「多様性の中の統一」＝「ベルギー性」を探る。

【収録論考】

ベルギー連邦制の不安定化──「非領域性原理」の後退と求心力の欠如（正躰朝香）／ワロン語の標準化──方言学者と復権運動家の同床異夢（石部尚登）／解説（言語）ベルギーの言語状況──史的概観（河崎靖）／解説（文学）ベルギーにおける文学（三田順）／ティル・ウーレンシュピーゲルをめぐる〈民族の記憶〉──シャルル・ド・コステルからヒューホ・クラウスへ（岩本和子）／カーレル・ヴァン・デ・ウーステイネ作品における「ヴラーンデレン性」の所在──モーリス・マーテルランクの影響を手掛かりとして（三田順）／断片とパサージュ──アンリ・ミショーとベルギー（田母神顯二郎）／ベルギーの舞台芸術（高橋信良）／ミシェル・ド・ゲルドロードにおける存在のモデルとしてのマリオネット（中筋朋）／フランデレンの文化行政と1980 年代の「フランデレンの波」現象──文化の伝播から創造の時代へ（井内千紗）／ベルギーの文化マネジメント教育──ブリュッセル自由大学（ULB）の事例を基に（狩野麻里子）／ 16 世紀前半ネーデルラントの統一と渉外活動── 1529 年カンブレ平和条約履行におけるネーデルラント使節ジャン・ド・ル・ソーの機能（加来奈奈）／近代日本における商品陳列所の受容 ──ブリュッセル商業博物館からの学習と展開（三宅拓也）／ OIF（フランコフォニー国際機関）とベルギー（中條健志）

ベルギーを〈視る〉

テクスト─視覚─聴覚

三田順　編著

- A5 判ソフトカバー・184 頁
- 2,000 円＋税
- 2016 年 11 月発行

ヨーロッパの縮図と言われる国、ベルギー。ゲルマンとラテンの文化が拮抗するこの国で、芸術はそのアイデンティティーをいかに探ってきたか。言語圏の垣根を越えたアプローチが可能な「視覚」の芸術を媒介項に、分野を横断した論考群でベルギー文化の独自性に迫る。

【収録論考】
マーテルランクと絵画──『幼児虐殺』を通してフランドル性を〈視る〉──（岩本和子）／ベルギーにおける「現実的幻想」の系譜──文学と絵画における「ベルギー的」美学の源泉を求めて──（三田順）／1920 年代末のポール・ヌジェとルネ・マグリットによるイメージ論──「孤立」をめぐって──（吹田映子）／インファンスの絵画　ミショーとドゥルーズ（田母神顯二郎）／アニメーションにおける幻想の系譜──ラウル・セルヴェの「抵抗」について（的場寿光）／C'est si loin mais ici ──アンドレ・デルヴォーの映画を聴く（武村知子）

フランダースの声

エルヴィス・ペーテルス『火曜日』（鈴木民子 訳）

とある火曜日に、老人は思いだす。若きころの無軌道な生活を、ともに過ごした女性たちを、動乱期のコンゴで過ごした日々を……ベルギー・オランダ語文学の「現在」を紹介する「フランダースの声」第一弾。

[46 判・ソフトカバー・240 頁・1800 円＋税]

フランダースの声

ペーテル・テリン『モンテカルロ』（板屋嘉代子 訳）

「フランダースの声」第二弾。1968 年、モンテカルロ。F1 モナコグランプリのスタートを控えたサーキットでその事故は起きる。居合わせた人気女優を、身を挺して救ったひとりの整備士の、その後の人生は——

[46 判・ソフトカバー・176 頁・1700 円＋税]

フランダースの声

アンネリース・ヴェルベーケ『ネムレ！』（井内千紗 訳）

「フランダースの声」第三弾。極度の不眠症に陥った主人公マーヤは、眠れない苦しみを抱え、眠れる人々への怒りに駆られて、夜の街をさまよう。その彷徨のはてに、「仲間」となるひとりの中年男と出会い——

[46判・ソフトカバー・192頁・1800円＋税]

フランダースの声

ステファン・ヘルトマンス『戦争とテレピン油』（新目亜野 訳）

1891年に生まれ、1981年に世を去った祖父は、おのが半生を二冊のノートに綴っていた。戦争の記憶と美の崇高、ふたつともに捉えられ離れられなかったその生涯を、手稿を託された孫——作家ヘルトマンスが読み解いていく。ベルギーにおけるオランダ語文学の「現在」を紹介するシリーズ「フランダースの声」第四弾。

[46判・ソフトカバー・384頁・2500円＋税]